普通高等教育"十一五"国家级规划教材

现代信息查询与利用

（第四版）

赵 静 编著

科学出版社

北 京

内 容 简 介

本书以全面提升读者的信息素养，完善个人终身学习、个人知识管理所需技能为目标，培养查询获取、评价筛选、保存管理、交流共享、分析创新信息，以解决学习、生活信息问题的能力，帮助读者遵守合理使用信息资源的道德规范，优化信息行为，激发信息敏感度，以适应泛在学习环境下基于信息资源的学习需求和个人发展。

本书由意识观念篇、渠道工具篇、应用方法篇、创新利用篇四部分构成，从观念、知识、工具、方法、利用五个层面夯实查询获取信息、评价筛选信息、保存管理信息、交流共享信息、分析创新信息五类能力培养，形成面向公共普识教与学的科学方法体系。

本书可作为高校本专科学生、研究生信息素养全面培养的教材，又可作为在校学生及社会各界人士查检信息的参考指南，还可作为信息专业人员和研究人员的参阅资料。

图书在版编目（CIP）数据

现代信息查询与利用/赵静编著. —4 版. —北京：科学出版社，2017.8
普通高等教育"十一五"国家级规划教材

ISBN 978-7-03-053388-3

Ⅰ.①现… Ⅱ.①赵… Ⅲ.①信息检索–高等学校–教材 Ⅳ.①G254.9

中国版本图书馆 CIP 数据核字（2017）第 132928 号

责任编辑：余 江 张丽花/责任校对：郭瑞芝
责任印制：张 伟/封面设计：迷底书装

科 学 出 版 社 出版
北京东黄城根北街 16 号
邮政编码：100717
http://www.sciencep.com
北京厚诚则铭印刷科技有限公司 印刷

科学出版社发行 各地新华书店经销
*
2004 年 8 月第一版 开本：787×1092 1/16
2008 年 2 月第二版 印张：14 3/4
2012 年 6 月第三版 字数：350 000
2017 年 8 月第四版 2023 年 7 月第 27 次印刷

定价：45.00 元

（如有印装质量问题，我社负责调换）

第四版前言

党的二十大报告提出："教育、科技、人才是全面建设社会主义现代化国家的基础性、战略性支撑。"飞速更新的技术，层出不穷的媒介，终身学习的需求，更迭变幻的问题，促使信息在教育、科技、人才建设中的作用越发凸显，面对千变万化的信息，我们时而焦虑时而惊喜；面对良莠不齐的信息，我们时而困惑时而清晰。那么，我们怎样才能用好信息呢？

本书由揭开信息面纱开始，以解决学习、生活信息问题的能力培养为目标，综合个人知识管理与国内外信息素养最新标准，构建查询获取信息、评价筛选信息、保存管理信息、交流共享信息、分析创新信息能力的培养体系。与第三版相比较，更新了如下内容。

（1）新增能力指标，突出"创新"与"利用"，将内容框架细化为"545421"，即五元目标、四个模块、五类能力、四类需求、两方面组织、一个宗旨。具体是培养用户信息观念、信息知识、信息工具、信息方法、信息应用的"五元目标"；对应意识观念篇、渠道工具篇、应用方法篇、创新利用篇四个模块；查询获取信息、评价筛选信息、保存管理信息、交流共享信息、分析创新信息五个章节对应五类能力培养；满足个人信息查询与利用过程中能够"想得到，找得到，找得准，用得好"的四类需求；注重理论和实践两方面教与学的组织，其中，意识观念篇模块侧重理论阐述，其他 3 个模块侧重实践；突出编写本书的"一个宗旨"：全面提升信息素养。

（2）继承前三版中模块可组配、可拓展、自主而灵活的设计特点，丰富了意识观念篇、渠道工具篇、应用方法篇、创新利用篇四个模块的内容。从个人知识管理和泛在学习视角充实意识观念篇；压缩单一列举工具的内容，从查询获取的多样化渠道丰富了第三版中资源工具篇的内容；应用方法篇突出了"评价筛选"的内容；第三版中的"流程知识篇"更新为"创新利用篇"，包含了保存、管理、交流、共享、分析、创新等内涵，原篇内容融入各章中。四个模块既相对独立又互相承接，教学者可以根据教学与学习的个性化需求灵活组配。

（3）强化互动，利用二维码技术，便于组织教学。每章提出学习目标；在理论知识点讲解中新增互动阅读素材与思考讨论题，便于课堂组织互动；在渠道工具讲解中设计典型资源、拓展资源；在方法及操作讲解中加入应用实例；新增互动题连接理论与实践课堂，连接课程网站资源与纸本资源，利用互动题打通五类能力的应用，这些资源通过扫一扫二维码即可利用。

（4）构建纸质书、二维码资源、课程网站同步的立体化互动教学资源空间。由本书作者主讲的本校同名课程为省级精品课程、省级精品资源共享课程，学银在线本课程的MOOC（https://www.xueyinonline.com/detail/235647388）资源与纸质书、书内二维码资源共同形成了立体的、可拓展的、同步互动的教学资源空间，可提供资源包括微课视频、教学课件、互动素材、参考资源、实操演示等内容。根据教学对象的不同，本书课件包括支撑"现代信息查询与利用（公共课）""信息检索与利用（专业课）"两类课程的课件。

本书经历了 2004 年第一版、2008 年第二版、2012 年第三版修订，共计印刷 21 次，此次修订为第四版。每一次修订均紧跟现代信息的发展，由此引入了开放获取、个人知识管理、基于社交媒体的学术信息、可视化知识图谱分析、网络数据分析等方面研究与应用成果，本书资料截至 2017 年 4 月。

本书由赵静负责全书的策划、框架设计、编写大纲、统稿和撰写。再一次完成修订，特别感谢家人给予我的大力支持；同时，非常感谢参与撰写和课件制作的张焱、夏莹、钟海鸥、武同雁老师，感谢参与撰写和资料收集的唐国智、孙铭萱、唐韬；感谢陈元、周霞、易凡、司璐、许一明、周亚军、张玖莉等为编写、校对付出的辛勤劳动。

为了对各种资源进行准确的介绍，本书引用了国内外大量相关资料和部分原著资料，在此对原著者表示诚挚的谢意。由于作者水平有限，书中难免有不足之处，敬请读者批评指正。

作　者

2023 年 7 月

目　录

意识观念篇

渠道工具篇

应用方法篇

创新利用篇

意识观念篇

第1章 揭开信息的面纱

【学习目标】

◇了解信息的内涵及作用；

◇了解不同传播形式的信息源；

◇熟悉不同加工程度的文献类型及特点；

◇掌握不同出版形式的文献类型及特点；

◇了解信息素养的含义及其与泛在学习和个人知识管理的关系；

◇掌握基于查询信息的问题解决行为的特点；

◇熟悉网络环境下的个人信息权利及应履行的信息义务。

1.1 什么是信息

视频

1.1.1 信息的内涵

1. 信息的定义

信息广泛存在于自然、社会和人类思维活动之中，无处不在，无时不有。在万象纷呈的现代信息海洋中，人们不断创造出新的信息财富，提升社会素质，推动着社会的飞速发展。深入了解信息的目的就是更好地利用信息。

对于信息这个具有多重属性的重要概念直到目前还没有一个统一的定义，不同领域的研究者站在各自的角度提出对信息内涵的不同界定。信息论的创始人香农从通信系统理论的角度把信息定义为：用来消除随机不确定性（Uncertainty）的东西，控制论专家 N·维纳认为：信息既不是物质，又不是能量，信息就是信息。从哲学角度来理解，信息是事物本质、特征、运动规律的反映。

在现代日常生活中，我们可以将信息理解为人类社会中表征事物之间联系的消息、情报、指令、数据或信号，并以文字、图像、图形、语言、声音等多种形式出现。

一般地，信息有广义和狭义之分。从广义上讲，信息是指发生源发出的各种被接收体所接收、吸取、利用的信号及其所表示的具体内容的统称，不仅包括人与人、组织与组织的消息交流，以及人与社会、人与组织、组织与社会间的各种交流，还包括人与自然之间的信号交换和生命与非生命物质之间的交流作用。狭义上的信息是指根据一定目的收集起来的经过加工整理后具有某种使用价值的文字、公式、方法、图形、数据等知识元素的总称。

现代信息的重要属性及发展方向是数字化与可数字化，信息的条理化与系统化则产生了知识。

2. 信息的特征

信息是客观世界一切事物变化及其特征的反映，是事物之间相互联系的表征。一般而言，信息具有以下几个特征。

（1）普遍性。信息伴随着自然界、人类社会乃至人类思维而普遍存在，并随事物的运动而运动，即信息无处不在，无时不有，没有无信息的真空存在。

（2）可传递性。信息一方面依附于一定的物质载体，借助于一定的信道进行传递；另一方面人们要获得、感受或接收信息，必须依赖于信息的传递。

（3）载体依附性。信息不能独立存在，必须借助于某种物质载体才能存在、存储和传递，同一个信息可以依附于不同的载体。

（4）可共享性。信息通过传递扩散后可供人们共同享用。

（5）可转换性。信息可以由一种形态转换成另一种形态。

（6）时效性。信息往往反映的只是事物某一特定时刻的状态，信息既然是事物存在方式和运动状态的反映，对于不断变化的客观事物，信息必然也会发生变化，因此，信息只有在一定的时间、地点、条件下才有存在的价值。

1.1.2 信息观念

信息用户科学地认识信息的内涵、作用，明确信息利用价值与意义，维护信息的开发与利用的观念称为信息观念。根据信息利用过程实施所应具备的信息观念，可将信息观念分为信息资源观、信息财富观、信息伦理道德观和信息交流观等。

1. 信息资源观

信息资源观指认识信息、物质、能量是知识经济时代社会发展的三大基础资源的必然性与重要性，树立信息多源的观点，明确信息作为资源对信息利用和服务主体的要求，明确信息作为资源其价值有待挖掘的观念，而信息技术是信息资源开发的推动力。从狭义角度理解，信息资源由信息生产者、信息和信息技术三部分组成，三要素相辅相成，缺一不可，只有将其作为一个整体才能显示价值。进入21世纪，信息对社会的影响不断加深以及社会的信息化程度不断提高，这不仅表现为信息处理技术的广泛应用，而且表现在信息渗透到社会生活的各个角落，向人们的生活、经济、文化以及政治领域渗透，向生产关系和上层建筑领域拓展，影响和改变着人们的生活与生存方式。最重要的是，知识成为社会发展的主要资源。世界经济合作与发展组织报告将这种"建立在知识和信息的生产、分配和使用之上的，以知识为基础的经济"称为知识经济，知识开发能力成为企业甚至国家与民族的核心竞争力，成为财富拥有的保障。

信息资源与物质资源、能量资源同属于经济资源范畴，它们共同拥有资源的一般特性，同时，信息资源本身又具有一些与物质和能量资源不同的特点。

（1）共享性。信息资源可供多人同时使用，且共享可使其价值增值。

（2）非稀缺性。信息资源可反复为不同消费者使用而其信息量不会减少，反而会因成本的降低而得到提升，信息可被无穷地创造出来，而物质资源是有限的、稀缺的。

（3）对象的选择性。不同的信息对于不同的使用对象具有不同的价值，同一信息对于不同的使用对象也具有不同的价值。因此，信息资源的利用一定要选择对象，使特定信息资源与特定对象相联系。

（4）驾驭性。信息资源具有驾驭物质和能量资源的能力。尽管人的认识和实践的每一环节都离不开物质和能量的消耗，但物质和能量资源的开发与利用依赖于信息资源，三类资源中起主导作用的是信息资源。

2. 信息财富观

信息财富观是指信息利用与服务主体要树立"知识=财富"的信息分配观、价值观，并主动地成为高知识、新知识资源的拥有者与开发者。

人类财富观在三个经济时期的发展演变：农业经济时期，以土地为核心形成了农业价值观和货币财富观；工业经济时期，以股份和股票的拥有量作为衡量财富的标准，形成了有代表性的亚当·斯密的物质劳动观、西斯蒙的福利财富观和李斯特的生产力财富观；知识经济时期，信息资源成为社会发展的主导，信息社会价值的增长通过知识实现的特点促使人类财富观由"信息财富观"取代"物质劳动财富观"。

信息资源成为财富的象征，首先表现在信息资源可优化生产力要素（科技成为第一生产力，其通过对劳动者素质的提高、对生产工具的更新和对劳动对象范围的拓宽使科技对生产力的渗透呈指数级增长），同时，生产中信息资源的投入可促进其他资源增值，并且通过生产信息产品，提供信息服务能直接创造财富。

知识经济培育着新一代巨富，孕育了"知识=财富"新分配观念的诞生，同时社会不仅给无知识者的机会越来越少，而且给低知识者和旧知识者的机会也越来越少，知识经济时代的竞争主要是高科技的竞争，而高科技竞争的背后是人才的竞争，即更加激烈的竞争是人与人之间的竞争，而不仅仅是人与各种自然的竞争，这些人才不仅要掌握多种专业技能，更重要的是需要具备一种素质，一种个人获取、学习、创新知识的能力与素质，即信息素养。

3. 信息伦理道德观

信息伦理是指在信息活动中的伦理要求、伦理准则和伦理规约，是信息主体在信息活动中普遍认同和共同遵守的行为和伦理规范。从主观上讲要遵循个人信息道德，客观上讲要遵循社会信息道德。信息伦理道德观是指信息利用与服务主体在信息活动中应当遵循相应的信息伦理与道德规范，如不得剽窃他人成果、侵犯他人的合法权益，不制造传播虚假信息，自觉抵御违背信息伦理与道德规范的行为，以健康的个人信息道德促进健康的社会信息道德伦理的建设。

从信息伦理构成要素上看，作为一种道德现象的信息伦理主要包括信息道德意识、信息道德关系和信息道德活动三个基本要素。信息伦理是以善恶为标准，依靠人们的内心信念和特殊社会手段维系的。

（1）信息道德意识是信息伦理结构内容的第一个层次，它是信息道德行为的深层心理动因。与信息活动相关的道德观念、道德情感、道德意志、道德信念等是该层次所涵盖的内容。

（2）信息伦理的调整对象是围绕信息活动的人与人以及人与社会之间的信息关系。信息道德关系是其第二层次，这种关系建立在一定权利与义务的基础上，是以一定信息道德规范形式表现出来的，主要包括个人与个人的关系、个人与组织的关系以及组织与组织间的关系，它通过大家认同的信息道德规范和准则来维系。

（3）信息伦理贯穿于信息活动的全过程。信息道德活动即是信息伦理的第三个层次，主要包括信息道德行为、信息道德教育、信息道德规范、信息道德评价和信息道德修养等。信息道德行为是人们在信息交流中所采取的有意识的、经过选择的行动。引导信息道德行为的信息道德意识并非是与生俱来的，它首先是通过信息道德教育获得的，进行信息道德教育是信息伦理社会运行的实际过程，是信息伦理建设和社会调控的一项重要内容。信息道德教育实施效果的状况会直接影响信息道德行为的优劣。根据一定的信息道德规范对人们的信息行为进行善恶判断即为信息道德评价。而信息道德修养则是人们对信息意识和信息行为的自我解剖、自我改造。

总之，信息伦理道德是信息活动中，调节信息创造者、信息服务者、信息使用者之间相互关系的行为规范的总和。其中，信息道德活动是信息伦理一个相对活跃的层次，它主要体现在信息道德的实践。对信息道德现象来说，信息道德意识、信息道德关系和信息道德活动三者彼此联系、相互补充、相互规定、相互转化，共同构成一个密切相关的有机整体。

网络环境下常常有违反道德的情况发生，一类是犯罪，包括破坏他人网上信息安全、独享，如计算机"黑客"入侵，或是有组织的犯罪、工业间谍，或是对国家产生威胁；一类是影响他人网上生活，影响网络整体使用效率，如个人隐私权被侵犯，不道德的信息垄断造成网络资源的浪费，发送网络垃圾邮件，或在网络世界中完全按照自己的原则做事，滥用自己的权利，形成网络无政府状态。

因此，信息的伦理建设对其构成的三个方面均提出了要求：信息创造者必须具有高度的社会责任感，创造健康的信息内容，使信息能服务于人民，服务于社会，推动国家经济建设的发展；信息服务者应对信息有较强的分辨能力，有抵制信息污染的能力，对所提供的信息要保证其准确无误，在工作中注意信息资源的开发、利用，为用户提供二次、三次信息；信息使用者在信息活动中要加强信息法律、信息工作原则、信息政策等方面的学习，给自己增强约束力，抵制信息污染，杜绝信息传递的不正当渠道，使信息活动合法化、规范化。信息服务行业则多积极采用自律方式推进服务规范化，如我国的《互联网信息服务算法应用自律公约》。

【互动阅读1-1】 《互联网信息服务算法应用自律公约》
思考及讨论：网络信息利用中我们应遵循哪些信息伦理道德？

4. 信息交流观

信息交流观是指树立信息交流无所不在的观念，其渗透于人类的一切活动之中，只要有人存在，就有人与人之间的信息交流存在。网络环境中的信息交流观，就是要认识到有面对面的信息交流和借助通信工具与传统媒介的信息交流存在，更有通过计算机网络的信息交流存在。

网络环境中的信息交流观要求，在遵循交流真实性的原则下，在客观性、正当性和真诚性的前提下，促进交流的高自由度、高时效性和多元化，让网络和非网络相互补充，使信息交流的优势得到充分发挥，换句话说，就是信息交流的主体，无论是在网络还是非网络环境中均应当自觉以道德自律，以公众立场和社会道德规范个人行为。

树立良好的网络信息交流观要在网络学术信息交流中对科学交流行为起指导作用，既要遵守网络学术资源利用的规则，坚守信息道德合理利用资源，又要尽个人能力为网络信息资源共享提供原创作品，把信息和观念有效地传播给广大受众，主动分享个人经验和促进隐性知识的利用，能够通过通信技术与同行、同事、同学、同伴、专家、教师，甚至是其他不知名的网友合作，发布作品并进行交流，并对开放获取的推广应用起积极作用。

网络信息交流的方式主要有电子邮件（E-mail）、即时消息（如 QQ、MSN）、个人网页、博客（Weblog、BLOG）、聊天室、电子公告板（BBS）、讨论组、邮件列表、视频会议等。

1.2　信息长啥样

1.2.1　多样传播的信息源

联合国教育科学及文化组织 1976 年出版的《文献术语》将信息源定义为：个人为满足其信息需要而获得信息的来源。从传播学的角度看，信息源不仅包括各种信息载体，而且包括各种信息机构；不仅包括各种信息存储和信息传递机构，而且包括各种信息生产机构。在图书情报领域，信息源被解释为"人们在科研活动、生产经营活动和其他一切活动中所产生的成果和各种原始记录，以及对这些成果和原始记录加工整理得到的成品"。

按信息源传播形式不同，信息源可分为口头型、实物型、体语型、媒体及新媒体型、网络型、文献型。

1. 口头信息源

口头信息源是指通过交谈、讨论、报告等方式交流传播的信息。主要传播形式有对话、口述、报告会、洽谈、交流、讨论会等，优点是灵活生动、传递迅速、互动性强；不足是信息分散，容易失真，不具有记载性，传播范围小，获取不易，而且信息质量良莠不齐，存在大量谬传信息。如通过同学、朋友、亲戚、父母、老师谈话交流，或通过正式会议、视频会议、广播电视、固定与移动电话、网络语音对话等获得此类信息源。

2. 实物信息源

实物信息源指以实物（包括自然实物和人工实物）为载体并承载智慧和技能的信息源。这类信息资源中物质成分较多，有时难以区别于物质资源。其特点是直观性强，客观性强，真实实用，包含的信息量大。但信息隐蔽性强，一般需要通过知识、智慧、经验才能挖掘获得，传递性差。常见的实物信息源有文物、产品样本、模型、建筑物、碑刻、雕塑等。

3. 体语信息源

体语信息源又称体态语信息源，是指以手势、表情、姿势等身体符号方式表述的信息资源，身体符号包括目光与面部表情、身体运动与触摸、姿势与外貌、身体间的空间距离等，它通常依附于特定的文化背景。其特点是直观、生动、印象深刻、极富感染力。但表达信息的丰富性、准确性有限，传播范围有限，如舞蹈、体育比赛、杂技、行为艺术等。

4. 媒体及新媒体信息源

媒体信息源是指以报纸、杂志、广播、电视等传统四大媒体为载体传播的信息资源。新媒体信息源是利用数字技术、网络技术，通过互联网、宽带局域网、无线通信网、卫星等渠道，以及计算机、手机、数字电视机等终端上网为平台的个性化即时信息传播载体传播的信息资源，包括所有数字化的传统媒体、网络媒体、移动端媒体、数字电视、数字报纸、杂志等，如数字杂志、数字报纸、数字广播、手机短信、移动电视、网络、桌面视窗、数字电视、数字电影、触摸媒体、手机网络等。相对于报纸、杂志、广播、电视四大传统意义上的媒体，新媒体被形象地称为"第五媒体"。其特点是交互性与即时性强，海量性与共享性突出，多媒体与超文本多样化，个性化与社群化明显。

5. 网络信息源

网络信息源是指通过计算机网络可以利用的各种信息资源的总和，是以数字化形式记录，以多媒体形式表达，存储在网络计算机磁、光介质以及各类通信介质上，并以网络为传播媒介进行传递的信息内容的集合。网络信息资源在数量、结构、内含、类型、载体形式、分布、传播范围、控制机制等方面与传统信息资源有着显著的差异，呈现出内容丰富、形式多样、结构复杂、组织分散、动态性强、检索快捷、资源整合性强、数量巨大、增长迅速的特点，网络信息源以其方便存取、信息广泛和即时传播等特点赢得用户的青睐，成为目前信息源利用最广的类型，但其海量数据与用户特定信息需求间的矛盾也最突出。

从不同的角度出发，人们对网络信息源也进行了不同的类型划分。

1）不同传输协议的网络信息

互联网上信息资源的传输与共享要遵循一定的协议，包括访问 Web 服务器的 HTTP、连接到 FTP 服务器的文件传输协议（FTP）、远程登录协议（Telnet）等，网络信息源按其遵循的网络传输协议不同，可分为 WWW 资源、FTP 资源、Telnet 资源、Usenet/Newsgroup 和 BBS 资源等。

2）不同加工形式的网络信息

按照信息资源的加工形式分，主要有网络资源指南和搜索引擎、联机馆藏目录、网络数据库、电子出版物（电子图书、电子期刊、电子报纸）、电子参考工具、软件资源及动态信息。

网络资源指南和搜索引擎：二者都提供对网络资源的利用指导与帮助，不同的是网络资源指南只提供资源的向导，不提供对资源的检索功能，而搜索引擎是搜索 Internet 资源的工具。

联机馆藏目录：包括图书馆及信息服务机构提供的公共联机检索（OPAC）馆藏目录、地区或行业的联合目录。

网络数据库：一方面由原来的联机数据库系统发展而来，如 Dialog、OCLC 都开设了与 Internet 的接口；还有专业的信息服务商所开发的网络数据库，如 UMI 的 PQDT、中国科技信息所与万方公司开发的数据库资源系统等，同时还有一些免费网络数据库资源。

电子出版物：国内外的许多出版商或信息服务中间商已发展成为网络出版商和服务商，网上的电子出版物包括电子图书、电子期刊和电子报纸等。

电子参考工具：指以工具书网站或网络数据库的形式提供使用的参考工具。

软件资源：指各种共享和不共享的软件，以及关于软件的相关信息。

动态信息：指在网上动态发布的新闻、广告、通知以及基于网络的实时交流信息、通过实时交流工具发布的信息等。

3）不同组织形式的网络信息

按照信息组织形式，网络信息源可划分为文件、数据（仓）库和超媒体三种类型。

文件型。文件型网络信息源中，多是一些原有印刷型文献的数字化产品。其主要的文件格式有以下几种。

（1）纯文本文件（以.txt 为文件扩展名），可以在 Windows 环境下用记事本或写字板等软件打开，在 DOS 下也可以阅读（加中文平台）。

（2）Word 文件（以.doc 或.docx 为文件扩展名），在 Windows 环境下用 Microsoft Word 字处理软件打开、阅读和编辑。

（3）PDF 文件，可使用 Adobe 公司的 Adobe Reader 软件阅读。

此外，图形、图像、音频和视频等非结构化的网络信息源也都可以用一定的文件格式存储下来。

数据库型。数据库是对大量的规范化数据进行组织管理的技术。目前建设的数据库主要有书目数据库、文摘数据库和全文数据库等几种类型。数据库技术利用严谨的数据模型对信息进行规范化处理，利用成熟的关系代数理论进行信息查询的优化，大大提高了信息资源管理的效率。

超媒体型。超媒体网络信息源是超文本与多媒体技术结合的产物。它以超文本的方式将文字、表格、图像、音频和视频等多媒体信息组织起来，使用户可以通过高度链接的网络结构在各种信息库中随意浏览，找到需要的信息源。因特网上的信息源多以超媒体的形式存在。

6. 文献信息源

文献信息源是以文字、图形、符号、音频、视频等方式记录在各种载体上的信息资源。其特点是经过加工、整理，较为系统、准确、可靠，便于保存和利用。其最主要的特征是拥有不依附于人的物质载体，只要这些载体不损坏或消失，文献信息资源就可以跨越时空传递和利用。文献信息源是正式信息交流的利用对象，是人们获取全面系统的信息的主要保障。

1.2.2　千姿百态的文献

视频

1. 文献及构成

《文献情报术语国际标准（草案）》（ISO／DIS5127）中定义文献是："为了把人类知识传播开来和继承下去，人们用文字、图形、符号、音频、视频等手段将其记录下来，或写在纸上，或晒在蓝图上，或摄制在感光片上，或录到唱片上，或存储在磁盘上。这种附着在各种载体上的记录统称为文献。"另一个定义更为概括，即"文献，记录有知识的一切载体"。

文献的构成要素：文献由内容、物质载体、符号系统和记录方式四要素构成。

内容：文献信息（Literature Information）是对文献中所表达的思想意识和知识观念等的总体概述；文献信息体现的是文献的价值属性。

物质载体：载体是文献内容所寄附的外壳，其材质紧随人类科学技术的发展历程不断演进，文献按载体元素划分有甲骨、金石、简牍、兽皮、泥版、缣帛文献、纸质文献、缩微文献、音像文献、磁盘和光盘等类型。

符号系统：符号系统是揭示文献信息内容的标识，表达知识情报的手段，记录和传播文献信息内容的媒介。文献中的符号系统主要有文字、图画、表格、公式、编码、音频和视频等类型。

记录方式：记录方式是指将表达信息的符号系统通过特定的记录手段和方法使其附着于一定的文献载体材料上。按记录手段分有写画、雕刻、印刷、摄制、录音方式；按记录方法分有手工记录、机械记录、光记录、电记录、声记录和磁记录。

文献是物化的精神产品，或者说文献是知识信息的物化形态。其中，信息内容是文献的知识内核，载体材料是文献的存在形式和外壳，符号系统是文献信息源的携带者，记录方式是代表文献信息源的符号进入载体的方法和过程（数字与非数字式），四个要素缺一不可，共同促成知识的传播与交流，促进了人类文明的积累与传承。文献是在空间和时间上积累和传播信息的最有效的手段，是获取信息的最基本、最主要的来源。

随着存储、加工、组织信息技术的发展，文献从形式到内容都发生了变化，呈现出多样化的形态及特征。按信息内容加工深度不同，文献可分为零次文献、一次文献、二次文献和三次文献；按出版发行形式不同，文献可分为图书、期刊、报纸、专利文献、标准文献、会议文献、学位论文、科技报告、政府出版物、科技档案、产品资料等；按载体不同，文献分为纸介型文献、缩微型文献、声像型文献、电子型文献等。

2. 多样加工深度的文献

从文献内容出发，对文献信息加工处理的深度不同，便可形成零次文献、一次文献、二次文献和三次文献，如图 1-1 所示。

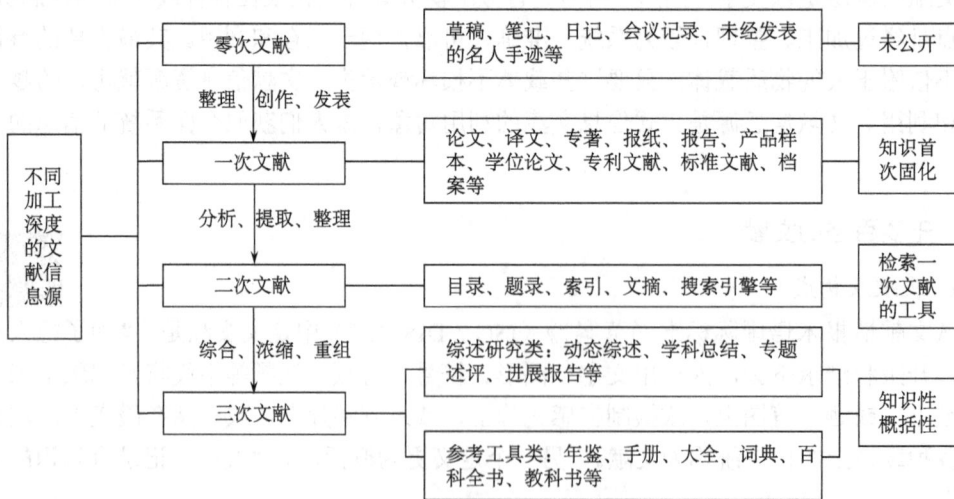

图 1-1　按信息加工程度划分的文献信息源

1）零次文献

所谓零次文献（Zeroth Literature）是指非正式出版物或非正式渠道交流的文献，未公开于社会，只为个人或某一团体所用，如文章底稿、私人笔记、未经发表的名人手迹、个人通信、会议记录、考察记录、实验记录、调查稿、工程图稿、原始统计数字等。其主要特点是传递速度快，针对性强，但不成熟，传播面窄，不公开交流，不易获取和管理。

2）一次文献

一次文献（Primary Literature）指一切以作者本人的研究成果为基本素材而创作（或撰写）的原始文献，包括论文、译文、专著、报纸、报告、产品样本、学位论文、专利文献、标准文献、档案等公开发表的类型。一次文献是人们对自然和社会信息进行首次加工后固化形成的，其特点是形态多样，因而同一主题内容的形式很分散；内容原创、新颖、详尽和系统，参考价值大。

3）二次文献

二次文献（Secondary Literature）又叫检索性文献源，是通过对一次文献源进行外部特征（如题名、作者、文献物理特征）和内容特征的分析、提取、整理而形成的新的文献形式。一般包括目录（Catalog）、题录（Title）、索引（Index）、文摘（Abstracts）等。二次文献不仅能报道一次文献，还为查找一次文献提供线索，又是检索一次文献的主要工具。其汇集性、工具性特征突出，提供的文献线索集中、系统、有序。

（1）目录。目录或书目，是对出版物的外表特征加以揭示与报道并按照一定顺序编排而成的，主要提供书刊的出版信息、收藏信息，以备订购、选购、宣传与学习查阅使用。从编制目的与收录的内容范围可以将书目分为国家书目、专题书目、推荐书目、馆藏目录和联合目录（Union Catalog）。其中，馆藏目录反映单个图书馆的书刊收藏情况，联合目录反映的是多个图书馆的书刊收藏情况。

（2）索引。索引是报道文献内容单元和外表特征的文献，从检索的角度上讲一种索引就能提供一种检索途径，形成一个检索点。索引按所揭示信息的外表特征形成有著者索引（Author Index）、号码索引（如专利号索引（Patent Number Index）、报告号索引（Report Number Index））等；索引按所揭示信息的内容特征形成有主题索引（Subject Index）、分类索引（Class Index）、关键词索引（Keyword Index）等工具。用户可以根据检索课题的已知信息利用数据库提供的相应的索引进行检索。索引按所揭示的对象可分为期刊索引（Periodicals Index）、报纸索引（Newspaper Index）、会议录索引、引文索引、书评索引与文集索引等类型。

引文索引（Citation Index）。引文索引是基于文献间的相互引证关系建立的，利用引文索引可检索到某一作者一定时期论文被引频次及施引文献，结合其他方法可成为评价与衡量其学术水平的客观依据之一。

文集索引（Index to Material in Collections）。文集索引是从事文学研究人员全面了解与研究人物或成果现状的检索工具，文集索引以人文科学尤以文学类的居多，社会科学和科技的文集索引则较少。如图 1-2 所示是关于巴金从 1977 年至 1982 年的相关评论与研究资料的汇总，以时间为序，先列的是专著，后列的是文章。

书评索引（Book Review Index）。书评是对艺术（文学、戏剧、音乐等）、科学或其他任何种类作品的分析与评价，是报刊政论和文学批评的一种体裁。书评索引将分散在各类型上的书评资料汇集在一起，以分类或其他方式排列形成索引，并提供出处，以方便人们检索利用，图 1-3 所示是《报刊书评索引》中 2001 年关于"经济"类的书评资料摘选，汇集了中国图书评论、人民日报等上面有关经济类的书评资料。

巴金从 1977 年至 1982 年的相关评论与研究资料目录索引

文　章	作　者	发　表
（三）1977年至1982年		
巴金专集(1)(《中国当代文学研究资料》丛书)	贾植芳等编	江苏人民出版社1981年7月序(茅盾)；前言(《中国当代文学研究资料》丛学编委会)
重读《家》	李培澄	载1978年3月《河北师大学报》第1期
重读《家》	端木蕻良	载1978年4月6日上海《文汇报》
怎么也筛不掉——读重印本《家》所想到的	廖秋	载1978年6月18日《光明日报》
反封建反礼教的控诉书——重读巴金的《家》	柳之琪	载1978年6月《江苏文艺》第6期
巴金(中国现代作家简介)	廖超慧	载1978年6月武汉《中学语文》第6期
反封建的赞歌——读巴金的《家》	公陶	载1979年5月6日《内蒙古日报》
进入友谊的海洋——记巴金重访法国	姚云	载1979年6月3日《人民日报》
巴金	蒋心焕 朱德发	载山东师范学院1979年6月《中国现代作家小传》

图1-2　巴金从1977年至1982年的相关评论与研究资料目录索引

> 例：2001年关于"经济"报刊书评索引中的一节：
> 记述新中国农村发展历程的佳作——评《中国农村五十年》(王凤林)中国图书评论8
> 历史唯物主义的伟大实践——读《大转折的瞬间——目击中国农村改革》(赵锋)人民日报8.17
> 善待股市、善待股民——评《散户宣言》(钟贤)新闻出版12.22
> 瞄准理论前沿的核心——评《国际金融理论》(杨小岩)新闻出版11.24
> 经济发展与人类进步的鸿沟——读《质疑自由市场经济》(许尔兵)博览群书3
> 从历史的角度审视私营经济——评《中国政府与私人经济》(张厚义)全国新书目9

图1-3　《报刊书评索引》摘选

（3）题录与文摘。

题录是揭示报道单篇文献的外表特征构成条目的集合。题录包含文献标题、作者、作者工作单位、发表时间、文献来源（期刊、会议、专利等）。

文摘也称摘要，是对单篇文献的内容作概略，主要用来揭示文献信息，所用文字虽少，却言简意赅，能准确反映原文的研究目的、观点或论点、方法、数据、结论等主要内容。

书目、题录和文摘的区别在于三者作用各有不同，其中书目侧重于对图书整体外表特征的揭示，题录侧重于对单篇文献外表特征的揭示，文摘比题录对原文信息的揭示更深入，利用书目可以获得收藏与订购信息，利用文摘可以集中浏览阅读同一专题的大量文献，一般是作为获取全文前的一种筛选相关文献的方法，这样有助于扩大阅读范围，增加筛选的广泛性，节省阅读全文的时间；尤其是在收集英文文献的过程中，利用文摘工具可以减少阅读英文全文形成的语言障碍，提高检索效率。

4）三次文献

三次文献（Tertiary Literature）又叫参考性文献，是对一定范围内的一次文献信息进行分析、研究，综合生成系统化的信息，可分为综述研究类和参考工具类两种类型。前者如动态综述、学科总结、专题述评、进展报告、进展通信等；后者如年鉴、手册、大全、词典、百科全书、教科书等。三次文献系统、综合，知识浓缩、概括，具有参考性。

一次文献是最基本的信息源，是检索利用的对象；二次文献是一次文献的集中提炼和有序化；三次文献是把分散的一、二次文献按专题或知识的门类进行综合分析研究加工的成果，是高度浓缩的文献信息。二次和三次文献既是信息检索利用的对象，又可作为检索文献信息的工具。

3. 多样出版形式的文献

文献按出版发行形式可分为图书、期刊、报纸和特种文献。其中，特种文献包括专利文献、标准文献、会议文献、学位论文、科技报告、政府出版物、科技档案、产品资料等非书非刊类的文献。

1）图书

联合国教育科学及文化组织对图书的定义是：凡由出版社（商）出版的不包括封面和封底在内 49 页以上的印刷品都称为图书。图书是记录和保存知识、表达思想、传播信息最古老、最主要的文献源，图书所反映的信息的成熟度高，可靠性强，内容系统，论述全面深入，有较强的知识价值和学术价值，一般出版周期较期刊等长些。图书主要包括专著（Monograph）、丛书（Series of Monograph）、教科书（Textbook）、词典（Dictionary）、手册（Handbook）、百科全书（Encyclopedia）等。

识别图书的外表特征项主要有书名（或叫题名）、著者（或叫责任者）、出版地、出版社、出版时间、版次、总页数、ISBN、价格等。ISBN（International Standard Book Number）是国际标准书号的简称，其由 13 位数字组成，并以四个连接号或四个空格加以分隔，每组数字都有固定的含义。第一组是 978 或 979；第二组是国家、语言或区位代码；第三组是出版社代码，由各国家或地区的国际标准书号分配中心分给各个出版社；第四组是书序码，是该出版物代码，由出版社具体给出；第五组是校验码，只有一位，0～9。例如，ISBN 978-7-03-020854-5 是《现代信息查询与利用》（第二版）的 ISBN。

2）期刊

期刊（Periodical，Journal 或 Magazine（杂志），Transaction（汇刊），Acta（学报），Serial），是指有固定名称、定期或不定期出版、汇集了多位著者论文的连续出版物。与图书相比，它的出版周期短，内容较新颖，信息报道及时，是人们寻找研究上的新发现、新思想、新见解、新问题的首要信息源，也是科技人员利用频率最高的一种文献信息源。

识别期刊的外表特征项主要有期刊名、期刊出版者、出版地、出版的年月日、期刊的卷号和期号，期刊的 ISSN（国际标准连续出版物号）、国内统一刊号（CN）、邮发代号、价格等。

按照期刊的出版频率可将其分为周刊（Weekly）、半月刊（Semi-Monthly）、月刊（Monthly）、双月刊（Bimonthly）、旬刊（3 Times a Month）、半年刊（Semi-Annuals）、年刊（Annual Year Book）。ISSN（International Series Standard Number）由 8 位数字分两段组成，如 1000-4254，前 7 位是

【拓展资源 1-1】　期刊四种英文表达的区别

期刊代号，后一位是校验位。国内公开期刊有统一刊号：CN+国内标准出版物编号，国内标准出版物编号由地区号、报刊登记号和中图分类号组成，如 CN31-1108/G2，地区号按 GB2260-82 取前两位形成，如北京为 11、天津为 12、上海为 13 等。国内内部刊物有准印证号。

3）报纸

报纸（Paper，Newspaper）是以刊载新闻和评论为主的出版周期最短的定期连续出版物。报纸的出版周期短，时效性强；内容信息量大、包罗万象、具有时事性，且传递迅速、普及面广，但报纸的知识不系统，信息分布零乱。按照出版周期划分，有日报、双日报、周报、旬报等；按照范围划分，有全国性报纸、地方性报纸、系统性报纸等；按照内容划分，有综合性报纸、专业性报纸等。

4）专利文献

世界知识产权组织 1988 年编写的《知识产权教程》阐述了现代专利文献（Patent Literature）的概念：专利文献是包含已经申请或被确认为发现、发明、实用新型和工业品外观设计的研究、设计、开发和试验成果的有关资料，以及保护发明人、专利所有人及工业品外观设计和实用新型注册证书持有人权利的有关资料的已出版或未出版的文件（或其摘要）的总称。

该概念包含的内容是：专利文献所涉及的对象是提出专利申请或批准为专利的发明创造；专利文献不仅仅是关于申请或批准为专利的发明创造技术内容的资料，也是关于申请或批准为专利的发明创造权利持有相关内容的资料；专利文献所包含的资料有些是公开出版的，有些则仅为存档或仅供复制使用。故专利文献主要是指实行专利制度的国家及国际专利组织在受理、审批、注册专利过程中产生的官方文件及其出版物的总称。

专利文献具有技术含量高、内容可靠、实用性强、报道快速、反映新技术快的特点，是一种集技术性、法律性、经济性信息于一体重要的信息资源。但专利文献的重复出版量大，有时间、内容和地域方面的局限性。

识别专利文献的法律信息特征包括申请号（Application Number）、申请日期（Application Date）、专利号（Patent Number）、授权日期（Granted Date）、优先号（Priority Number）、优先国家（Priority Country）、专利权属人（Assignee）、专利代理人或机构（Attorney、Agent or Firm）、发明人（Inventor）、权项（Claims）等。识别专利的技术信息特征包括专利分类号（Patent Classification）、专利名称（Title）、文摘、检索领域（Subject）等。

各国专利局的正式出版物有专利说明书、专利公报、专利文摘、专利索引、专利分类表等。

（1）专利说明书。专利说明书属于一种专利文件，是指含有扉页、权利要求书、说明书等组成部分的用以描述发明创造内容和限定专利保护范围的一种官方文件或其出版物。专利说明书中的扉页是揭示每件专利的基本信息的文件部分。扉页揭示的基本专利信息包括：专利申请时间、申请号码、申请人或专利权人、发明人、发明创造名称、发明创造简要介绍及主图（机械图、电路图、化学结构式等，如果有图）、发明所属技术领域分类号、公布或授权的时间、文献号、出版专利文件的国家机构等。

权利要求书是专利文件中限定专利保护范围的文件部分。权利要求书中至少有一项独立权利要求，还可以有从属权利要求。说明书是清楚完整地描述发明创造的技术内容的文件部分，附图则用于对说明书文字部分的补充。各国对说明书中发明描述的规定大体相同，以中国专利说明书为例，说明书部分包括技术领域、背景技术、发明内容、附图说明、实施案例等。

有些机构出版的专利说明书还附有检索报告。检索报告是专利审查员通过对专利申请所涉及的发明创造进行现有技术检索，找到可进行专利性对比的文件，向专利申请人及公众展示检索结果的一种文件。附有检索报告的专利文件均为申请公布说明书，即未经审查尚未授予专利权的专利文件。检索报告以表格式报告书的形式出版。

（2）专利公报。专利公报是各国专利机构报道最新发明创造专利申请的公开、公告和专利授权情况以及专利局业务活动和专利著录事项变更等信息的定期连续出版物。

人们可以通过专利公报了解有关工业产权申请和授权的最新情况；掌握各项法律事务变更信息；了解各国工业产权保护方面的发展动态。

各国出版的专利公报主要分为以下三种类型：

①题录型专利公报，仅以著录项目的形式报道最新专利申请或专利信息；

②文摘型专利公报，以著录项目、技术性文摘和一幅主图（如果有图）的形式报道最新专利申请或专利信息；

③权利要求型专利公报，以著录项目、独立权利要求和一幅主图（如果有图）的形式报道最新专利申请或专利信息。

【互动阅读 1-2】　专利文献的作用
思考及讨论：如何从专利文献的作用理解专利文献的特点？

5）标准文献

标准文献（Standard Literature）主要指技术标准、技术规格和技术规则等文献的总称，具有法律性和时效性，约束力强。国外标准常以标准、规格、法规、规则、工艺、公报等命名。为在一定的范围内获得最佳秩序，对活动或其结果规定共同的和重复使用的规则、导则或特性的文件，称为标准。

从世界范围来看，标准分为国际标准、区域性标准、国家标准、行业标准、地方标准与企业标准。国际标准指国际通用的标准，如 ISO（国际标准）、IEC（国际电工标准）、IEEE 等。我国目前将标准分为国家标准、行业标准、地方标准和企业标准四级。自标准实施之日起，至标准复审重新确认、修订或废止的时间称为标准的有效期，又称标龄。由于各国情况不同，标准有效期也不同。我国国家标准有效期一般为 5 年。

识别标准的外表特征项有标准级别、标准名称、标准号、标准提出单位、审批单位、批准时间、实施时间等。

6）会议文献

会议文献（Conference Literature）指在国内外重要学术会议上发表的论文和报告，也包括一些非学术性会议的报告。会议文献信息传递速度快、学术水平高、内容新颖，在主要的科技信息源中，会议文献的重要性和利用率仅次于期刊。按出版时间的先后，会议文献有会前、会中与会后文献三种形式。

识别会议的外表特征项有论文名称、著者和著者工作单位、会议录名称、会议录出版情况、会议名称、会议时间、会议地点、会议届次等。会议录名称的英文表达有 Congress

（会议）、Convention（大会）、Symposium（专题讨论会）、Seminar（学术研讨会）、Conference（学术讨论会）、Meeting（小型会议）、Proceedings（会议录）等。

7）学位论文

学位论文（Thesis（英国），Dissertation（美国））是高等学校、科研机构的毕业生、研究生为获得各级学位所撰写的论文。学位论文独创、新颖、论题前沿、研究专深。大多数国家采用学士（Bachelor）、硕士（Master）和博士（Doctor）三级学位制。通常所讲的学位论文主要指博士和硕士论文及优秀学士学位论文。

识别学位论文的外表特征项有论文名称、著者、学位，授予学位的大学名称、时间、论文页码、导师或答辩委员会顾问的姓名、学位名称、大学名称等。

8）科技报告

科技报告（Sci-Tech Report），又称研究报告和技术报告，是围绕某个课题所取得的阶段性进展或最终性成果的记录与书展报告。包括技术报告书（Technical Reports，R）、技术备忘录（Memorandum Book）、札记（Notes）、论文（Papers）、通报（Bulletin，B）等。科技报告的内容专深、可靠、涉及尖端专业研究课题、新颖，是重要的科技信息源、商贸信息源和竞争情报源。

识别科技报告的外表特征项有篇名、著者和著者工作单位、报告号、出版年月等。

9）科技档案

科技档案（Technology Archives, Technical Records）是指在生产建设和科技部门的技术活动中形成的、有一定具体工程对象的、具有参考利用价值的技术归档文件。

科技档案不同于科技资料，反映一定单位科技活动的并具有历史参考凭证作用的科技文件材料才能转化为科技档案，而收集交流来的只起参考作用的材料是科技资料。与一般档案相比，科技档案专业性特点突出，同时其种类的多元性和类型的多样性特点明显，包括任务书、协议书、技术指标和审批文件；研究计划、方案、大纲和技术措施；有关项目的技术调查材料；设计计算；试验项目、方案、记录、数据、报告；设计图纸；工艺卡片以及相应的归档的其他技术资料等。

科技档案是科研和生产建设中积累经验、吸取教训和提高质量的重要依据，有重要的情报价值。科技档案属于一次文献。

10）产品资料

产品资料（Product Literature）是国内外生产厂商或经销商为推销产品而印发的企业出版物，用来介绍产品的情况，以产品目录、产品样本、产品说明书、企业介绍等多种形式对外宣传，反映的技术较为可靠成熟，图文并茂，直观形象，数据翔实，是宝贵的科技信息源、商贸信息源和竞争情报源，免费赠送较多。

11）政府出版物

政府出版物（Government Publication）是指各国政府部门及其设立的专门机构所颁发的文件和出版的出版物，又称官方出版物。就其性质而言，分为行政性和科技性文献两类。行政性文献（包括立法、司法文献）主要有政府法令、方针政策、规章制度、决议、指示、统计资料等，主要涉及政治、法律、经济等方面；科技文献主要是政府部门的研究报告、标准、专利文献、科技政策文件、公开后的科技档案等。

政府出版物内容广泛，其核心部分是官方发布的法律和行政性文献，如各级部门的会议文件、司法资料、国家的方针政策、规章制度、有关国情的报告、国家权威机构发布的统计资料、外交文书等[①]。

政府出版物最主要的功能在于向公众及外界传递政府信息，表明官方立场、观点。政府出版物在治理国家、舆论导向、参与国际事务方面有着特殊而又重要的作用，这也成为该类文献区别于其他出版物的本质特征。从国家内部管理的角度看，政府要通过发布文件来管理国家，公民要通过政府发布的文件了解政府的法令、国家的状况等。从国际事务角度看，国际社会从一个国家的政府出版物来了解一个国家的政治制度、立场、国家发展状况等。

政府出版物对了解一个国家或地区的政治形势、方针政策、经济状况、科技发展战略和水平等有着独特的、较高的参考价值。

1.3　我们应该怎么做

1.3.1　泛在学习与信息素养

课件

1. 泛在学习及其特点

泛在学习（U-Learning），是学生可以在任何地方随时使用手边可以取得的数字设备或工具来进行各种学习活动，是一种任何人可以在任何地方、任何时刻获取所需的任何信息的方式，是 5A（Anyone，Anytime，Anywhere，Anydevice，Anything）学习。

泛在学习最大的特点是泛在性（Ubiquitous）。泛在是指表面上学习无形，它们交织在日常生活中，无所不在，人们很难察觉出它们的存在。泛在学习的第二大特点是情境感知（Context Sensitivity）。情境感知意味着能够从学习者的周围收集环境信息和工具设备信息，并为学习者提供与情境相关的学习活动和内容。

一方面，泛在学习环境下的学习者是一个无限扩充的群体，每时每刻都会有新的用户产生，而且同一用户在不同的时间和地点又会有不同的需求，要想满足不同群体的个性化需求，海量丰富的学习资源是基本保障。因此，泛在学习环境下，对于学习者而言，拥有基于信息资源的学习能力才是王道[②]。

另一方面，泛在学习的发展促使我们朝着一个情境感知泛在学习空间（Ambient Ubiquitous Learning Space，AULS）的生态环境迈进，未来的学校、图书馆、教室、会议室、博物馆，乃至于流通的商品，都能主动发射自身的知识和信息，每一个学习者都沉浸在现实世界和数字世界交织的信息生态环境之中，还需要利用对话、实践社区、协作学习、社交过程的内化、参与共同活动来实现社会学习[③]，故对于学习者而言，还应拥有利用、交流、共享、创新信息的能力。

此外，现存资源在数量上海量剧增，内容上五花八门，良莠不齐，资源"机器化"特征突出，各资源之间的关联主要是采用超链接方式，很难在资源之间产生动态的语义关联，故对于学习者而言，更需要拥有获取、利用、甄别信息的能力。并且，信息总量

① 程真.中国政府出版物的现状.环球法律评论,2002,24(3):300-302.

② 余胜泉,杨现民,程罡.泛在学习环境中的学习资源设计与共享——"学习元"的理念与结构.开放教育研究,2009(1):47-53.

③ 余胜泉.从知识传递到认知建构,再到情境认知——三代移动学习的发展与展望.中国电化教育,2007(6):7-18.

的剧增与个人学习能力有限的矛盾、信息数量的急增与信息质量无保证的矛盾，以及网络的共享公平和开放原则与信息壁垒、数字鸿沟客观存在的矛盾均对学习者获取、鉴别、利用信息的能力提出了挑战。

2. 信息素养

信息素养（Information Literacy），又称信息素质，最早是由美国信息产业协会主席 Paul Zurkowski 在 1974 年提出的，他认为信息素质是人们在工作中运用信息、学习信息技术、利用信息解决问题的能力。后来有关信息素质的定义较多，其中，美国大学与研究图书馆协会认为，信息素质是一系列有关个人能意识到信息需要并能找到、评价和有效利用所需信息的能力，2003 年，捷克 UNESCO 国际信息素质专题会议将信息素质定义为一种能力，它能够确定、查找、评估、组织和有效地生产、使用和交流信息，来解决一个问题。根据这个定义，信息素质的培养可从信息观、信息知识和信息能力三方面来增强。

信息观。信息观是人们用信息系统获取所需信息的内在动因，包括人们对信息在社会发展中的性质、地位、价值和功能及其与社会其他要素相互联系、作用的认识与反应，是由人站在信息的角度对客观世界及其运动规律抽象、概括、总体性的认识、理解、感受，从而形成的一种人生观、价值观与行为观。可以从信息在社会中的作用与地位、信息意识、信息道德、信息权利、信息法规等方面加以培养。

信息知识。信息知识是利用信息能力必备的基础与前提，包含信息技术知识、信息查询知识、信息系统知识与网络知识等多方面的知识，是可以通过系统化的培养和学习来获得的。通过计算机及网络相关基础课程的系统学习我们能够获得信息技术、信息系统与网络知识。

信息能力。信息能力是指通过掌握一定的方法和技巧能准确、快捷地获取、接收、组织所需信息的能力，是信息素质的客观表现，它包括在对信息查询的策略、方法、技巧掌握的基础上获取信息、鉴别管理信息、阅读分析信息、共享交流与创新信息的能力。这些能力是在获得信息的基础上促进信息向知识深化的能力，可以帮助人们从传统的学习方式中转变，从学会学习到"会学习"，是创新性利用信息所不能缺少的能力。

信息素养"运用信息、学习信息技术、利用信息解决问题的能力"的培养宗旨，就是要提升学习者获取、鉴别、分析、交流和利用信息的能力，就是帮助泛在学习者提升基于信息资源的学习能力，由此，提升个人的信息素养是泛在学习发展的必然要求，也是学习者适应泛在学习首选的捷径。

3. 信息素养评价标准

媒体与信息素养（MIL）的概念，以国际性的文件为基础，最早见于 2003 年 9 月《布拉格宣言》中，称为"面向一个信息素养社会"[①]；《亚历山大公告》称：以创造性的、合法合理尊重人权的方式获取、分析、评价、使用、生产与传播信息和知识所需的知识、看法、技能和实践的综合体[②]。2013 年联合国教育科学及文化组织发布了最近一版的《全球

---

① NESCO/NCLIS.The Prague declaration towards an information literature society. Information LiteracyMeeting of Experts, Prague, The Czech Republic.http://www.unesco.org/new/fileadmin/MULTIMEDIA/HQ/CI/CI/pdf/PragueDeclaration.pdf,2013.

② UNESCO/JFLANFIL.Beacons of the information society. The Alexandria Proclamation on Information Lite-racy and Lifelong Learning. High-Level International Colloquium Information Literacy and Lifelong Learning. http://www.ifla.ore/publications/beacons-of-the- informatisociety-the-alexandria-nroclamatinformation-litera,2006.

媒体与信息素养评估框架》（Global Media and Information Literacy Assessment Framework）。

具备媒体和信息素养的人可以在其个人、职业和公共生活中使用多种媒体、信息资源和渠道。知道各种信息的使用目的和时机、存放位置和获取方式。知道信息的创造者以及创造的原因，能够分析通过媒体和各种内容生产者所传递的信息、消息、信念和价值观，并能将他们发现和制造的信息通过一系列通用的、个人的与基于情景的标准进行验证。

2015 年 2 月由美国大学与研究图书馆协会（ACRL）最新修订的《美国高等教育信息素养框架》中，"框架"（Framework）是基于一个互相关联的核心概念的集合，可供灵活选择实施，而不是一套标准，或者是一些学习成果或既定技能的列举。本框架按六个框架要素（Frame）编排，每一个要素都包括一个信息素养的核心概念、一组知识技能以及一组行为方式。"知识技能"（Knowledge Practices）体现了学习者增强对信息素养概念理解的方式；"行为方式"（Dispositions）描述了处理对待学习的情感、态度或评价维度的方式。"阈概念"（Threshold Concepts）是指那些在任何学科领域中，为增强理解、思考以及实践方式起通道或门户作用的理念。

【互动阅读 1-3】　2015 年 ACRL《高等教育信息素养框架》（摘录）
思考及讨论: 作为个人信息素养能力的学习者，本框架中每个要素的核心概念内涵，以及知识技能和行为方式对我们都有哪些启发？

1.3.2　信息意识与信息行为

1. 信息意识

信息意识是指人们在充分认识信息价值的基础上，对其所具有的特殊敏感的一种自觉意识，是信息及信息环境作用于用户的结果，包括用户对信息及信息环境的认识（自觉的信息反应）和态度（评价），其中，态度是决定用户是否产生某种信息行为的关键。信息意识是获取信息的思想基础与内在动力，包括对信息的敏感性、需求性和信息权利、信息交流、信息保护的意识，具体包括以下内容。

（1）对同一信息不同的人捕捉、判断和利用的自觉程度是不同的。

（2）对不同的信息，对信息来源的认同、开发意识和对信息内涵的同构和再生意识不同。

（3）对明确需求目标的信息和不明确需求目标的需求程度不同，有强烈的信息需求表现在既能明白显性的信息需求，也清楚和挖掘隐性或潜在的信息需求。

（4）在遵循信息知识保护原则的基础上有广泛的信息交流意识。

（5）树立正确的信息道德意识和信息权利意识。

信息意识在信息利用过程中表现为被动接受和自觉活跃两种状态，后者是高级状态，也是信息意识培养的目标，也就是通过学习者主动学习与接受教育共同实现具备这样一种信息意识：能正确认识信息的存在及其在人们的生产、生活与学习中的重要作用；有强烈的信息需求愿望；能主动挖掘潜在信息需求；能明确查询目标与需求的关系；将信息查询与利用同扩充知识面相关联；注意日常信息的积累；积极参与、尝试查询与利用信息的实践；主动积极地利用图书情报等信息机构的服务；有意识地学习信息检索技能；主动与人共享和交流信息；有正确的信息道德观和信息权利观。

【互动阅读1-4】　有关信息敏感度的故事
思考及讨论：信息敏感度是指什么？

2. 信息行为

信息行为主要是指人类运用自己的智慧，以信息为劳动对象而展开的各种信息活动和行动，即人类的信息搜寻、采集、处理、生产、使用、传播等一系列过程。信息行为是有意识的行为，有明确的工具性、目的性和持续性，是在社会实践活动中不断学习、丰富和提高的。

人的行为并非总是有明显的动机，但是，信息行为具有明显的动机——信息动机。信息动机是信息行为发生的根本动力。在引起一个人信息行为的所有不同动机中最强烈、最稳定的信息动机决定着他的信息行为的性质和方向，这种信息动机就称为优势动机或主导动机。

信息动机的形成主要有两方面原因：一是内在条件，即信息需要，信息需要是信息行为发生的根本基础，是内因；二是外在条件，称为刺激，如信息环境和信息意识，是外因。意识是行为的先导，信息意识的强烈与否将直接影响人们的信息需求程度，也对能否挖掘出有价值的信息、对文献获取能力的提高起着关键作用，影响着良好信息行为习惯的养成。影响信息动机向信息行为转化的因素还有用户的认知能力和抱负水准等。

从信息需要的形成到信息需要的满足，就是一个完整的信息行为过程。从用户的角度出发，人的信息行为主要表现为信息查询行为、信息选择行为、信息利用行为。

（1）信息查询行为。用户为满足信息需求，在信息动机的支配下所采取的行动就是信息查询，即用户查找、采集、寻求所需信息的活动。信息查询行为既取决于个人的信息意识、信息能力和个性心理特征，也受用户所处社会环境，特别是信息环境的制约。英国学者威尔逊（T.W.Wilson）用图表示用户的信息查询路线，得知信息查询行为呈现可近性、易用性、先内后外、经验第一等特征。可近性是用户利用信息源（渠道）总程度的一个最重要的决定性因素，最便于接近的信息源（渠道）在信息查询行为中将首先被选用。可近性包括物理的、智力的和心理的可近性。易用性（穆尔斯定律）是可近性指标的延伸结果，是由信息系统本身是否方便存取决定的。先内后外指人们总是首先从自己已有的资料查找，然后转向取得同行、同事的帮助或利用信息系统。经验第一指人们查询信息时，总是根据以往的经验，遵循习惯的方式，先采集最容易获得的信息。

（2）信息选择行为。信息选择行为是对查询过程和查询结果的优化，从某一信息集合中把符合用户需要的一部分（子集合）挑选出来。选择贯穿于信息活动的始终，经过用户和信息源的交互作用，用户获取了信息源提供的信息，活动就进入了信息选择阶段。"符合用户需要"是信息选择的基本原则，并不是一个具体的标准。信息选择的核心标准是相关性和适用性。美国的萨拉塞维奇（T.Saracevic）以最概括的语言对相关性进行了定义：相关性是交流过程中来源与终点（接收者）之间接触效率的量度。适用性表示的是最终用户对查询结果的价值判定，它反映了特定时间内查询结果满足用户客观信息需要的程度。

（3）信息利用行为。信息利用行为与问题解决紧密联系在一起，用户获取信息的目的是有效地利用信息，使他所面临的问题最终得以解决。

问题定义。问题解决理论的代表人物纽厄尔（A.Newell）和西蒙（H.Simon）把问题定义为：当一个人想要某种东西，而他又不直接知道通过哪些行动才能得到它时，他就面临一个问题。问题的信息论定义：问题就是客观存在的某种不确定性在人们头脑中的反映，其实质是被思维主体意识到的、有必要且有可能消除的某种思想上的不确定性。

问题解决。认知心理学家从信息加工的观点出发，将问题解决看作对问题空间的搜索过程。问题空间就是问题解决者对一个问题所达到的全部认识状态。人们要解决问题，首先必须理解这个问题，对它进行解释和表征，即构成问题空间。问题空间是问题解决的一个基本范畴。对问题空间的搜索就是查询解决问题所需要的信息，以找到一条从问题的初始状态到目标状态的通路。当有关某一问题的需要被解释的信息（简称被解信息）被用户（思维主体）所接受时，就形成一个初始问题空间。

问题的提出是新的信息对原有认识的某种否定，问题的解决是对新的信息的合理解释。从信息的观点看，解释——就是寻求被解信息（需要被解释的信息）与解含信息（解释本身含有的信息）之间的联系，变不可理解为可以理解。要获得一个圆满的解释，就要对问题空间中的被解信息和解含信息进行不断的搜索。解释是信息加工的核心环节。

在信息的利用过程中，会存在所得到的部分信息对于问题的解决是无效的，或者存在信息的全体还不能使问题得以圆满解决，这就需要信息的反馈，再次实施信息查询行为和信息选择行为。

3. 养成基于查询信息的问题解决行为习惯

理解信息行为内涵的意义在于有效地利用信息，使所面临的问题最终得以解决，其归结为对问题空间的搜索，就是查询解决问题所需要的信息，查询解决问题所需要的信息能力的高低决定着问题解决的程度，因此，查询信息的过程就是学习的过程，也是解决问题的过程，更是知识增长的过程。

然而在我们采取信息行为的过程中，往往注重的是直接通过课堂学习形成的知识累积，常常忽略基于资源的查询信息的学习过程，解决问题的思维路径是"我会"才能有所行动——"我解决"，将解决问题的能力形成单一地归根于正规学习的知识累积，如图 1-4（左）所示。如当我们在课堂上提问同学如下问题："请列举美国历史上著名的两位总统的主要政绩，及其对美国文化、政治、经济的影响""请列举百家争鸣时期各个学说及其主要思想和代表人物对中国文化、政治、经济的影响"，问题是"多大年龄的人能回答"，大部分同学所给出的年龄段均是高中、大学教育，甚至是专业学术研究人士的年龄，而当我告知小学生就可以通过检索工具搜索获得答案时，同学才恍然大悟。该例说明了基于信息查询的问题解决路径，也就是在意识上"想得到""我要用"信息，在基于信息资源的检索、阅读、分析、管理、利用能力的基础上形成"我会用"（图 1-4（右））的信息查询、选择和利用行为，是对问题空间中的被解信息和解含信息进行不断搜索的过程，是信息查询、选择与利用行为的无限反复直至获得解的过程，我们称此为基于查询信息的问题解决行为，其与单一基于知识的问题解决行为相比较，不仅注重信息意识对信息行为的指导作用，更加注重信息查询、选择与利用行为实施建立在基于信息资源的检索、阅读、分析、管理、利用能力之上，因此，面向海量信息、理解信息意识与行为的内涵，有意识地提高我们基于信息查询的问题解决能力是我们适应不断变换的信息世界、获取知识的永恒路径。

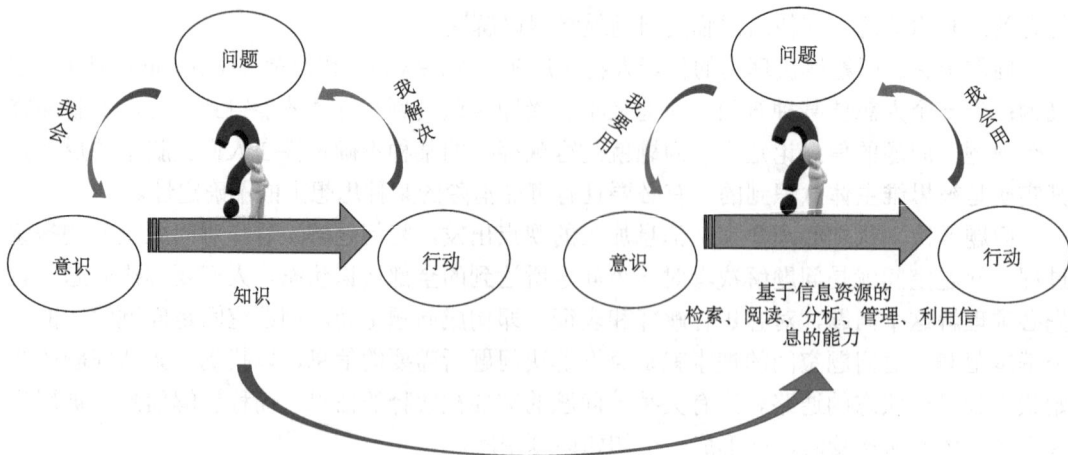

图 1-4　基于知识与基于查询信息的问题解决行为

【互动阅读 1-5】　　儿子的研究报告
思考及讨论：素材中儿子的学习行为有哪些特点？对我们有何启发？

1.3.3　个人知识管理

1. 数据、信息、知识

1）数据

一般来讲，数据是关于事物或事件的外部特征和具体事实的客观描述，如事物的颜色、形状、大小、数量等，事件发生的时间、地点、经过、结果等，是可由人工或自动化手段加以处理的数字、文字、图形、图像、声音等符号的集合。数据通常是数量庞大的、离散的，仅描述事物或事件的部分事实，并不提供对事件的整体判断或解释，也不为人的行为提供持久可靠的依据。数据的基本特征是具备可处理性，一定数量的数据汇集在一起称为资料。

2）信息

著名管理学家德鲁克指出，信息是具有关联性和目的性的数据。从功能上看，信息是能够使接收者的认识和看法产生某种改变的数据，因此，只有接收者才能为数据赋予意义，才能将数据转换为信息。不过，数据并不是只在接收者对其赋予意义时才称为信息，当发出者对数据进行解释，为其赋予意义后，也将数据转化为信息，信息就是被赋予了意义的数据。

为数据赋予意义主要有以下五种方法：①关联，说明为什么目的而收集数据；②分类，指出数据的分析单元或关键成分；③计算，对数据进行数学或统计学的分析；④修正，发现并剔除数据中的错误；⑤压缩，将数据以更为简明的形式进行归纳。信息是知识的基础。

3）知识

"知识"最早是作为一个哲学认识论的概念存在的。马克思从本体论角度对知识的定义是：知识就是意识的存在方式以及对意识来说是某种东西的存在方式。我国的《现代汉语词典》就把知识定义为"人们在改造世界的实践中所获得的认识和经验的总和"。

人们通常认为，知识（Knowledge）是人类对客观事物规律性的认识与归纳，它来自社会实践，其初级形态是经验知识，高级形态是系统科学理论。知识随着社会实践、科学技术的发展而发展，人类接收了来自社会及自然界的大量信息，通过实践活动和大脑的思维活动，将这些信息结合实践活动进行分析与综合，形成新的认识，这种经过加工、孕育后的信息就称为知识。

或者说，知识是一切人类总结归纳的事实型（是什么）与经验型（怎么做）信息，知识是同类信息的深化、积累，是优化了的信息的汇总和结晶，即信息经过加工，上升为对自然和社会发展客观规律的认识，才构成知识。

四种方法对于将信息转换为知识至关重要：①比较，找出不同情境中的信息之间的区别；②关联，找到信息之间的联系；③推论，分析特定信息对决策和行动的价值；④对话，了解其他人怎样考虑信息。

经济合作与发展组织（OECD）出版的《以知识为基础的经济》报告将知识分为四种类型，分别为 Know-What、Know-Why、Know-How、Know-Who。

知是（Know-What），即事实知识，知道是什么的知识，指关于事实与现象的知识，是一切知识的基础，包括自然科学知识和社会科学知识，它可以通过学习获得。也可理解为在什么样的时间（Know-When）、什么样的地点或条件下（Know-Where）能解决什么样的问题。

知因（Know-Why），即原理知识，知道为什么的知识，指那些自然、人的思维和社会运动的法则及规律的科学知识，包括自然原理和规律方面的科学理论。

知如（Know-How），即技能知识，知道如何做的知识，即指技艺和能力知识，包括技术诀窍或专有技能。

知谁（Know-Who），即人际知识，包括关于谁知道什么，以及谁知道如何做什么的信息。特别是它还包括与有关专家形成的特殊的社会关系，以便有可能获得并有效利用这些专家的知识，侧重创造思想、方法、手段、过程以及特点的了解。

由数据到信息，由信息到知识的过程，是一个不断深化、积累、优化、整理、分析、分享、创新的过程。

4）知识的转化

从是否可表征角度，知识可分为显性知识（Explicit Knowledge）和隐性知识（Tacit Knowledge）两种。显性知识指的是可以通过正常的语言文字的方式表达、传播和共享的知识，常常能通过正规的学习获得，如在 OECD 对知识的划分中，知是和知因知识属于显性知识。隐性知识指个人或组织经过长期积累而拥有的知识，具有高度个性化、难以格式化、不易用语言表达及传播的特点。隐性知识多指隐含的经验类知识，如在 OECD 对知识的划分中，知如和知谁知识属于隐性知识。

显性知识和隐性知识之间可以相互转化，动态循环。野中郁次郎（Ikujiro Nonaka）和竹内弘高（Hirotaka Takeuchi）于 1995 年在他们合作的《创新求胜》（*The Knowledge-Creating Company*）一书中提出 SECI 模型，该模型显示了知识转化的四种基本模式——潜移默化（Socialization，社会化）、外部明示（Externalization，外化）、汇总组合（Combination，组合化）和内部升华（Internalization，内化）。

知识创新是一个由社会化、外化、组合化和内化组成的知识螺旋模型，四个模式是一个有机整体，整个过程是高度个人化的隐性知识通过共享化、概念化和系统化实现了个人之间、个人与组织之间知识的传递、创造和使用，并最终又产生了新的隐性知识。在这个过程中，知识的转化、共享和创造是一个动态的、递进的过程，当个人的隐性知识完成一次知识螺旋运动、转化为新的隐性知识后，新的知识螺旋运动又开始了。

2. 个人知识管理

1）个人知识管理的含义

个人知识管理（Personal Knowledge Management，PKM）的定义由美国的 Paul A. Dorsey 教授提出："个人知识管理应该被看作既有逻辑概念层面又有实际操作层面的一套解决问题的技巧与方法。"[①]，Dorsey 指出 PKM 在实际操作过程中，涉及创建、分类、索引、检索（搜索）、分发以及重新使用某项知识的价值评估，他概括和定义了 7 项核心个人知识管理技能：信息检索、信息评估、信息组织、信息分析、信息表达、信息安全、信息协同。

田志刚认为个人知识管理是指：个人为了提升个人竞争力，通过建立自我的知识体系，并不断进行知识的获取与整理、存储与更新、交流与分享、传递、应用与创新的过程[②]。

国内学者孔德超认为个人知识管理包括三层含义：其一，对个人已经获得的知识进行管理；其二，通过各种途径学习新知识，吸取和借鉴别人的经验、优点和长处，弥补自身思维和知识缺陷，不断建构自己的知识体系，形成自己的风格；其三，利用自己所掌握的知识及长期以来形成的观点和思想，再加上别人的思想精华，去伪存真，实现隐含知识的显性化，激发创新出新知识[③]。

总之，个人知识管理是知识管理的一个分支，是个人在日常生活和工作中获取、存储、管理、交流共享和分析创新知识的一个过程，目的在于促使大脑中的隐性知识显性化，提高个人的知识利用能力和知识创新能力，提升工作效率，进而提高个人竞争力的过程。个人知识管理不仅包含对显性知识的管理也包含对隐性知识的管理，显性知识管理主要包括对平时工作中产生的文档、文献、数据、网页信息、笔记等的管理，隐性知识管理主要包括对灵感、念头、经验、诀窍等的管理。从知识类型上讲包括事实知识、原理知识、人际知识、专业技能知识的管理，即 3W1H（What, Why, Who, How）知识。

2）个人知识管理的作用

无论何种版本的定义，个人知识管理的实质都在于帮助个人提升工作效率，整合自己的信息资源，提高个人的竞争力。通过实施 PKM，在于帮助知识工作者个人方便、快捷地管理自己的资料和素材，并在此基础上实现数据、信息、知识的有效转换和解释；能将散乱的信息片段转化为可以系统性应用的方法与策略，从而不断扩展自己的个人知识；PKM 重点在于对隐性知识的管理，实现显性知识和隐性知识的共享，提高学习能力、应变能力和创新能力。

---

① Paul A. Dorsey. Overview of Personal Knowledge Management. http://www.360doc.com/content/07/0108/13/10185_322593. shtml [2017-04-09].

② 田志刚.你的知识需要管理.沈阳:辽宁科学技术出版社,2010.

③ 孔德超.论个人知识管理.图书馆建设,2003(3):17-18.

3）个人知识管理的工具

个人知识管理工具的划分标准多种多样，如按照功能可以分为功能单一的个人知识管理工具和综合性的个人知识管理工具；按照知识流程可以划分为知识的获取分类、知识的存储管理、知识检索、知识分析与挖掘、知识创新和知识共享等工具；按照知识的特点划分为显性知识管理工具和隐性知识管理工具等。从硬件和软件角度分，硬件有手机、笔记本电脑、台式机、PDA 等个人数字工具；软件有搜索引擎、微软 Office、 MS Outlook 等常用软件，概念地图、心智地图、网络日志和维基百科等辅助小工具，以及文献管理软件、笔记软件、个人知识管理系统等多类软件。

从个人不同知识的类型出发，个人知识管理工具包括文献管理工具、笔记类工具、社会性网络工具、个人知识管理系统、信息分析工具、思维导图等工具。严格意义上讲，还不是真正基于知识元的管理工具，而应该是信息管理工具，但是随着网络与数据分析技术的发展，已为人们从知识单元角度分析、关联知识提供了可能，故信息管理工具也将逐步走向知识管理工具，在保存和管理知识的同时，将支持对知识的深入分析和挖掘，并以可视化的方式呈现出来，方便用户对知识的利用与创新。

4）信息素养与个人知识管理

从个人知识管理角度看，其实施目的和培养的技能就是促进数据到信息、信息到知识的过程，这个过程也就是个人获取与整理、存储与更新、交流与分享、传递、应用与创新信息的过程，而个人信息素养的高低显示的是个人获取与整理、存储与更新、交流与分享、传递、应用与创新信息的能力高低，信息素养培养宗旨正在于提升个人的这一系列能力，是个人知识管理的基础。

由此，在综合国内外信息素养培养标准及个人知识管理培养需求的基础上，我们将本书撰写的培养内容归纳为查询获取、评价筛选、保存管理、共享交流、分析创新五个方面，由此形成本书的各个章节，同时，本书基于信息管理的内涵理解，从知识、信息利用的过程出发，将文献管理工具、笔记类工具和个人知识管理系统三类工具归入"第 4 章　保存管理信息"章节深入讲解，将分析功能突出的社会网络工具归入"第 5 章　交流分享信息"章节讲解，将信息分析工具、思维导图工具归入"第 6 章　分析创新信息"章节深入讲解。

1.3.4　信息权利与信息义务

1. 信息权利

21 世纪信息权利是人权的一个重要方面，是"人们从事信息的自由获取、自由生产和自由传播活动的权利"。

无论是信息伦理权利还是信息法律权利，它们均由权利主体和权利内容两方面构成，并且只有经过一定的确认程序后才能促成信息权利的具体诞生。

信息权利主体由信息资源方权利主体、信息管理方权利主体和信息用户权利主体三类构成，它既可是个人权利主体也可是集体权利主体（团体、组织或社会）。在信息资源管理流程中，不同主体分别扮演着资源方、管理方或用户的角色，同一主体可能也会以多种角色身份出现。对某类社会主体信息权利的分析应基于角色理论分别进行。

信息权利客体是指具体的信息事物，它是信息权利主体和内容所指向、影响和作用的对象。形成与创造的所有社会信息均是信息权利的客体对象。

从信息权利的具体内容上看，信息资源方主体拥有信息所有权（信息财产权）和信息安全权等权利内容；信息管理方的信息权利主要包括信息存档与捕获权、信息管理权、信息公布与开发权、信息开放决定权、信息加工处理权、有限的知识产权和信息服务权等。

用户的信息权利包括信息知情权与获取权、隐私权、信息发布权、信息使用与获益权、个人信息（人事信息、信用信息）的修改权、用户的信息消费质量保障权、用户对信息的再开发权等基本权利。

1）信息获取权

信息获取权是信息权利的重要内容，指的是人们通过合法途径和渠道无障碍获取各种信息。前提是获取信息的手段和途径必须合法，任何游离法律的信息获取，或者通过任何非法手段获取的信息，都不属于人们正常享有的信息获取权。另外，公众获取信息的途径必须畅通、无障碍。任何单位和个人不得人为设置障碍。保证公众获取信息渠道的通畅是公众信息权利的重要内容。人不仅有权获取与自己生存相关的信息，而且有权获取有关单位、地区、民族、国家的信息，法律把这种信息权利称为公民的知情权。

2）信息发布权

个人有向社会发布自己所掌握信息的权利。信息发布权不仅是公民最基本的权利，而且是作为社会人的天然权利，具有不可剥夺性。言论自由是《宪法》赋予公民的基本权利。言论自由权包括信息发布权。作为社会人，一方面，从社会获取信息；另一方面，向社会发布其所掌握的信息。这种权利不是无限制的、不受约束的，而是受法律所规范的。

3）信息开发权

信息开发权指人有权利用合法手段对已获取的信息进行深度开发。使用合法手段是基于某些信息处于专有范畴，为某一特定的信息拥有者专有，其他人获取这一信息不得使用非法手段。

4）信息自主权

信息自主权涉及个人的研究成果、著作、生活等各个方面，具有个人色彩的信息，信息涉及人对此具有自主权利。知识产权、隐私权属此范畴。这类信息没经信息所有人的同意，任何人不得发布、传播。违者将会受到社会道德和法律的惩罚。信息权利自主人可以授权第三者使用或有偿转让。

5）信息使用权

信息使用权指人有权合法使用信息。一是公共信息，任何人都可以无偿使用，不用付费，也不用经过他人认可。这种无偿使用是法律赋予人们的权利。二是专有信息，按照法律规定，属于自己所有的信息，除了自己可以使用外，也可以转让给他人使用。转让分有偿转让和无偿转让两种方式。

2. 履行信息义务

权利和义务是对等概念，人们在享有权利的同时，也必须履行相应的义务。维护信息权利，人们更多的是使用法律武器；履行信息义务，除了遵守法律外，还要遵循信息伦理。

在世界上，应该建立一种底线伦理原则，即信息活动最起码、最基本的伦理要求主要有无害、公正、平等、互利①。

互联网信息服务"九不准"。《互联网信息服务管理办法》第十五条规定,互联网信息服务提供者不得制作、复制、发布、传播含有下列内容的信息。

（1）反对宪法所确定的基本原则的。

（2）危害国家安全,泄露国家秘密,颠覆国家政权,破坏国家统一的。

（3）损害国家荣誉和利益的。

（4）煽动民族仇恨、民族歧视,破坏民族团结的。

（5）破坏国家宗教政策,宣扬邪教和封建迷信的。

（6）散布谣言,扰乱社会秩序,破坏社会稳定的。

（7）散布淫秽、色情、赌博、暴力、凶杀、恐怖或者教唆犯罪的。

（8）侮辱或者诽谤他人,侵害他人合法权益的。

（9）含有法律、行政法规禁止的其他内容的。

【互动阅读1-6】　文明上网,共守"七条底线"
思考及讨论:从个人角度谈谈如何文明上网。

移动互联网应用程序信息服务管理规定。国家互联网信息办公室 2016 年《移动互联网应用程序信息服务管理规定》(以下简称《规定》)②明确,移动互联网应用程序提供者应当严格落实信息安全管理责任,建立健全用户信息安全保护机制,依法保障用户在安装或使用过程中的知情权和选择权,尊重和保护知识产权。《规定》要求,移动互联网应用程序提供者和互联网应用商店服务提供者不得利用应用程序从事危害国家安全、扰乱社会秩序、侵犯他人合法权益等法律法规禁止的活动,不得利用应用程序制作、复制、发布、传播法律法规禁止的信息内容。同时,《规定》鼓励各级党政机关、企事业单位和各人民团体积极运用应用程序,推进政务公开,提供公共服务,促进经济社会发展。

强化知识产权保护。知识产权制度是科学技术和经济发展的产物,目的是保护创造主体的权利。知识产权制度通过法定的控制、利用和支配权,肯定和保护创造者的智力成果,使创造主体知识智慧得以证实,投资得以回报,从而激发创造力。保护知识产权的一般意义是指通常的专利权、商标权与著作权为主的法定内容,同时包括组织、企业、个人等主体特有的技术、研究、经营秘密等内容,是现代社会赋予特定信息的重要属性。尊重与保护他人的知识产权也是保护自身利益的开始。

在全球经济一体化的今天,知识产权正在成为创造新的竞争优势的重要基础和最有价值的产权形式之一。未来世界的竞争归根到底是经济实力的竞争,是科技创新能力的竞争,是知识产权的竞争。而知识产权保护遵循"先占先得"原则,因而谁能充分有效地利用先占先得的知识产权法律和保护制度,就能提高在全球化背景下的国际竞争力。

同时,人们基于知识的学习、工作和研究所产生的智力成果比以往任何时代更加丰富和快速,在这些知识源的生产、分配和消费过程中如果缺乏知识产权意识和缺少知识产权

---

① 杨智慧.信息权利享有与义务履行.http://theory.people.com.cn/GB/49150/49153/9009788.html[2017-03-22].

② 中华人民共和国国家互联网信息办公室. 国家互联网信息办公室发布《移动互联网应用程序信息服务管理规定》. http:// www.cac.gov.cn/2016-06/28/c_1119123114.htm.

常识，我们的智力劳动成果就可能被窃取、盗用，成果及权利得不到应有的保护，更不能去享受创造所带来的经济与社会价值；如果我们的知识活动成果与已有成果相比不具有进步性，只是模仿甚至重复，这不仅会造成资源的浪费，甚至会引来诉讼和纠纷。因此，学习相关知识产权常识，提高知识产权保护意识是知识经济时代使用、创新知识主体所必需的。

在信息查询与利用过程中，我们首先应该掌握和学习知识产权常识，并建立强烈的知识产权保护意识，增强知识产权的法制观念，做到自己的合法权益不被侵犯的同时，要遵循一些基本的知识产权保护原则，合理使用信息资源，这也是我们学术道德修养与品质的重要体现，它包括：①不故意侵权，明知不可为而为之，如完全盗用他人智力成果、故意窃取他人商业秘密等；②在学术成果中直接引用他人成果需要加入参考文献注明或声明；③不批量下载免费信息资源用于获取经济效益或作非法他用；④合理使用公益性免费信息资源（如图书馆等信息服务机构的资源），不用于获取经济效益或作非法他用；⑤不支持不正当的侵权，如购买盗版图书、光盘等；⑥严格履行科技或商业秘密的保密要求等。

运用知识产权相关法律维护的不仅仅是自己对智力成果的专有权，更重要的是在知识产权保护制度下，维护创造者群体的公共利益，使创造者激发的灵感与成果健康、持续地转化与传播，运用知识产权法规能够保护我们的权利不受侵犯，而遵守知识产权法规是我们在查询与利用信息过程中应尽的责任和义务。

思 考 题

1. 什么是信息？什么是信息资源观？
2. 按信息源传播形式不同，有哪几种信息源？它们各自的特点是什么？
3. 按文献加工的程度不同，文献分为哪些类型？
4. 按多样的出版形式，文献有哪些类型？比较它们各自资源特征的优点与不足。
5. 从泛在学习和个人知识管理两个层面分析信息素养对个人成长的作用。

互 动 题

1. 上网收集：从多个角度收集您身边的不同类型的信息资源，类型尽量多样化，并交流分享您眼中的信息长啥样。

2. 上机练习：选择您感兴趣的一个话题，或从本书对应精品课程网站的题库资源中选择一题，展开网络查询，两人一个小组，分别观察、记录对方按照日常上机搜索网络信息的习惯，上机查询 3 条最相关信息，对照"养成基于查询信息的问题解决行为习惯"的知识点，分析个人现有信息查询行为特点与"基于查询信息的问题解决行为"的差异，交流对"基于查询信息的问题解决行为"的理解与感悟。

3. 上网收集：收集个人不文明上网或违反知识产权法的典型案例，开展专题辩论等活动，分享在享有个人信息权利的同时应履行的信息义务。

渠道工具篇

第 2 章　查询获取信息

【学习目标】

◇ 了解查询信息的多种渠道；

◇ 熟悉远程地、免费地利用图书馆资源的方式；

◇ 了解开放获取的特点，掌握开放获取方式及典型资源的利用；

◇ 熟悉问询获取方式，掌握常用网络问答资源；

◇ 了解政府网站的定位方法，熟悉利用政府网站获取信息的方法；

◇ 了解搜索引擎的类型，掌握不同类型典型搜索引擎的利用；

◇ 了解数据库类型，熟悉不同类型数据库的获取，掌握不同类型数据库的典型应用。

2017 年 1 月 22 日，中国互联网络信息中心（CNNIC）发布了第 39 次《中国互联网络发展状况统计报告》。报告显示，截至 2016 年 12 月，我国网民规模达 7.31 亿人，互联网普及率为 53.2%，我国网民规模已经相当于欧洲人口总量[①]。网络成为我们获取信息的最大信息源。根据不同利用渠道，我们重点选取从图书馆、注册账号、开放获取、咨询问答、政府网站、搜索引擎、数据库等查找、问询渠道讲解多样化的资源特色及获取方式特色。

2.1　利用图书馆获取

尽管网络技术及通信技术的发展使得曾作为我们唯一或最主要信息源的图书馆的作用在降低，但从学术资源藏量、信息挖掘服务深度等方面分析，图书馆仍然不失为可靠的信息源之一。

2.1.1　图书馆职能与服务

吴慰慈等在《图书馆学概论》（1985）中提出："图书馆是搜集、整理、保管和利用书刊资料，为一定社会的政治、经济服务的文化教育机构。"这个定义反映了 20 世纪 90 年代以前人们对图书馆的认识，它是对传统图书馆本质的概括。

结合图书馆的性质、用户群、馆藏文献范围来划分，目前我国图书馆类型主要有国家

---

① CNNIC 发布第 39 次《中国互联网络发展状况统计报告》.http://www.cnnic.com.cn/gywm/xwzx/rdxw/20172017/201701/t20170122_66448.htm[2017-01-22].

图书馆、公共图书馆、学校图书馆、科学图书馆、专业图书馆、技术图书馆、工会图书馆、军事图书馆、儿童图书馆、盲人图书馆、少数民族图书馆等。其中，公共图书馆、科学图书馆、高等院校图书馆是我国图书馆事业的三大支柱。

1. 公共图书馆职能与服务

公共图书馆是由国家中央或地方政府管理、资助和支持的，免费为社会公众服务的图书馆。公共图书馆担负着为科学研究服务和为大众服务的双重任务，在促进国家经济、科学、文化、教育事业的发展，提高全民族科学文化水平方面发挥着重要的作用。国际图书馆协会联合会（简称国际图联）1975 年将公共图书馆的社会职能概括为四条：①保存人类文化遗产；②开展社会教育；③传递科学信息；④开发智力资源。

以中国国家图书馆是国家总书库为例，其是国家书目中心、国家古籍保护中心、国家典籍博物馆。履行国内外图书文献收藏和保护的职责，指导协调全国文献保护工作；为中央和国家领导机关、社会各界及公众提供文献信息和参考咨询服务；开展图书馆学理论与图书馆事业发展研究，指导全国图书馆业务工作；对外履行有关文化交流职能，参加国际图联及相关国际组织，开展与国内外图书馆的交流与合作。

例如，深圳图书馆总建筑面积 49589 平方米，有读者座位 2000 个，网络节点 3000 个，一方面发挥深圳市作为图书文献收藏和利用中心及文献信息资源开发中心的职能；同时，作为城市最基本的文化设施，深圳图书馆是市民终身教育的知识殿堂，也是城市文化内涵和文化品位的重要象征；还进一步加强了信息参考功能，为深圳的政府决策、经济发展、科技创新、学术研究等活动提供高层次的知识支撑和信息服务，服务方式上实行"全面开放，免证进馆，分层管理，一卡通行"，面向所有公民开放，普通阅览不需任何证件，一般性服务全部免费，打印、复印等仅收取成本费。实施深圳建设"图书馆之城"的文化战略，成为全市图书馆网络中心。

2. 科学图书馆职能与服务

科学图书馆属于专门性图书馆，馆藏文献侧重学科专业性，服务对象主要是本系统、本单位的科研和工程技术人员。其核心任务是为科学研究和生产技术提供信息服务，开展信息调研、分析与决策支持服务等。

例如，中国科学院国家科学图书馆、中国科学院文献情报中心是支撑我国科技自主创新、服务国家创新体系、促进科学文化传播的国家级科技文献情报机构，主要为自然科学、交叉科学和高技术领域的科技自主创新提供文献信息保障、战略情报研究服务、公共信息服务平台支撑和科学交流与传播服务，同时通过国家科技文献平台和开展共建共享为国家创新体系其他领域的科研机构提供信息服务。

国家科技图书文献中心（NSTL）是根据国务院领导的批示于 2000 年 6 月 12 日组建的一个虚拟的科技文献信息服务机构。根据国家科技发展需要，采集、收藏和开发理、工、农、医各学科领域的科技文献资源，面向全国开展科技文献信息服务；其发展目标是建设成为国内权威的科技文献信息资源收藏和服务中心；现代信息技术应用的示范区；同世界各国著名科技图书馆交流的窗口。主要任务是统筹协调，较完整地收藏国内外科技文献信息资源，制定数据加工标准、规范，建立科技文献数据库，利用现代网络技术，提供多层次服务，推进科技文献信息资源的共建共享，组织科技文献信息资源的深度开发和数字化应用，开展国内外合作与交流等。

3. 高等院校图书馆职能与服务

高等院校图书馆是学校的文献资料信息中心，是学校信息化和社会信息化的重要基地，是为教学和科学研究服务的学术性机构，它的工作是学校教学和科学研究工作的重要组成部分。高等院校图书馆为教学和科学研究服务，这是高等院校图书馆的基本特征，也是高等院校图书馆存在的价值，贯穿于它的全部工作的各环节之中。

例如，北京大学图书馆作为"一塔湖图"的"图"，与博雅塔和未名湖并列作为北京大学的标志，其目前的馆舍由 1975 年落成的西楼与 1998 年落成的东楼相连而成，外观具盛唐风格，建筑面积近 53000 平方米；图书馆的服务由传统的借还书、阅览等向多元化功能发展，数字资源服务、读者自助服务、学科馆员服务、阅读推广服务等新的服务手段和方式不断拓展。其愿景是"建设一个世界一流的、资源丰富、设施先进、高水平、现代化的、以数字化和网络化为技术基础的北京大学文献资源保障与服务体系，为学校的教学科研提供文献信息保障，为创建世界一流大学服务"。

又如，上海交通大学图书馆提出"一流服务、主动服务、智能服务；一站式、自助式；个性化、人性化"的服务宗旨，创建"资料随手可得，信息共享空间；咨询无处不在，馆员走进学科；技术支撑服务，科研推进发展"的服务理念，以学科服务为主线，使位于闵行、徐汇和黄浦三大校区的五所图书馆形成多分馆协同服务模式，将图书馆定位为"以人为本，读者之家；知识服务，第二课堂；信息主导，共享空间"。推行"藏、查、借、阅、参"一体化服务机制，注重信息素养教育，传承学术精髓，弘扬校园文化，积极开展学科化服务，主动发挥学术交流中心、知识加工中心和文化传承中心的作用。服务内容包括：借阅、馆际互借、讲座与培训、科技查新、论文查收查引、课题/专利申请前文献调研、学术信息定制、课题前沿追踪、学科博客、Misguides、教参服务、多媒体声像视听、复印装订拍摄彩扩、购书推荐等。

2.1.2　图书馆资源及特藏

图书馆有着丰富的藏量资源，是其开展服务的基础，支撑其成为区域的文献信息中心，并根据实际情况建设有特色的馆藏资源。

深圳图书馆。深圳图书馆现有书刊 443 万余册，各类电子、网络文献近 388 万件，在馆藏建设上，以高新技术、商贸、时装、法律等专题资源及深圳地方文献、港澳台文献资源等作为特色资源。

中国科学院国家科学图书馆。中国科学院国家科学图书馆总馆拥有藏书 520 万册（件），中外文期刊 16000 种（包括电子期刊），还开通了英国物理学会电子期刊数据库（Ion）、国际光学工程学会电子期刊和会议录（SPIE）等特色信息资源。

北京大学图书馆。到 2011 年年底，北京大学图书馆的纸质文献馆藏总量近 800 万册（件），电子图书达到 276 万种，中外文数据库 500 个，另有音像资料 5.6 万余件，自建特色数据库近 20 种，超过 100TB。

上海交通大学图书馆。上海交通大学图书馆在交通、材料、机电、能源、信息、管理及农业等学科领域形成馆藏文献特色，同时紧跟学校学科发展政策，加大力度进行人文社科类馆藏资源的建设，成为学校的学习资源中心和信息共享中心。

中国国家图书馆。百余年来，该图书馆先后更名为国立北平图书馆、北京图书馆，1998

年 12 月 12 日改称国家图书馆,是国家总书库,国家书目中心,国家古籍保护中心,国家典籍博物馆。

中国国家图书馆馆藏宏富,品类齐全,古今中外,集精撷萃。馆藏文献超过 3500 万册(件),并以每年百万册(件)的速度增长;馆藏总量位居世界国家图书馆第七位,其中中文文献收藏世界第一,外文文献收藏国内首位。特藏资源丰富,继承了南宋以来历代皇家藏书以及明清以来众多名家私藏;最早的馆藏可追溯到 3000 多年前的殷墟甲骨。珍品特藏包含敦煌遗书、西域文献、善本古籍、金石拓片、古代舆图、少数民族文字古籍、名家手稿等 280 余万册(件)。《敦煌遗书》、《赵城金藏》、《永乐大典》、文津阁《四库全书》被誉为国家图书馆“四大专藏”;中国国家图书馆是国务院学位委员会指定的学位论文收藏中心,博士后研究报告收藏馆,全国年鉴资料收藏中心,特辟香港、澳门、台湾地区出版物专室。中国国家图书馆数字图书馆(http://www.nlc.cn)建成了中国最大的数字文献资源库和服务基地,数字资源总量超过 1000TB,并以每年 100TB 的速度增长。中国记忆项目更是整理中国现当代重大事件、重要人物专题文献,采集口述史料、影像史料等新类型文献,收集手稿、信件、照片和实物等信息承载物,形成多载体、多种类的专题文献资源集合,并通过在馆借阅、在线浏览、多媒体展览、专题讲座等形式向公众提供服务的文献资源建设与服务项目。

2.1.3　获取方式及典型应用

课件

目前,利用图书馆的获取方式有两种:一是通过成为图书馆读者获取图书馆资源及服务;二是利用馆际互借与文献传递服务获取异地图书馆资源及服务。

1. 成为图书馆读者

我们可以通过办理读者服务卡、注册来免费享用资源与服务;也可以通过远程注册成为远程用户,成为本地或网络的数字图书馆及其他信息服务机构的注册用户,免费享用部分资源和服务。

典型应用:中国国家图书馆的远程读者服务。

中国国家图书馆提供在线咨询、文献提供、馆际互借等综合服务;社会公众可以远程登录国家图书馆网站,注册实名账户,享受国家数字图书馆资源和服务。

如何远程访问呢?如果你在北京居住,请凭身份证直接去国家图书馆(自助)办理读者卡即可;如果不在北京,可以在出差来北京时办理(2016 年 12 月 9 日更新:北京以外也有部分地方高校图书馆开通批量申请代办服务);此外,无须在北京现场办理也可以实名注册国家图书馆网站,可以访问一定数量的数据库资源。

中国国家图书馆的“掌上国图”移动服务体系。中国国家图书馆的远程读者服务依托“掌上国图”移动服务体系实现。

(1)资源:“掌上国图”自建公版图书 6700 多部,包含古籍、英文著作、百科、小说、笑话、寓言等种类。并自建 EPUB 图书 1800 多部;引入博看期刊、手机知网、读览天下等知名期刊资源,共包含期刊 8000 多种,会议论文 140 余万篇,报纸 1000 多万篇,工具书4800 余种;共发布博士论文摘要近 19 万篇,硕士论文摘要近 150 万篇;建设讲座资源 674场,电视短片 500 余部,总时长达到 1200 多小时,手机版视频采用 3 种视频码流,供不同规格手机访问。

（2）服务模式包括短彩信推送、国家图书馆手机门户（wap.nlc.gov.cn）、移动应用程序、移动资源订阅，资源范围涵盖书、刊、报、图片、音视频及数据库等类型。

短彩信：国家图书馆通过全国统一特服号 106988106988 为移动、联通、电信的全国手机用户提供借阅相关的读者服务短信和短彩信信息订阅服务。

国家图书馆手机门户（http://wap.nlc.gov.cn）作为国家图书馆移动服务的重要形式之一，提供读者服务、在线服务、读者指南、文津图书奖、新闻公告、资源检索等栏目。

移动应用程序。国家图书馆自 2011 年 1 月起推出了一系列 iOS 及 Android 应用程序供世界各地爱好者使用，包括服务类和资源类应用程序。服务类应用程序如图 2-1 所示，国家图书馆基于 Android 服务应用程序，扫描图中二维码可以直接安装，其中提供的"书目检索"功能支持关键词检索、条形码检索，可获得国图馆藏信息以及全国几十家图书馆馆藏信息，并可以查看豆瓣网友的书评信息以及转到电子商务网站便捷购书；"微阅书刊"功能提供 3 万种最新热门电子期刊在线阅读；"经典视听"可在线欣赏优秀的文津讲坛资源、国图公开课资源、听书资源等，听书功能支持在线播放、断点续听、离线下载、添加收藏、微信朋友圈分享等功能，有声读物资源量达到 1000 余册、2 万余集，其中包括小说、有声书摘、经管励志、评书相声、儿童读物等十大类别的畅销新书；"移动咨询"可以通过手机进行表单、FAQ 浏览、电话等多种方式咨询。

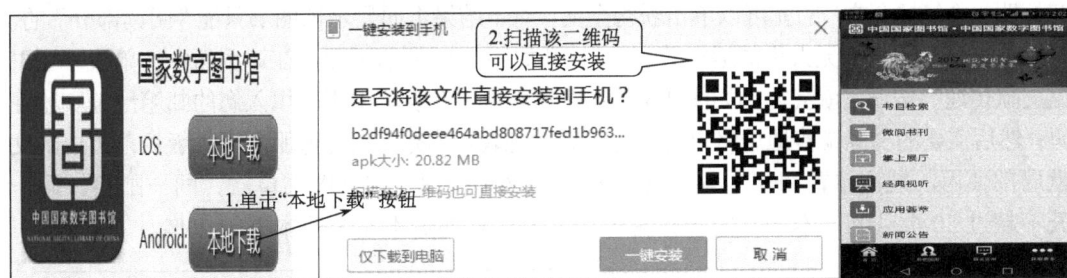

图 2-1　国家图书馆基于 Android 服务应用程序安装及 APP 功能页面

资源类应用程序有国图公开课、国家典籍博物馆。

国图公开课是借鉴慕课的大规模、开放、在线理念，以传承和弘扬先进文化与中华优秀传统文化为核心，依托国家图书馆宏富的馆藏资源，以服务国家战略、传播中华优秀传统文化、提高公众文化生活品质为主线，面向社会公众的精品视频课堂。目前已开通专题课程、读书推荐、特别活动、典籍鉴赏、名著赏析、非遗漫谈、走进名城、养生智慧、父母课堂、名人故事、抗战风云、音乐之声等 12 个栏目。

国家典籍博物馆是集典籍收藏、展示、研究、保护、公共教育、文化传承、文化休闲于一体的综合性博物馆，是世界同类博物馆中面积较大、藏品较丰富、代表性展品较多的博物馆，于 2014 年对公众免费开放。国家典籍博物馆 APP 实现了场馆介绍、地图展示、展品信息浏览和播讲等功能，展品依托于国家图书馆宏富馆藏。

2. 利用馆际互借和文献传递服务

1）向建立了馆际互借和文献传递服务的馆递交申请

利用馆际互借和文献传递服务也可以获取异地数字图书馆的资源。文献传递/馆际互借是指应读者申请，从其他图书馆获取本馆没有收藏的文献，包括中外文期刊、会议、图书、学位论文、科技报告、专利和标准等。

例如，上海交通大学图书馆与下列图书馆建立了文献传递关系：国家图书馆、上海图书馆、国家科技图书文献中心（NSTL）、中国科学院图书馆系统、CALIS 主要高校图书馆（如清华大学图书馆、北京大学图书馆、浙江大学图书馆等）、中国高校人文社会科学文献中心（CASHL）、美国匹兹堡大学图书馆（University of Pittsburgh Library）等。馆际互借/文献传递的文献，除图书外，一般只提供电子版或复印件。

我国目前主要的馆际互借和文献传递系统有中国高等教育文献保障系统（CALIS）、中国科学院国家科学数字图书馆（CSDL）、中国高校人文社会科学文献中心、国家科技图书文献中心等系统的服务。

2）利用具有自动文献传递功能的工具：读秀学术搜索

（1）资源及特点。读秀学术搜索是由海量全文数据及资料基本信息组成的超大型数据库，提供深入到图书章节和内容的全文检索、部分文献的原文试读，以及高效查找、获取各种类型学术文献资料的一站式检索，是学术搜索引擎及文献资料服务平台。其提供的所谓文献传递，就是图书馆参考咨询中心通过 E-mail 快速准确地将用户需要的资料发送到自己的邮箱，供全文阅读，其中，可以申请图书馆文献传递的数据量达到 310 万册。

（2）使用方法。如利用读秀学术搜索检索书名为"无人机"的图书，在检索结果页面有标明为"包括全文"的就可以单击获得全文，对于结果页面显示该图书只能"阅读部分"的，可以单击书名——《无人机的运行管理》，打开如图 2-2 所示页面，在该页面中，单击"图书馆文献传递"按钮，就会得到如图 2-3 所示对话表单，在表单中正确填入您的邮箱地址和验证码；然后需要的文献链接地址将自动发送到您的邮箱；读秀文献传递服务提供版权范围内的文献局部使用，规定单篇期刊文章不超过 6 页的文献传递，同一图书单次、同一邮箱、同一天不超过 50 页；同一本书、同一邮箱一周内累计传递量不超过整本书的 20%。

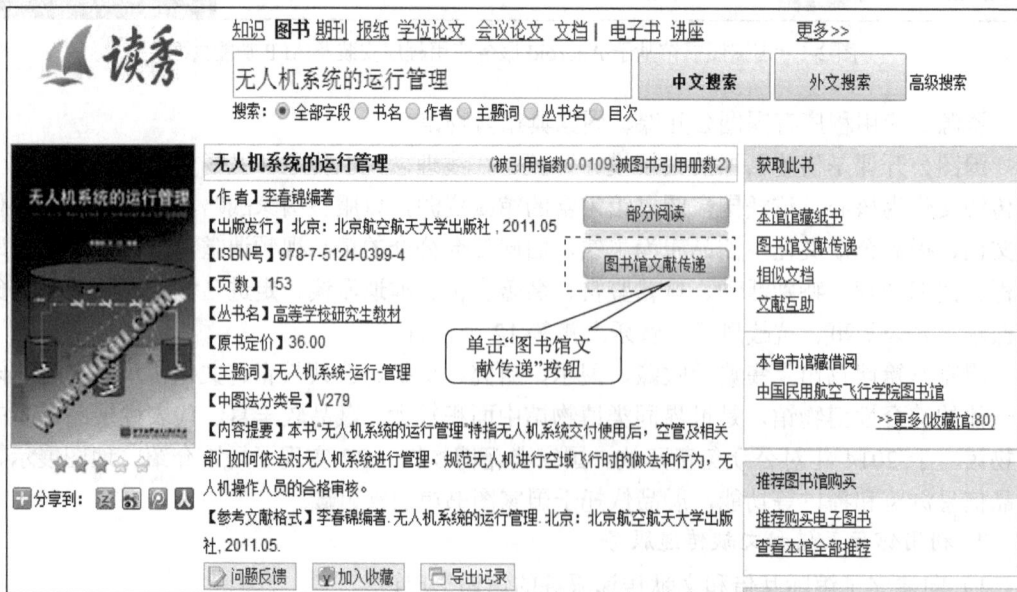

图 2-2　读秀学术搜索自动文献传递功能选择页面

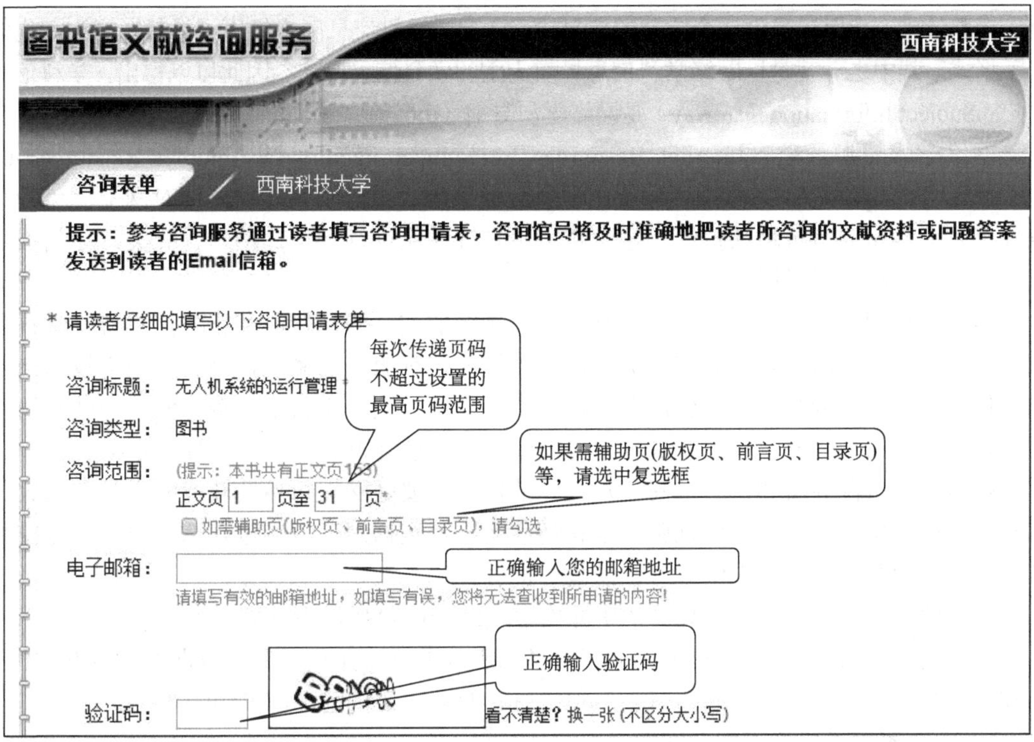

图 2-3 读秀学术搜索自动文献传递功能表单填写页面

3）利用参考咨询服务及文献传递功能：全国图书馆参考咨询联盟

全国图书馆参考咨询联盟（http://www.ucdrs.superlib.net）为广东省立中山图书馆承担的文化部"全国图书馆参考咨询服务联盟平台建设与创新服务模式研究"项目，平台每天提供咨询和传递文献超过 10000 例。

利用方法：在检索结果页面单击条目，如果下页结果页面没有"图书馆文献传递"按钮则表示此书暂时不提供咨询；如果有，请单击"图书馆文献传递"按钮，选择需要咨询的页数，输入邮箱地址，填写验证码后单击"确认提交"按钮即可完成咨询。邮件会在一天之内发送到邮箱，邮件到达后即可下载所咨询的 PDF 文件了。一本书一天内可多次咨询，但是一本书每天最大咨询量不可超过 50 页；一本书一周内最大咨询量不得超过全书的 80%，超过后会有上限提醒，只能 7 天后再咨询；一个邮箱每天最多可接收 1000 页文献；文献邮件有效期为 20 天，且 20 天内只可打开 20 次。

【拓展资源2-1】 全球最美图书馆

2.1.4 学科信息门户

1. 学科信息门户/资源导航的特点

我国著名信息学家张晓林教授在他的《分布式学科信息门户中网络信息导航系统的规范建设》一文[①]中谈到，学科信息门户致力于将特定学科领域的信息资源、工具与服务集成

---

① 张晓林.分布式学科信息门户中网络导航系统的规范建设.大学图书馆学报,2002(5):28-33,43.

到一个整体中，为用户提供一个方便的信息检索入口。学科信息门户经历了不断发展和深化的若干形式，其中之一就是以网络学科信息导航为主的学科信息门户。因此可以得出，学科信息门户（Subject Information Gateway）是网络学科导航（Internet Resources by Subject）的新发展。

网络学术资源导航（Internet Resources by Subject Faculty 或 Internet Resources by Academic Discipline），又称学科导航、学科分类导航、重点学科导航，针对网上可免费获取并有重大学术参考价值的资源，按学科、主题等体系进行搜集、整理、分类，并制成导航网站，提供相关资源服务。

学科知识门户或信息门户是一种整合学科领域的文献信息资源和服务，对特定学科领域网络资源提供权威可靠的导航，提供信息查询和定制服务的系统，是利用网络技术向用户提供某一学科领域各类网上资源和各种信息，提供对这一学科信息资源的"一站式"检索途径，学科信息门户实际上就是本学科领域网络信息资源的"信息超市"。

网络学术资源导航和学科信息门户组织的内容主要是网上可免费获取的又具有重大学术参考价值的资源。资源针对性强，学科特色明显，数据规范，经过筛选，质量相对控制较好，能为学习和研究者提供参考、借鉴与指引。

学科信息门户与网络学科导航的资源内容收录一般包括以下内容。

（1）各种学科专题的免费电子书刊信息和工具导航，如包括专题数据库、专题软件、专题期刊与杂志、专题相关的图书、专利信息、专题文章精选、图书馆等内容。

（2）专家学者信息，如专家数据库。

（3）组织机构信息，包括研究机构、实验室和研究小组、学会协会、公司、国际及政府间合作机构信息。

（4）学术动态与交流信息，包括专题新闻、学术会议信息、网上学术论坛讨论组和新闻组、教学资源、地址簿、研究项目和基金。

（5）相关重要链接与搜索工具导航，包括资源搜索引擎和资源导航站点精选等。

（6）政策与法规、标准、专利等信息。

（7）科研成果与产品及市场。

2. 典型资源：国家科技图书文献中心的重点领域信息门户

国家科技图书文献中心的重点领域信息门户（http://www.nstl.gov.cn/NSTL/nstl/facade/hotweb.jsp，图2-4），是国家科技图书文献中心组织建设的一个网络信息资源门户类服务栏目，由中国科学院文献情报中心、中国农业科学院图书馆、中国医学科学院图书馆等重点领域的信息服务团队提供服务支撑，动态提供各重点领域内科研发展态势，该门户是面向科学研究团队、科研管理工作者、情报服务人员等不同人群，可按领域专题定制的知识服务平台。平台基于不同领域国内外相关机构（政府机关、科研机构、学会协会、科技企业、学术会议、个人主页等）网站，自动搜集、遴选、描述、组织和揭示各机构发布的重大新闻、研究报告、预算、资助信息、科研活动等，提供内容浏览、专题定制和邮件自动推送等服务，可帮助用户快速了解和掌握领域内科研发展态势，掌握同行或竞争对手的科技活动动向，发现领域重点及热点主题，把握领域发展概貌，辅助科技决策。

目前提供的领域包括：纳米科技、集成电路装备、水污染处理、可再生资源、宽带移动通信、数控机床、食品与营养、转基因生物新品种培育等重大方向，每一方向对应一个信息门户。

图 2-4 NSDL 的重点领域信息门户

例如，纳米科技重点领域信息门户（http://portal.nstl.gov.cn/nano）主要围绕纳米科技重大专项，提供融入科研一线或战略决策一线的知识服务。门户集成了纳米科技领域重要科技信息网站、科研机构网站、科技期刊网站等重点信息来源，包括国家纳米科学中心、英国纳米技术研究院、国际纳米医学期刊、Nanowerk 信息网站等。基于平台的信息抽取与评价方法，可辅助情报人员全面监测重点信息机构、即时跟踪领域最新动态、快速发现研究领域的研究热点、快速识别领域重要科技对象，为科学研究及科研管理工作提供情报支撑。此外，用户还可根据研究方向申请子专项信息门户，为特定课题组或实验室提供定制化的信息监测服务。

又如，集成电路重点领域信息门户（http://portal.nstl.gov.cn/IC）遴选源于国家科技重大专项"极大规模集成电路制造装备与成套工艺专项"。根据集成电路学科特点和集成电路从设计到最终制作成芯片成品整个过程，将该门户主要分为主门户——集成电路和四个子栏目——集成电路设计、半导体工艺技术、集成电路封装、集成电路测试。本门户的数据主要来源于国内外相关机构网站（如 IMC、Inter、AMD、Candence、Synopsys、IC Sights、美国专利在线、半导体产业网等）。面向集成电路、微电子、光电子、半导体等领域科研用户，搜集和揭示集成电路行业国内外的国家政策信息、行业动态和预测信息、技术交流会议信息、最新产品信息、最新科技成果等，并对跟踪内容进行加工处理，定期发布外文编译报道、热点主题推送、重点资源浏览等情报产品，从而为用户提供全方位的行业信息服务。

3. 典型资源：中国科学院国家科学图书馆网络资源导航

中国科学院国家科学图书馆网络资源导航（http://www.las.ac.cn/others/ResourceNavigation.jsp?SubFrameID=1068），提供搜索引擎/门户/网络资源/常用软件导航、国内外图书馆、中国科学院研究所、中国科学院文献情报系统和社会科学网络资源导航。其中，学科信息门户包括数理学科、资源环境学科（http://www.resip.ac.cn）、图书情报、化学学科、生命科学等。

例如，化学学科信息门户（http://chemport.ipe.ac.cn，图2-5）是中国科学院知识创新工程科技基础设施建设专项"国家科学数字图书馆项目"的子项目，化学学科信息门户建设的目标是面向化学学科，建立并可靠地运行 Internet 化学专业信息资源和信息服务的门户网站，提供权威和可靠的化学信息导航，整合文献信息资源系统及其检索利用，并逐步支持开放式集成定制。

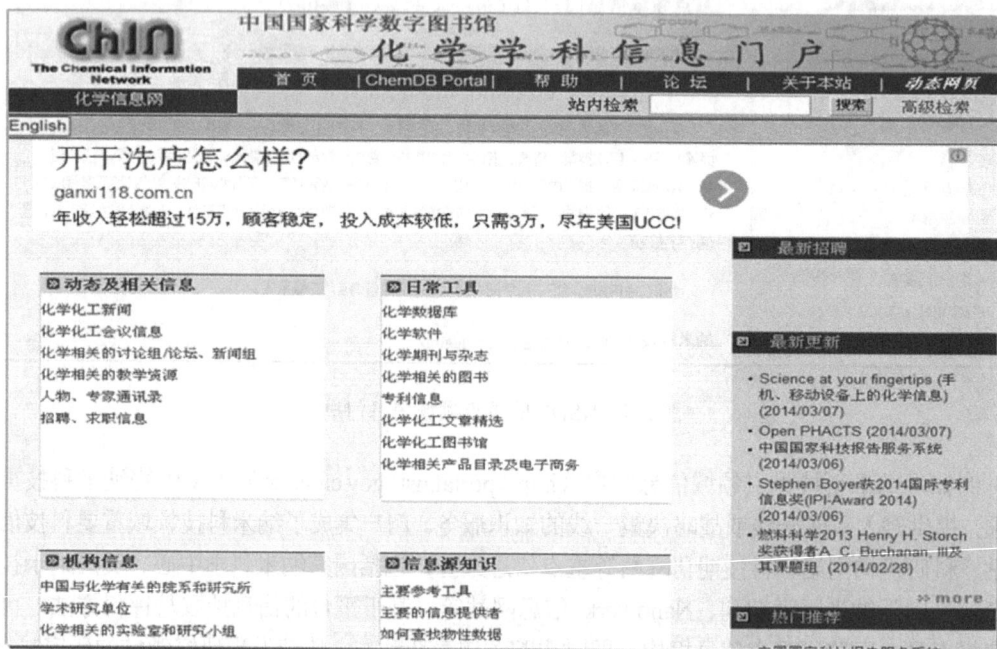

图 2-5　中国国家科学数字图书馆化学学科信息门户

图 2-6　IPL 学科导航

4. 典型资源：IPL

IPL（http://www.ipl.org），资源来自于美国加州图书馆
LII 导航系统，IPL 是美国密歇根大学开发的虚拟图书馆，
称为网上公共图书馆。图 2-6 显示了按艺术人文、商业金融、
政治法律、教育、新闻媒体、区域研究、社会学专题、体
育等共 14 个大类数百个子类的学科导航，除检索外，还可以进行 RSS 订阅。

【拓展资源 2-2】 更多学科信息
门户资源

2.2 利用注册账号获取

通过注册账号申请，可以成为数据库系统、信息服务商、专业网站的注册用户。拥有
一个特定的账号，注册后服务名为"My Library"或"我的图书馆"等称谓，登录应用该账
号可以定制个性化的服务界面，部分免费或全部付费地获取电子文献，分享所有功能与服
务，查看个人检索历史、定制特定的检索式等。这里重点介绍利用注册账号获取文库网站
资源和数据库个性化服务，还可以创建个人数字图书馆。

2.2.1 获取文库网站资源

文库网站是能够提供原创系统性知识的网站，新闻门户以及自媒体提供碎片化的知识，
维基类百科网站也拥有庞大的知识库，但是多为纸质化知识的电子化，少有原创知识，故
新闻门户、自媒体和维基类百科网站不在此文库网站定义的范畴。

据文库提供知识的领域范围可以将文库网站分为综合文库网站和专业文库网站。综合
文库网站以百度文库、豆丁网、道客巴巴（http://www.doc88.com）等为代表，专业性文库
网站如专注于经管领域的 MBA 智库文档（http://doc.mbalib.com），专注于操作系统、数据
库、技术开发、软件工程与测试、计算机基础等相关文档的 IT168 文库（http://wenku.it168.
com），专注于建筑施工和建筑设计、建材行业的筑龙网（http://www.zhulong.com）资料馆
等。从营利模式上讲，分为个人上传文件供个人免费下载的 C2C（Customer to Customer，
个人与个人）模式的如百度文库和豆丁网、B2C（Business to Customer，商家对个人）模式
的如中国知网、C2B（Customer to Business，个人对商家）模式的如猪八戒网、B2B（Business
to Business，商家与商家）模式的行业咨询类网站等。

文库资源都可以通过注册账号上传分享资料赚取积分，通过积分可以下载文库资料。

1. 百度文库

百度文库（https://wenku.baidu.com）是百度旗下社区服务的产品，是百度公司为网友
提供的信息存储空间，是供网友在线分享文档、视频、音频的开放平台。利用百度文库可
以上传文档、下载文档、收藏文档、查找文档和评价文档等。百度文库的文档由百度用户
上传，需要经过百度的审核才能发布，百度自身不编辑或修改用户上传的文档内容。

百度文库内容涉及教育专区、人文社科、IT/计算机、工程科技、自然科学、医药卫生、
农林牧渔等领域的专业资料，包含求职/职场、总结/汇报、党团工作、工作范文、表格/模
板等实用文档，也包含与托福考试、艺术留学、雅思考试等资格考试相关的考试文档，以
及茶与生活、海外房产、运动健身等生活休闲类文档。

用户使用机制。凡是注册用户和浏览用户均为百度文库用户，如果您在百度公司旗下

的任意一个用户产品（文库、贴吧、知道、MP3、图片、视频、地图、百科等）注册过账号，该账号也可用于百度文库，百度用户产品账号是通用的。百度文库用户通过上传、阅读等任务获取积分后下载，同时提升成长等级，享有相应服务级别。用户文库的积分分为经验值和财富值两部分，与用户等级相关的是经验值。用户在分享文档时有权利对自己的文档进行标价，当其他用户下载您的文档时，将会付出等额于标价的财富值才能下载，文库的下载券主要用来下载文库中的财富值文档。在线浏览文档、收藏您喜欢的文档到您的个人文库、给您浏览的文档加书签，都不需要下载券。

百度文库文档的下载。下载文档方法一：注册百度文库会员，通过上传、阅读等任务获取积分后下载，文库有大量文档收取的文档标价下载券是 0，只需登录（有百度文库账号）文库，即可下载您需要的文档。下载文档方法二：直接购买积分后下载。方法三：如果不注册，可以直接用截屏的办法把百度文库的文档截取出来，这种办法获得的是截图而不是文本文字。或利用百度快照，但只能获得文字内容，没有排版格式。

2. 豆丁网

豆丁网（http://www.docin.com）创立于 2008 年，是 C2C 中文文档分享平台，豆丁网拥有分类广泛的实用文档、众多出版物、行业研究报告，以及数千位行业名人贡献的专业文件，有总数超过 4 亿份的应用文档和书刊，是目前全球最大的中文文档库之一。为用户提供文档的上传、浏览、分享、下载、评论等功能。在此基础上为企业提供广告投放服务。

注重文档质量保障措施。为了给用户提供全方位和最具专业性的文档内容，豆丁网与多家出版社、行业组织、数据机构、会展等机构进行合作。立足实用文档，实施需求差异化竞争战略，引入了行业名人及原创用户认证机制，及突出的会议、总结、作文等独创频道，豆丁专题是基于某一知识点，并具有知识脉络的优质文档内容的合辑，专题网址是http://www.docin.com/topicshow.do；推出 iPhone、Android 等客户端产品，争夺移动互联网战场；与 SNS（如人人网、QQ、新浪微博、盛大通行证、MSN 等）建立联盟合作关系，体现社会化阅读分享理念。

鼓励原创，尊重用户权益。豆丁网研究和利用 Flash / DRM 等数字内容版权加密保护技术，为通过豆丁网发布和销售的文档提供版权加密保护；文档上传审核管理中，拒绝重复或相近文档的"一稿多投"现象，从源头解决侵权盗版问题，从而有效提高了文档的版权保护力度；豆丁文档编辑以豆友为核心，所有文档都由豆友提供和管理；豆丁网会根据豆友擅长领域关键词来为豆友分配所属领域的文档，以提高文档整理后的审核通过率。

豆丁书房是豆丁网提供给用户的个性化文档空间"我的书房"，读者可随意摆放喜欢的图书和资料，按自己喜欢的方式布置，建立一个个性化的私人空间。提供近 2 亿份的文档供用户免费阅读，是目前最大的中文文档分享平台。提供 TTS 语音阅读功能、云备份功能，实现了跨终端阅读，用户可以在 PC、手机、iPad 等终端设备上随时随地对文档进行管理，实现多屏互动。豆丁网的文档大多是免费阅读的，使用豆丁书房，无须下载即可收藏到书房，想要再次阅读可登录豆丁书房查看，省去了搜索文档的时间和步骤，方法是打开一篇要添加的文档，在页面中单击"收藏到书房"按钮，然后根据提示操作即可。注意，豆丁网以外的文档无法添加到豆丁书房；豆丁书房的网文剪功能可帮助用户在发现喜欢的网页时，单击"收藏到豆丁书房"按钮即可将网页变 PDF

【拓展资源2-3】 更多文库资源

格式保存到书房，随时随地下载阅读。

2.2.2　获取数据库的个性化服务

个性化服务是针对用户服务而言的，是基于用户的兴趣和特点主动向用户提供满足个性化信息需求的一种服务，它是传统图书馆定题服务、重点服务在网络环境下的深化，也是提高数字图书馆用户服务质量的重要手段。个性化服务形式有"My Library（我的图书馆）"。

注册功能是数据库为用户提供个性化服务的入口。用户通过注册成为某个数据平台的特定服务对象后将拥有一个固定的个人账户，注册后建立的个人账户服务名多为"My ***"、"我的***"等，***一般为数据商品牌名，如"我的 CNKI"、"My EBSCOhost"。

利用注册后的个人账户可享用数据服务商提供的丰富的个性化服务，这些服务包括收藏各种类型的内容、创建专题、上传文件、交友以及共享收藏、定制个性化主页、管理文件夹、保存、调用检索历史、追踪研究领域最新进展、利用系统提供的小工具等。当然并不是每一个数据库的注册用户都能同时用到这些服务，服务项目的多寡取决于数据商技术水平的高低。这些服务不仅能够帮助用户更加方便地使用检索功能，还能帮助用户提高检索效率，节省检索时间。

目前已开通的数据库个性化服务有以下几种。

"我的 CNKI"、"My EBSCOhost"能够定期自动获取所需某种期刊的目次信息、管理自己的检索历史和定题服务。

保存调用检索历史。通过数据库的"检索历史"功能保存检索过程、检索表达式和检索结果，需要时可以调用检索历史浏览，而不需要重新检索已经检索完成的内容，如 Elsevier SDOL、EBSCOhost 等数据库均具备此功能；或再组合构造形成新的表达式检索，如 Web of Science 的组合检索功能。

Elsevier SDOL 数据库注册后能够设定自己的浏览习惯，定制个性化主页，追踪研究领域最新进展，进行期刊提示（Joural Alert）、检索提示（Search Alert）、主题提示（Subject Alert）、引文提示（Citation Alert），并能利用系统提供的操作历史、期刊/图书收藏夹、检索历史和检索保存等小工具。

Web of Science 的注册用户不仅可以使用检索历史、检索保存、追踪研究领域最新进展，还可以定制定题跟踪、引文跟踪，并可同步成为在线文献管理软件 EndNote Web 的注册用户，实现文献的同步输出管理。

My EBSCOhost 可以使用文件夹组织个人的研究，与其他人共享您的文件夹，查看其他人的文件夹，保存并检索个人的检索历史记录，创建电子邮件快讯，进行 RSS 订阅、远程访问个人保存的研究等。

2.2.3　创建个人数字图书馆

1. 个人数字图书馆的含义及作用

个人数字图书馆的英译 Personal Digital Library 为国际最为通用的译法，日本、奥地利等国文献多译为 Private Digital Library，俄罗斯、韩国等国的文献多使用 Personalized Digital Library，美国部分文献中的 Personal Digital Collections 也是指个人数字图书馆。

个人数字图书馆是指"个人为了读书治学，在自己的计算机上采用免费或基本免费的全文数据库软件，将有关的网上信息和自创的数字化信息资源进行采集、存储，使之成为有组织的信息集合，以供自己个人有效利用的数字图书馆"[①]。

个人数字图书馆是以用户为中心、用户可操作的、个性化的收集组织数字资源的一个门户，是数字图书馆的一种类型，它不仅有助于集合知识，有助于同步学习，还能帮助用户量身定做，满足个性化需求，是最贴近用户个性化需求的数字图书馆。个人数字图书馆从收藏角度可称作个性化的 e 时代"私人藏书阁"，它不仅提供书签功能、数字资源的分类定制功能、最新信息推送功能、智能代理和帮助检索功能，还提供与搜索引擎的链接功能及一定的数据挖掘功能等。

个人数字图书馆的建立具有明显的个性化特色；资源多样、可组织，包括网上下载的文本资料、网页、图像、DOC 文件、WPS 文件、CAJ 文件、音乐等，以及个人自产的电子文件，如作者稿件与出版发表文章的电子文本，家庭相册等[②]，收藏后的资源又可进行归类、整理；不仅是对个人知识进行管理，更是公共数字图书馆的延伸，是知识的共享和交互管理平台[③]。

2. 个人数字图书馆的类型

从构建个人数字图书馆对资源的获取方式来看，个人数字图书馆可以分为定制式和自建式两类。

（1）定制式个人数字图书馆，是指建立于数字图书馆系统或者远程信息服务平台之上的、由用户与后台管理员共同控制的一种个人数字图书馆类型。定制模式能够限定所需资源的搜索范围、阶段性成果以及资源出处等，继而才是提供它所指定的资源内容，并将其下载到个人数字图书馆中，如 CNKI 网络版个人数字图书馆、360doc 个人图书馆。用户具备一定的检索能力是定制模式的要求。

（2）自建式个人数字图书馆，是指利用免费或者基本免费的管理软件，建立在本地计算机上的个人数字图书馆类型。这类软件在信息存储、检索和输出方面的功能很强，能够从网络中获取所需要的资源，也可以将自己拥有的纸质资源通过扫描、录入等方式转变为数字化资源纳入馆中，还能将馆内所有资源分门别类地进行整理，最终成为多媒体资源终端，如陈光柞教授曾经基于 Winisis 软件建立的个人数字图书馆。

3. CNKI 个人数字图书馆

1）特点及作用

从对资源的获取方式来看，CNKI（中国知网）个人数字图书馆属于定制式个人数字图书馆的模式。CNKI 个人数字图书馆开创了个人使用数字资源的新局面。个人用户可按需定制资源、检索平台、功能、情报服务，按需配置显示模板和显示方式，个人数字图书馆提供了超越一般的资源订阅方式，为用户提供了个性化、交互式学习研究的空间。

个人数字图书馆可根据用户的研究、学习领域，预先选配和推送学术学科文献馆，自建主题文献馆，重点关注的期刊、工具书，桌面文献馆等数字文献，您的学术圈，从事的

---

① 陈光柞.营造"e"时代的私人藏书楼——个人数字图书馆.现代图书情报技术,2002(3):3,72.

② 陈光祚,阮建海,臧国全.论个人数字图书馆.中国图书馆学报,2002(3):15-18.

③ 张银犬,朱庆华.网格环境下个人数字图书馆信息检索策略.中国图书馆学报,2007(3): 56-59.

科研项目跟踪图，最新国内外学术会议网等情报信息，还可以按需添加更多个性化项目。

CNKI 中国知网个人数字图书馆是个人用户为充分实现对文献、信息、知识的个性化服务需求而创建的数字图书馆。个人馆可以按需定制出版平台出版的各类资源、功能和服务，选择个人馆显示模板和各栏目显示方式，也可以通过创建自定义栏目，引进、发布个人计算机上的自有资源和互联网上的免费资源。

2）资源及功能

平台支持对数据库专辑、学科专业、整刊资源以及各种类型单篇文献的定制，使用户可以按不同需要定制网络出版总库的资源，在个人数字图书馆建构个性化资源馆。

检索功能。个人数字图书馆默认包含了功能强大的检索平台。用户可对馆内文献使用多种检索方式进行检索，并通过文献出版统计报表了解馆内各专业文献的出版现状和每日新增文献。用户还可根据自己的需要对检索平台的资源及检索方式进行个性化配置。

个性化服务。个人数字图书馆为用户提供了多种个性化服务栏目，用户可定制学者、机构、学术出版物、科研项目、检索式、投稿信息、学术论坛、学术趋势等，个人数字图书馆根据用户的定制自动推送一系列相关的情报信息，全面超越传统的 Web RSS 定制功能。

检索结果的处理。个人数字图书馆中的每个栏目都提供了多种显示方式，用户可根据自身的需求创建不同类型的个人数字图书馆并选择个性化模板，全面满足用户的个性化需求。

3）使用方法及步骤

（1）注册个人信息。第一步，中心网站版个人数字图书馆用户登录 www.cnki.net，在页面左侧找到创建"个人数字图书馆"入口，进行个人信息注册。注册时按对话框提示操作即可。第二步，申请关联机构馆。在显示页面中检索出已创建的机构馆，提出加入申请，然后在弹出的页面上填写真实信息，确认后提交。这样，机构后台的管理员可将申请者关联在自己的机构馆内。此环节的意义为，机构馆为建馆者开通漫游后，建馆者可不受局域网限制，在自己局域网以外的地方享受机构馆购买的资源。付费用户不受此限制。第三步，激活个人数字图书馆。个人数字图书馆创建成功的同时，根据页面弹出提示到邮箱去激活个人数字图书馆，按提示操作，出现"激活成功"字样时，单击"确定"按钮，个人数字图书馆即注册完毕。

（2）智能建馆。注册成功的用户在初次登录个人数字图书馆时，会自动进入智能建馆流程，弹出智能建馆窗口，用户可根据所需要的个人研究、学科情报、阅览室、科研项目、学术会议和其他感兴趣的栏目选择个性化服务，为了准确推送内容，用户需要如实填写姓名、工作单位、学科领域、研究内容的关键词等信息，然后单击"开始创建"按钮就可进入创建好的个人数字图书馆。

（3）个人数字图书馆的主页显示及个性化设置。个人数字图书馆主页如图 2-7 所示。其中提供了文献检索、日常工作、我的科研、我的学术圈、休闲阅读、网络收藏、我的研究、学科情报等管理功能。利用我的研究可以汇集包括我发表的文献、著作、个人学术影响力、我关注的学术会议、学术热点、学术趋势、学者圈公开论坛、学术圈等相关个人研究事项进行管理；学科情报功能可以个人主研的学科为轴心，选择定制与其相关的各学科内容，构成一个专为科研活动服务的权威性文献检索系统，同时，它可以按定制自动向用户推送最新文献；日常工作可以自创资源馆，用于上传个人的文献、手札等；网络收藏包括对常用网址的收藏等。

　　此外，360doc 个人图书馆已发展成为知识管理共享平台。用户注册后，即可获得自己的个人图书馆空间，把上网时看到的好文章、图片、视频、音乐等内容方便地保存、管理起来，也可以自己发表和保存原创文章，并通过多种途径按特定的权限和别人分享，还能在计算机端、iPad、手机端实时同步，解决跨平台跨地点管理文章的难题。

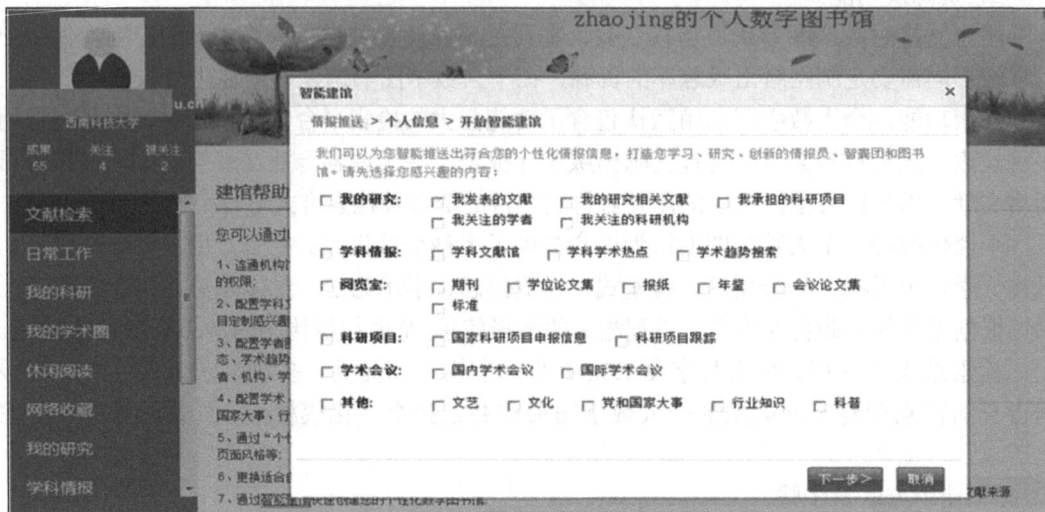

图 2-7　CNKI 个人数字图书馆的主页

2.3　利用开放获取

2.3.1　什么是开放获取

1. 开放获取的含义

Open Access，简称 OA，译为开放获取、开放使用、开放阅读、开放取用、开放取阅等，OA 于 20 世纪 90 年代末出现，是一种学术信息共享的自由理念和出版机制，是国际学术界、出版界、图书情报界利用互联网进行学术信息和科研成果自由传播、免费利用的行动。

　　开放获取的定义。开放获取通过新的数字技术和网络化通信，任何人都可以及时、免费、不受任何限制地通过网络获取各类文献，包括经过同行评议的期刊文章、参考文献、技术报告、学位论文等全文信息，用于科研教育及其他活动。

　　按照布达佩斯开放存取先导计划（Budapest Open Access Initiative，BOAI）中的定义，开放获取是指某文献在 Internet 公共领域里可以被免费获取，允许任何用户阅读、下载、复制、传递、打印、检索、超级链接该文献，并为之建立索引，用作软件的输入数据或其他任何合法用途。用户在使用该文献时不受财力、法律或技术的限制，而只需在存取时保持文献的完整性，对其复制和传递的唯一限制是作者有权控制其作品的完整性及作品被准确接收和引用。

根据美国研究图书馆协会（Association of Research Libraries）的定义，"开放存取"是基于订阅的传统出版模式以外的另一种选择。通过新的数字技术和网络化通信，任何人都可以及时、免费、不受任何限制地通过网络获取各类文献，包括经过同行评议的期刊文章、参考文献、技术报告、学位论文等全文信息，用于科研教育及其他活动。这是一种新的学术信息交流的方法，作者提交作品不期望得到直接的金钱回报，而是提供这些作品使公众可以在公共网络上利用。

开放获取的特征。开放获取是一种学术信息共享的自由理念和出版机制，是不同于传统学术传播的一种全新机制，其核心特征是在尊重作者权益的前提下，利用互联网为用户免费提供学术信息和研究成果的全文服务。

开放获取的使用。用户在使用该文献时不受财力、法律或技术的限制，而只需在存取时保持文献的完整性，对其复制和传递的唯一限制，或者说版权的唯一作用应是使作者有权控制其作品的完整性及作品被准确接收和引用。开放访问一是指学术信息免费向公众开放，打破了价格障碍；二是指学术信息的可获得性，打破了使用权限障碍。

开放获取的目的。开放获取的目的是促进科学及人文信息的广泛交流，促进利用互联网进行科学交流与出版，提升科学研究的公共利用程度，保障科学信息的长期保存，提高科学研究的效率。

2．开放存取资源获取方式

开放获取数字资源是网络上重要的共享学术信息资源，提供期刊论文全文的免费阅读，是获取学术信息的一种新模式。国外的一些研究表明，在很多学科领域，开放获取的文章比非开放获取的文章具有更大的研究影响力。

从开放存取资源发布方式来分，开放获取主要包括开放存取期刊（Open Access Journals）、开放存取仓储（OA Archives or Repositories），以及个人 Web 站点（Personal Web Sites）、博客（Blogs）、维基（Wikis）、邮件列表服务（Listservs）、P2P 的文档共享网络（File-Sharing Networks）、论坛（Discussion Forums）、聚合新闻（RSSfeeds）、微媒体等基于 Web 应用的开放资源。

可开放获取的资源从类型上已经不局限于最开始的学术期刊，从文献类型来看，包括学术论文、会议录、预印文稿、讲义、学习札记、新闻稿等，还包括电子印本（Eprint）、电子图书、图书馆馆藏目录、学位论文、会议论文、研究报告、专利、标准、多媒体、数据集、工作论文、课程与学习资料，以及一些带 Web 2.0 特征的微内容等。

2.3.2　OA 期刊

开放获取期刊（OA Journals，OAJ），是一种论文经过同行评审的、网络化的免费期刊，全世界的所有读者从此类期刊上获取学术信息将没有价格及权限的限制，编辑评审、出版及资源维护的费用不是由用户，而是由作者本人或其他机构承担。

特点：严格的同行评审制度；与传统期刊的区别在于，OA 期刊采用作者付费、用户免费的模式。

1．典型资源：Socolar

Socolar，http://www.socolar.com，如图 2-8 所示，为用户提供 OA 资源的一站式检索服务和全文链接服务的公共服务平台，为中国教育图书进出口公司构建的非营利性项目。

1）Socolar 的功能

（1）提供 OA 资源的一站式检索服务和全文链接服务。全面系统收录重要的 OA 资源，包括重要的 OA 期刊和 OA 仓储，截至 2017 年 3 月收录的 OA 期刊有 11739 种，OA 仓储有 1048 种，平台收录文章总计 23894558 篇[①]；为用户提供题名层次（Title-level）和文章层次（Article-level）的浏览、检索及全文链接服务；Socolar 支持各种搜索方式，其中包括普通搜索、浏览式搜索、专家逻辑检索、通配符（*）搜索、高级搜索（基于文章名、作者、文摘、关键字、刊名、出版商、出版年度和学科）。Socolar 采用多服务器均衡负载，并且光纤接入教育网，从而能够保证在毫秒级的时间之内进行检索。Socolar 收录完全 OA 期刊的同时也收录过渡 OA 期刊，包括延时 OA 期刊和部分 OA 期刊。所谓延时 OA 期刊是指在期刊出版一段时间后再通过互联网为用户提供免费服务，时滞短则一个月，长则两三年；而部分 OA 期刊是指在同一期期刊中，只有部分文章为用户提供免费服务，故使用中会有在 Socolar 找到某份期刊，却不能下载在该期刊上发表的文章全文的情况。

（2）提供用户个性化的增值服务功能。根据用户的个性化需求，为用户提供 OA 资源各种形式的定制服务和特别服务。

（3）OA 知识的宣传和交流功能。建立权威的 OA 知识宣传平台和活跃的 OA 知识交流阵地。用户可以通过该平台了解 OA 的基本知识和发展动态，也可以与他人进行互动交流。

（4）OA 期刊的发表和仓储服务功能。为学者提供学术文章和预印本的 OA 出版和仓储服务。

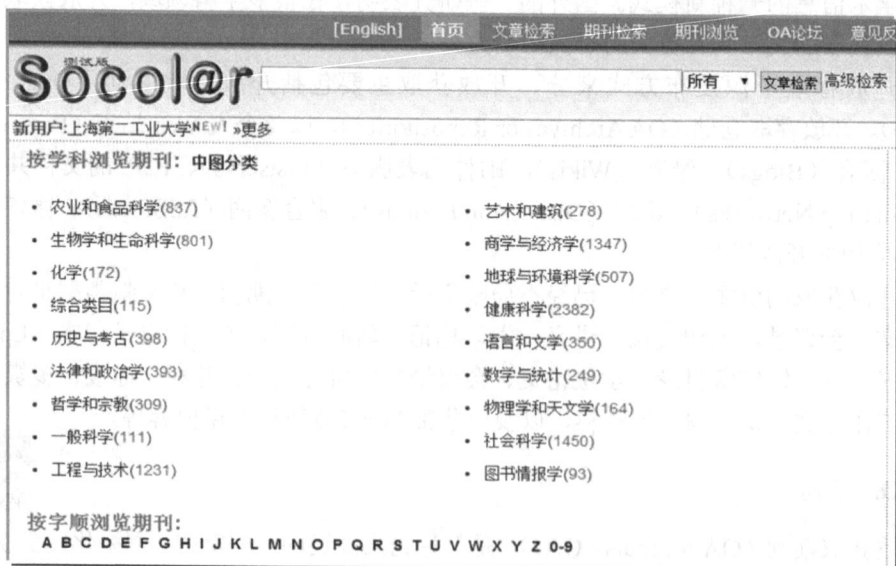

图 2-8　Socolar 主页

2）Socolar 的使用方法

作为个人用户在使用 Socolar 时，注册不是必要的步骤，但建议用户注册使用。一方面，

---

① Socolar,http://www.socolar.com.

注册用户可以选择享受陆续推出的用户定制服务，如根据用户的专业和研究兴趣定期用 E-mail 发送最新研究信息；另外，根据不同用户（如用户的学历、所从事的研究领域）对资源使用情况的统计分析结果，可以帮助不断提高平台现有资源的质量，以更好地满足用户对 OA 资源的使用需求。基于 OA 理念并根据具体 OA 期刊和 OA 仓储的规定，只要用户的使用是基于合法目的并在使用作品时注明相应的引用信息，用户便可以免费阅读、下载、复制、传播通过该平台检索到的文献。但是，用户不能使用 Socolar 进行大批量的下载，或对平台运行的软件和硬件进行恶意攻击。

2. 典型资源：cnpLINKer

cnpLINKer（中图链接服务），http://cnplinker.cnpeak.com，由中国图书进出口（集团）总公司开发并提供的国外期刊网络检索系统，于 2002 年年底开通运行。目前系统共收录了国外 1000 多家出版社的 18000 多种期刊的目次和文摘数据，并保持时时更新。包括 7000 多种 OA 期刊供用户免费下载全文。中图报刊的订户可以通过 IP 认证登录，系统会识别您的 IP 地址以团体通用账号自动登录该系统，否则将以 guest 用户身份登录系统；个人用户注册后可下载 OA 期刊全文。

3. 典型资源：DOAJ

Directory of Open Access Journals，简称 DOAJ，http://doaj.org，如图 2-9 所示，瑞典兰德大学（Lund University）图书馆开发维护的开放获取期刊目录；收录 1888 种科学与学术期刊，其中 462 种为全文收录期刊。收录学科覆盖农业、生物与生命科学、化学、历史与考古学、社会科学、地球与环境科学等。收录期刊全部由同行评审或编辑质量控制，具有免费、全文、高质量的特点，对学术研究有很高的参考价值。

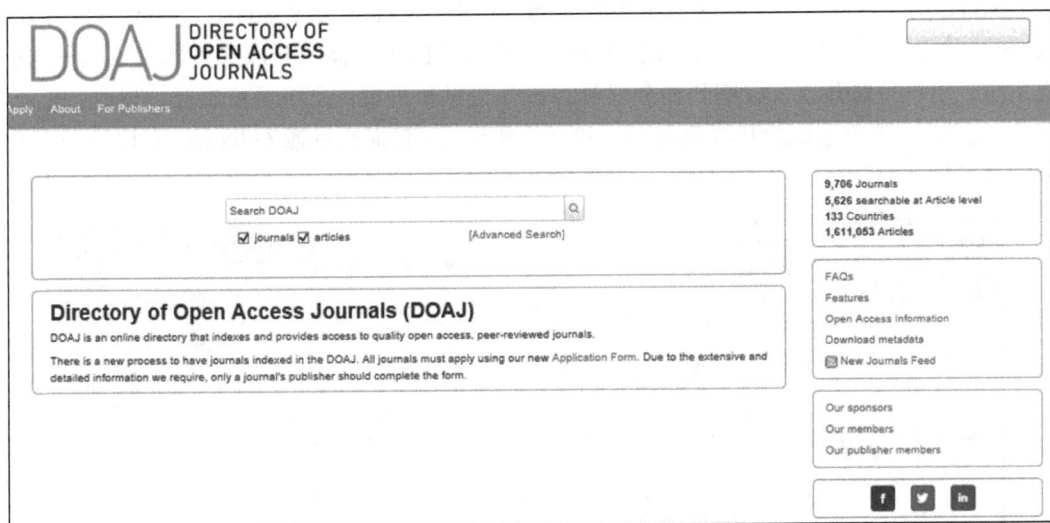

图 2-9　DOAJ 主页

4. 典型资源：HighWire

HighWire，http://highwire.stanford.edu，如图 2-10 所示，HighWire Press 是斯坦福大学著名的学术出版商，目前已成为全世界三个最大的、能够联机提供免费学术论文全文的出版商之一，HighWire 于 1995 年建立，提供免费检索的期刊 181 种，主要包括物理、生物、医学和社会学领域的核心期刊，其中有 71 种可以得到全文。到现在为止，该出版商提供的免费论文全文已达 170 万篇以上，被称为全球最大的免费全文学术论文数据库。

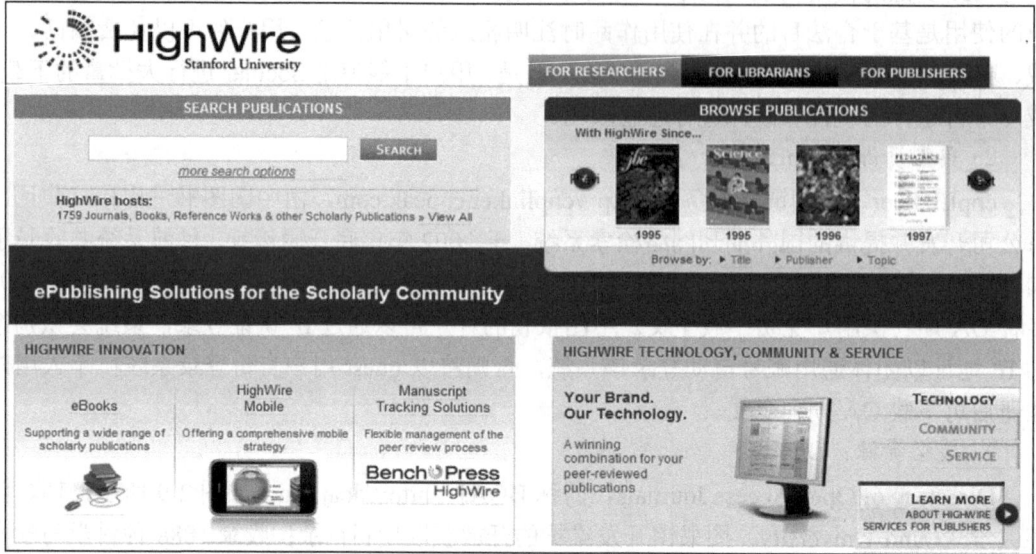

图 2-10　HighWire 主页

5. 典型资源：NSTL 的开放获取资源集成检索系统

NSTL 的开放获取资源集成检索系统（http://oairs.nstl.gov.cn:8080/oaj/action/prebrowse .action，图 2-11），是集期刊、会议资源浏览与检索功能于一体的开放式资源集成揭示与检索系统。用户可对开放获取期刊和会议资源进行检索和浏览，系统涵盖农业、林业、工业、商业、医学等 17 个领域的开放获取期刊和会议资源，现有期刊资源 6908 部，会议资源 1506 个，并且持续增加。

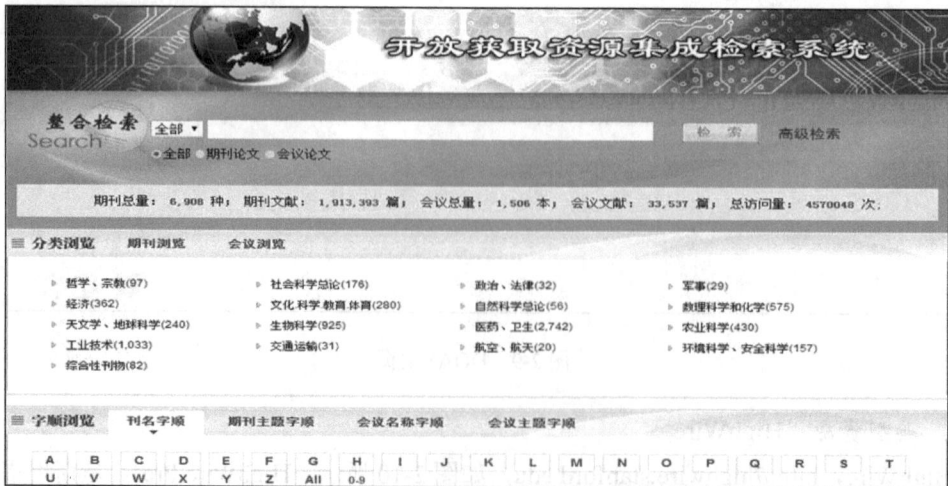

图 2-11　NSTL 开放获取资源集成检索系统浏览及检索界面

使用方法：单击主页"全文文献-免费外文期刊"即可进入开放获取资源集成检索系统检索页面。现包含哲学、宗教等 17 个一级学科类目，108 个二级学科类目以及 731 个三级学科类目，提供"刊名字顺"（图 2-12）、"期刊主题字顺"、"会议名称字顺"、"会议主题字顺"等查询方式，各类目后标有其所含的期刊或者会议数量。

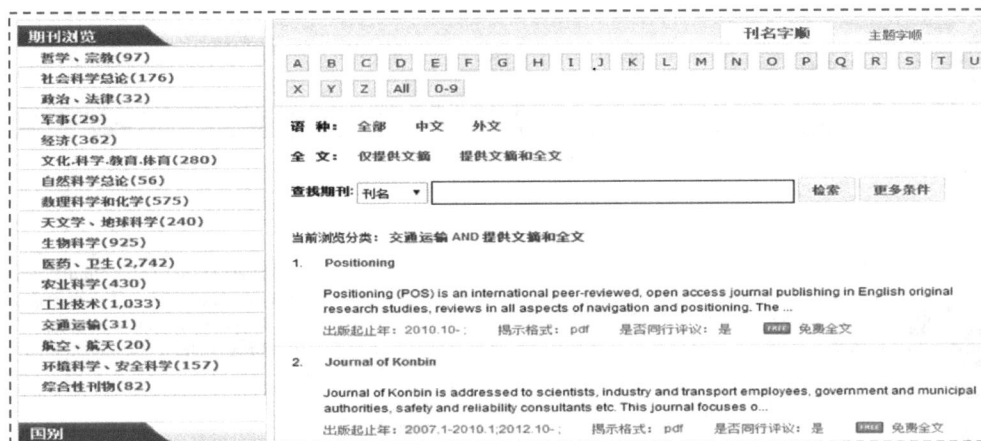

图 2-12　NSTL 开放获取资源集成检索系统刊名字顺浏览

6. 典型资源：Open Access Library

Open Access Library（OALib，http://www.oalib.com）包含基于一个开放存取的元数据库的搜索引擎、OALib 期刊、OA 期刊论文检索、OALib Preprints 以及外来预印本和后印本的存储。OALib 提供的开源论文超过 400 万篇，涵盖所有学科。所有文章均可免费下载。OALib Journal 是一个同行评审的学术期刊，覆盖科学、科技、医学以及人文社科的所有领域。所有发表在 OALib Journal 上的文章都存放在 OALib 上。

【拓展资源2-4】　更多 OA 期刊　　　【拓展资源2-5】　OA 期刊的学术性和地位

2.3.3　OA 仓储

OA Repository（开放存取仓储，OA 仓储），是作者本人或学术组织将学术科研成果以特定的格式放到文档服务器上供使用者免费访问和使用的模式。不仅存放预印本，而且存放后印本。OA 仓储不仅存放学术论文，还存放其他各种学术研究资料，包括实验数据和技术报、课件、多媒体声像资料等。开放存取仓储库包括基于学科的开放存取仓库（Disciplinary Repositories，DR，又称为学科知识库）和基于机构的开放存取仓库（Institutional Repositories，IR，又称为机构知识库）。

特点：主要通过限定学科范围，并依靠学校和作者的水平来进行质量控制。

代表性的 OA 仓储有以下几种。

1. 典型资源：MIT 机构收藏库

MIT Dspace，http://dspace.mit.edu，由美国麻省理工学院和美国惠普公司联合开发，收录了该校教学科研人员和研究生提交的论文、会议论文、预印本、学位论文、研究与技术报告、工作论文和演示稿全文等。

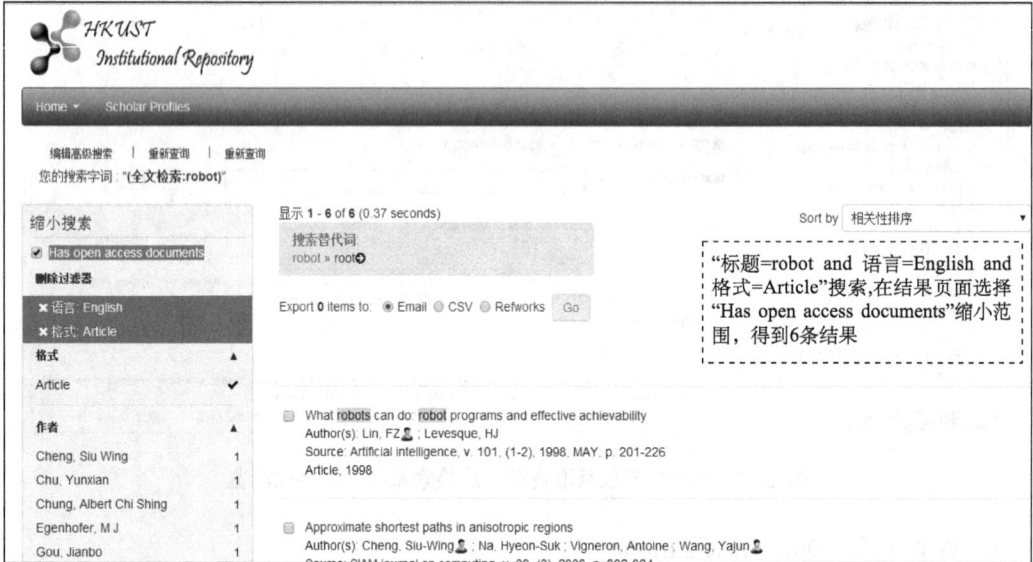

图 2-13　利用香港科技大学 OA 仓储、期刊论文检索示例

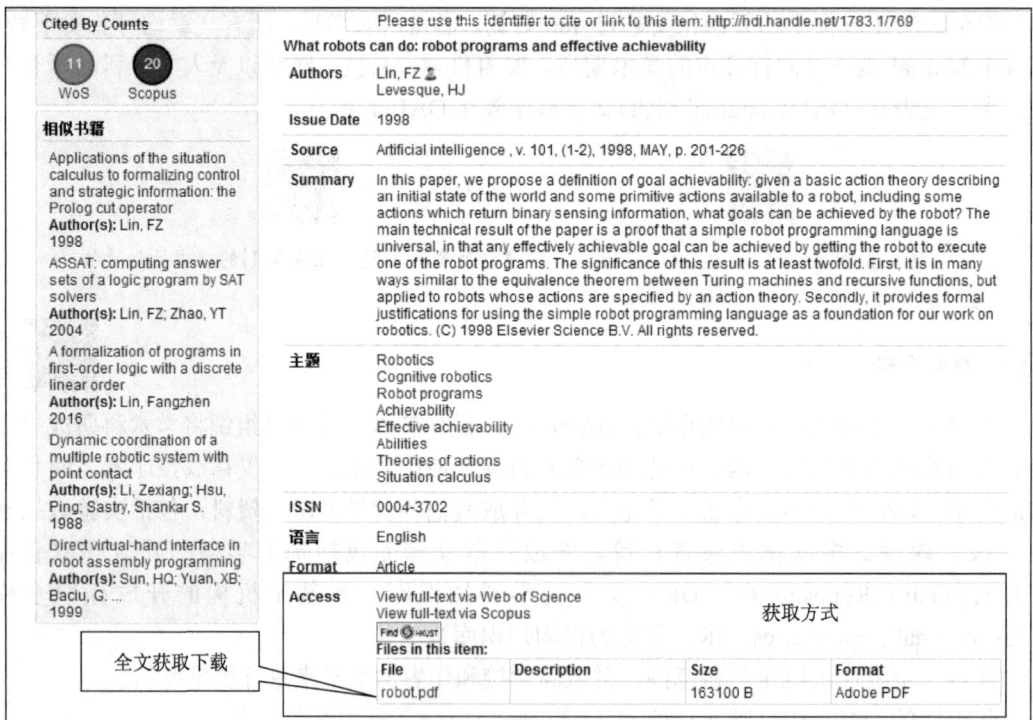

图 2-14　利用香港科技大学 OA 仓储检索示例结果的开放获取

　　2. 典型资源：香港科技大学 OA 仓储

　　香港科技大学 OA 仓储，http://repository.ust.hk/dspace，是由香港科技大学图书馆用 Dspace 软件开发的一个数字化学术成果存储与交流知识库，收录了由该校教学科研人员和博士生提交的论文（包括已发表和待发表的）、会议论文、预印本、博士学位论文、研究与技术报告、工作论文和 PPT 演示稿全文。

　　使用方法。例如，利用搜索"标题=robot and 语言=English and 格式=Article"，得到 161 条结果，在结果页面选择"Has open access documents"缩小范围，得到 6 条结果，如图 2-13 所示，选择其中按相关度排序最高的第一条，得到如图 2-14 所示的结果，在该结果页面显示了该论文可以通过 View full-text via Web of Science、View full-text via Scopus 和开放获取全文三种方式获得，单击论文 PDF 下载即可得到全文。

【拓展资源 2-6】　更多的 OA 仓储

2.3.4　预印本

　　预印本（Preprint）是指科研工作者的研究成果还未在正式出版物上发表，而出于和同行交流的目的自愿先在学术会议上或通过互联网发布的科研论文、科技报告等。

　　特点：传统刊物发表的文章和网页发布的文章相比，预印本具有交流速度快、利于学术争鸣、可靠性高的特点。

　　后印本与预印本的主要区别在于是否经过了同行评议制度的考验。作者提交给期刊的预印本，经过同行评议和期刊的编辑后发表，就成为后印本。随着开放存取的发展，越来越多作者将后印本提交到机构仓储或者其他类型的数字仓储。是否有过编辑加工会影响后印本的存储。有同行评议但尚未进行编辑加工的版本与有同行评议又经过编辑加工的版本是不同的，有些期刊允许作者在开放存取仓储中存储前一种类型的后印本，而不允许存储后两种后印本。

　　1. 典型资源：arXiv.org

　　arXiv.org e-Print archive，美国洛斯阿拉莫斯核物理实验室 1991 年建立的一个电子预印本文献库，是世界上最大的电子预印本文献库，在世界各地设有 17 个镜像站点，美国主站点是 http://arxiv.org，我国在中科院理论物理研究所设有镜像站点（http://cn.arxiv.org）；数据库主要分为物理、数学、非线性科学、计算机科学和数量生物学 5 个大类，还包括美国物理学会等机构出版的 12 种电子期刊全文。

　　2. 典型资源：中国科技论文在线

　　中国科技论文在线（http://www.paper.edu.cn）是由教育部科技发展中心建立的一个电子印本系统，该网站提供国内优秀学者论文、在线发表论文、各种科技期刊论文（各种大学学报与科技期刊）全文，还提供对国外免费数据库的链接。如图 2-15 所示的 OPEN ACCESS 在线资源集成平台（http://oa.paper.edu.cn）集合了国内外各学科领域 OA 期刊的海量论文资源和 OA 仓储信息，并提供学科、语种等多种浏览方式。不仅实时更新各 OA 期刊最新发表论文，而且定期收录最新的 OA 期刊，方便用户查看不同领域的最新 OA 资源。本平台提供多种检索功能，可按照论文题目、期刊题目、作者姓名、作者单位、出版社等多种字段进行高级检索，或进行全文检索。

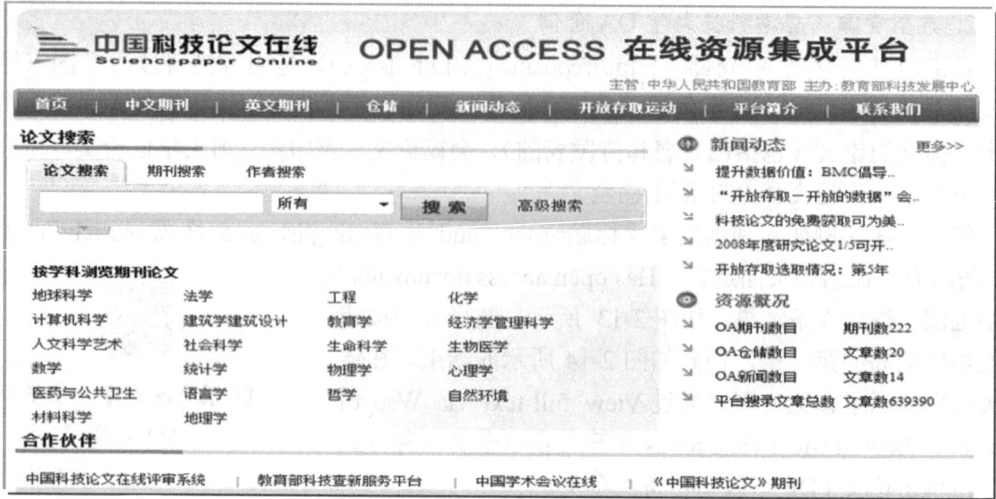

图 2-15　中国科技论文在线 OA 在线资源集成平台

此外，本平台还对国内外开放存取运动的兴起与发展进行详细介绍，并及时更新开放存取运动的最新动态，为不同用户了解 OA 提供了良好的信息资源。

3. 典型资源：中国预印本服务系统

中国预印本服务系统（http://prep.istic.ac.cn/main.html?action=index）是中国科学技术信息研究所与国家科技图书文献中心联合建设的实时学术交流系统，系统收录国内学者提交的预印本。本预印本服务系统分为自然科学、医药科学、人文与社会科学、工程与技术科学、农业科学等类别。如图 2-16 所示为"自然科学–物理学"学者提交的预印本列表。

【拓展资源 2-7】　更多的预印
　　　　　　　　本系统

图 2-16　中国预印本服务系统分类浏览物理学的预印本

课件

2.3.5　网络课程资源

1. 网络课程的发展及获取途径

互联网普及及教育技术的发展促使我们的学习方式早已经不仅仅局限在学校课堂的学习，2001 年，美国麻省理工学院发起开放课程运动（Open Courseware，OCW），向社会公布其从本科生到研究生教育的全部课程（约 1800 门），供全世界免费使用，随后，耶鲁大学、哈佛大学、剑桥大学、牛津大学等世界名校也都陆续开放校内课程；2003 年我国教育部也启动了"高等学校教学质量和教学改革工程"，其中的"精品课程建设工程"计划在 2003~2007 年已建设 1500 门国家级精品课程，利用现代化的教育信息技术手段将精品课程上网并免费向社会开放，以实现优质教学资源共享，已评审出 1139 门国家级精品课程。

2010 年春季，哈佛大学首开世界网络公开课，推出"幸福""公平与正义""死亡"等专业课程，此后耶鲁大学、牛津大学、普林斯顿大学、麻省理工学院等 50 余所世界一流大学也开始推行网络公开课。2010 年 11 月 1 日，网易于门户网站中率先推出的哈佛大学、耶鲁大学、牛津大学、剑桥大学等"全球名校视频公开课"公益项目，为网民翻译并免费发布国外大学优秀课程。2011 年，中央媒体中国网络电视台及商业网站"网易"以公益为目的，免费与"爱课程"网同步推出"中国大学视频公开课"，同年，网易加入 OCWC 国际开放课件联盟，成为该联盟在中国唯一的企业联盟成员，并共享其在全球 200 多所名校的所有高清课程资源，足不出户使用跨国、跨校的教学资源成为了现实。

我国网络课程建设在经历了远程教学课程、国家精品课程、视频公开课等先后建设磨合后，又受到 MOOC 理念的洗礼，于是我们可获得的课程教学资源以公开课、精品资源共享课程、MOOC 等多样化的形式丰富呈现。因此，直接注册、登录利用提供开放课程学习的门户网站和 MOOC 平台是我们获取课程教学资源的首选方式，同时，我们还可以利用学术网站、信息服务机构，以及学术搜索引擎检索获得相关教学资源。

2. MOOC 与公开课的区别

内涵不同。MOOC（Massive Open Online Course，MOOC），即大规模网络开放课程，Massive（大规模的）是指对注册人数没有限制，用户数量级过万；Open（开放的）是指任何人均可参与，且通常是免费的；Online（在线的）是指学习活动主要发生在网上；Course（课程）是指在某研究领域中围绕一系列学习目标的结构化内容。公开课是有组织、有计划、有目的的一种面向特定人群作正式的公开的课程讲授形式活动。

教学核心侧重不同。MOOC 是将教学的全过程在互联网上实施，包括教、学、评、测、练、认证、小组、社交等环节，视频并不是唯一的授课形式，富文本、Flash、HTML5 都可以制作 MOOC 课件，有课程结业证书。公开课是将授课环节搬到网上，以课堂视频录像上传到网络供免费观看为核心，提供一定量的教学资源组织，教学侧重的差异是二者的本质区别。

互动程度不同。MOOC 重视授课过程中的互动与交流，常见形式包括课后的测试题、作业、讨论、虚拟实验、答疑等，支持学习者动手参与，并得到反馈；公开课的互动更多地局限在课堂上，学习者更像旁观者而不是参与者。

虽然大多数 MOOC 课程的视频可以免费观看，但是如果要做作业、考试、拿证书，则需要交付一定金额的学费，所以，尽管 MOOC 与公开课有着上述区别，但由于学习者个体水平、条件的差异，以及学习目标不同，这两种方式有其存在的独特价值，为自主学习提供更多可选择的渠道。

3．典型资源：国内公开课及 MOOC

1）网易公开课

网易公开课，http://open.163.com，于 2010 年 10 月推出，是一个免费开放的在线学习平台和内容传播平台，致力于全球一流教育、知识的传播，拥有超过 4 万个线上教育视频资源，其中 2 万个网易自费翻译视频，包括 PC、Web 以及 iPhone、iPad、Android、Android Pad 四大客户端版本。2016 年，网易公开课荣获 OEC 优质公开课教育大奖，拥有超过 4300 万移动端用户的网易公开课已成为全球最优质的国际化在线学习平台之一。

资源：网易公开课提供了国际名校公开课、中国大学视频公开课、可汗学院、中国大学 MOOC 等优质栏目。其中，"国际名校公开课"首批 1200 集课程上线，其中有 200 多集配有中文字幕。用户可以在线免费观看来自哈佛大学等世界级名校的公开课程，以及可汗学院、TED 等教育性组织的精彩视频，内容涵盖人文、社会、艺术、科学、金融等多个领域；"中国大学视频公开课"与爱课程网同步推出；网易作为可汗学院在中国唯一官方授权合作的门户网站；TED 是 Technology Entertainment Design 的简称，是美国的一家私有非营利机构，该机构以它组织的 TED 大会著称，TED 演讲以观点响亮、看法新颖的专业讲座著称，每一个 TED 演讲的时间通常都是 18 分钟以内；"中国大学 MOOC"是由网易与高等教育出版社携手推出的在线教育平台，承接教育部国家精品开放课程任务，向大众提供中国知名高校的 MOOC 课程。

特点：国际课程部分配有中文或中英双语字幕；登录收藏的课程与服务器同步，手机端与计算机端网页版同步；提供课程快速检索；视频播放速度流畅，视频画面高清，支持断点续播；支持视频下载，支持断点续传；同时，用户可以在平台上跟帖，分享与讨论知识，还能使用网站提供的纠错、反馈工具完善视频字幕，以帮助有语言障碍或听力障碍的人士获取知识。网易公开课 APP 界面极其精致，用户交互较好，内容为国外名校的公开课，且课程全。图 2-17 所示为网易公开课主页。

图 2-17　网易公开课主页

2）新浪公开课

新浪公开课，http://open.sina.com.cn，打造网络视频教学无国界分享平台。

资源：汇集哈佛大学、耶鲁大学、斯坦福大学、麻省理工学院等国际一流名校公开课优质视频，涉及人文、历史、经济、哲学、理工等各学科，部分课程有中文字幕。

特点：新浪公开课将众多课程按照多门学科进行分类整合，提供快捷搜索和播放记录、翻译进度提示等功能，方便网友使用。新浪 APP 不仅包括国外名校的公开课，还包括国内的一些讲座等内容。

3）央视网中国公开课

央视网中国公开课，http://opencla.cctv.com，是央视网在线教育平台，汇集国内外名校的优质课程，积极传播中国传统文化，建成包括大学、初高中、小学及社会课程在内的全内容体系，覆盖时政、经济学、管理学、哲学、文学、历史、心理、社会、理科、艺术、农学等领域。汇聚名家名师，开发了 CNTV 原创精品课；除提供按分类和课程名检索外，还提供按名师、名校音序检索的途径。央视网中国公开课主页如图 2-18 所示。

图 2-18　央视网中国公开课主页

4）爱课程

爱课程，http://www.icourses.cn/home，是教育部、财政部"十二五"期间启动实施的"高等学校本科教学质量与教学改革工程"支持建设的高等教育课程资源共享平台。

资源：本网站集中展示"中国大学视频公开课"和"中国大学资源共享课"，并对课程资源进行运行、更新、维护和管理。中国大学视频公开课由科学、文化素质教育网络视频课程与学术讲座组成，以高校学生为主要服务对象，同时面向社会公众免费开放。主讲教师既有两院院士，也有国家级教学名师；中国大学资源共享课（http://www.icourses.cn/mooc）是对已经建设的国家精品课程进行升级改造，为广大学习者提供开放课堂。网站利用现代信息技术和网络技术，面向高校师生和社会大众，提供优质教育资源共享和个性化教学资源服务，具有资源浏览、搜索、重组、评价、课程包的导入/导出、发布、互动参与和教学兼备等功能。爱课程主页如图 2-19 所示。

图 2-19　"爱课程"主页

5）MOOC 学院

MOOC 学院，http://mooc.guokr.com，是全球最大的中文 MOOC 学习者社区，由北京果壳互动科技传媒有限公司创立。其收录了主流的三大课程提供商 Coursera、Udacity、edX 的所有课程，收录了来自国内外超过 50 个 MOOC 平台的数千门课程，帮助用户发现全球在线好课。迄今为止，MOOC 有 120 万以上的用户，聚集了超过 60% 的 MOOC 中文学习者。MOOC 学院的热心用户自发组成了"果壳教育无边界"字幕组，翻译各大 MOOC 平台上的课程，并将大部分课程的课程简介翻译成中文。此外，edX、Udacity、FutureLearn、Iversity、清华大学"学堂在线"、台湾大学 MOOC 项目组、复旦大学等教育组织都和 MOOC 学院建立了长期合作关系。

特点：MOOC 学院的定位是讨论、点评和记录课程，课程是属于其他平台的，MOOC 学院不直接收录课程内容，只是专注于帮助学习者互相交流，发现课程。可以按照语言、内容、开课平台和开课学校筛选课程，或者直接搜索感兴趣的主题，或参考其他学习者的点评、笔记和讨论，选择用户最想上的课程。绝大部分课程完全免费，对于 Coursera、edX、FutureLearn 等平台，学习者需要缴纳一定的费用并完成课程，才可以获得认证证书。不同平台、不同课程的收费费用和服务项目不同，具体请参考课程说明。

【拓展资源2-8】　更多国内公开课及 MOOC 资源

4. 典型资源：国外公开课及 MOOC

国外主流的三大课程平台是 Coursera、Udacity、edX，简称 C、U、E 站。

1）Coursera

Coursera，https://www.coursera.org，是在线教育平台，与全世界最顶尖的大学和机构合作，提供任何人可学习的免费在线课程，是全球用户最多的课程平台。汇集了包括耶鲁大学、斯坦福大学在内的 100 多所名校的 MOOC 课程，国内的如北京大学、上海交通大学、复旦大学等均在跟 Coursera 合作。

课程内容：由斯坦福大学创办，资源语种丰富，偏向人文社科类课程，其次为社会科学、商业与管理、健康与社会等。

关于证书：提供证书和付费的签名证书，现在除了完成课程并达到规定分数有证书（合格和优秀，即 with Distinction，以优异的成绩，以杰出的表现）外，还有付费的签名认证（Verified Certificate）。

汉化程度一般，英文课程还会提供中文字幕；筛选和检索功能，讨论交流功能完善；不受开课时间限制，随时都可以开始学习。

2）Udacity

Udacity（优达学城），https://www.udacity.com，Udacity 是一家专注技术领域的在线教育平台，有着"硅谷大学"的称号。优达学城诞生于斯坦福大学的一个实验，当时还是斯坦福大学教授 Sebastian Thrun（创办 Google X 实验室，并领导 Google 无人驾驶汽车、Google Glass 多项研究项目）和 Peter Norvig，通过在线授课的方式，向全世界免费开放他们的课程"人工智能概论"，来自 190 个国家的超过 16 万名学生报名参加了这门课，不久之后，优达学城正式成立。进入中国后，使用中文品牌"优达学城"（http://cn.udacity.com），免费开放平台上的内容，目前，定位于职业教育的优达学城在中国有 10 万注册用户，计算机背景及相关专业的学生和工作五年内的年轻工程师大致各占 50%，但付费用户不到注册用户的 5%，其中，优达学城纳米学位课程的本土化、课程学习的汉化是推进的难点。

特点：定位于职业教育，而非大学基础教育，旨在将学员培养成世界一流的网站开发者、数据分析师和移动开发者。优达学城的模式是视频内容免费开放，真正付费的是"实战项目、辅导、就业服务"整个打包的纳米学位。优达学城的初衷是培养能够加入顶尖科技公司的技术人才，而实现这一目标的最好方式就是直接找到 Google、亚马逊等"梦幻公司"，直接和技术负责人或公司负责人沟通，与他们一起去设计技术课程，培养并招聘所需的人才，优达学城将这些课程命名为"纳米学位"。

课程内容：主攻理工科课程，主要的两大类是 Data Science 和 Web Development，适合程序员，偏向现实实用性。通过"硅谷大学"的学习，可以跟随硅谷技术领袖学习当今业界最需要的职业技能，获得 Google、Facebook、亚马逊等全球领先企业合作推出的纳米学位认证，投入远低于传统线下培训的成本。

课程难度分阶：课程难度划分为初级（Beginner）、中级（Intermediate）和高级（Advanced），有助于从课程难易程度判定选择课程学习。

证书：纳米学位是优达学城的核心产品，它包含一系列实战项目、1 对 1 学习辅导，以及毕业后工作推荐、模拟面试、优化技术简历等服务。定价模式是按月收费，如果学员在 12 个月内顺利毕业可退还一半学费。

3）edX

edX，http://www.edx.org，edX 是由哈佛大学和麻省理工学院联合创建的免费在线课程项目，目的是建立世界顶尖高校相联合的共享教育平台，提高教学质量，推广网络在线教育，目前已经拥有超过 90 万的注册者。

【拓展资源 2-9】　更多国外公开课及 MOOC 资源

资源：edX 包括清华大学、北京大学、香港大学、香港科技大学、日本京都大学和韩国首尔大学等 6 所亚洲高校在内的 15 所全球名校，课程主要涵盖生物科学、计算机科学、化学、财经、医学等 22 个门类。课程安排合理，课程中不仅有视频，每周需做的事情列在横向列表中。

特点：edX 通过线上、线下混合教学的模式，提高线下传统校园的教学和学习。

课程成绩：设置更接近高校——具体评级 A、B、C，且详细到 A–、B+程度。

2.3.6　学会协会及信息服务商资源

专业的学会与协会网站上也有许多免费信息，包括学科资源导航、学术会议信息、政策法规与标准信息、实时动态交流的工具与新闻报道、专业的书刊查询、相关的重要链接推荐、站点内资源检索等，如中国标准研究院、美国数学学会、美国物理学会等。

专业的信息资源与服务提供商包括出版社、数据商等，从他们的官方网站上也能获得关于学科发展的动态信息、集成的数据库检索平台功能演示与介绍及部分使用、相关数据库等工具的培训资料，以及部分电子书刊的免费阅读与下载等服务，如万方公司、Thomson Scientific、HighWire Press 服务平台等。

1. 典型资源：Thomson Scientific

Thomson Scientific 即汤姆森科技信息服务集团，隶属于汤姆森公司（The Thomson Corporation），旗下包括 ISI、Derwent、BIOSIS、Delphion、Wila-Derwent、MicroPatent、NewPort Strategic 和 Techstreet 等许多著名的信息服务品牌，所提供的主要数据库包括 Science Citation Index、Social Sciences Citation Index、Current Contents、ISTP、Web of Science、ISI Web of Knowledge、Derwent World Patents Index、Derwent Innovations Index、Delphion、Thomson Pharma、Techstreet 等。网站上有上述资源的介绍与培训资料等。网址是 http://www.scientific.thomson.com。

2. 典型资源：American Physical Society

American Physical Society，美国物理学会，简称 APS。该学会学术服务栏目有 Meetings（物理会议，提供近 1～2 年的物理会议主题及承办单位、时间等具体情况）、Journals（物理期刊，均可全文查询）、Phys Rev Focus（《物理学评论》和《物理学评论快报》的部分内容阐释）、APS News Online（APS 在线新闻）、Physics Internet Resources（物理网络资源，基本列出了美国主要的物理资源，还有部分欧洲站点）等。网址是 http://www.aps.org。

【拓展资源 2-10】　更多开放获取的多类型资源

2.4　利用咨询问答获取

咨询问答获取信息的方式包括利用社交媒体交流问询、利用专业咨询服务问询、利用问答型网站问询等方式，利用社交媒体方式在第 5 章交流共享信息中讲解。本节重点介绍利用专业咨询服务和问答型网站的问询方式。

2.4.1　虚拟咨询服务

1. 虚拟参考咨询

虚拟参考咨询服务（Virtual Reference Services）又称数字参考咨询服务或网络参考咨询服务，指图书馆以网络为传输手段，以数字化信息资源为基础，通过电子邮件或实时聊天等形式，向用户提供不受时间、空间限制的参考咨询服务。它是图书馆传统核心业务参考咨询服务在网络上的延伸，读者可以在任何时间、地域，使用任何系统向参考咨询员提出咨询，并及时获得可靠的答案。虚拟参考咨询服务形式主要有 FAQ 服务、电子邮件参考服务和实时参考咨询服务三种。

目前国内运行较好的虚拟参考咨询服务系统与平台有 CALIS 文献保障系统的虚拟参考咨询服务 CDCVRS、上海市中心图书馆网上联合知识导航站、全国图书馆参考咨询联盟等。另外各个大学独立建设的参考咨询系统也提供有优质的参考咨询服务。

2. 典型资源：CDCVRS

虚拟参考咨询系统是中国高等教育保障系统（CALIS）的二期规划项目之一，它的全称为 CALIS 分布式联合虚拟参考咨询系统（Calis Distributed Collaborative Virtual Reference System），简写为 CDCVRS。

定位。CDCVRS 旨在为 CALIS 成员馆之间提供一个联合虚拟参考咨询平台，该平台实现了以本地咨询为主，多馆联合协作为辅的咨询模式，建立相关的知识库、学习中心，实现知识的共享。用户可以使用该平台，第一时间获取到专业图书馆员的解答。

功能。CDCVRS 向读者提供的多种咨询服务功能主要有以下几种。

（1）咨询台。服务咨询台是 CDCVRS 面向用户的服务终端，它主要提供的服务方式有电子邮件、表单提问、实时文本交谈、页面推送、同步浏览、语音交流、视频交流等。

（2）调度服务。当用户使用本地图书馆提供的咨询服务不能获得满意的答案或者图书馆员无法回答某些问题的时候，CDCVRS 的调度服务可以负责把问题进行转发或者把读者进行转移。

（3）知识库。CDCVRS 的知识库分为本地知识库和中心知识库。本地图书馆通过各种咨询手段收集到相关问题记录，经过审核整理之后，会保存在本地知识库中，是本地图书馆用户的一个重要的知识源。中心知识库的内容来源广泛，它不仅仅收录中心咨询台累积的知识，还会定时收割其他本地知识库的数据记录。收割后的记录会经过审核和查重之后，进入中心知识库。

例如，访问 CALIS 联合问答网站（http://cvrs.calis.edu.cn），在首页中可以看到问题搜索框和问题分类，用户在问题搜索框中填入关键词"馆际互借"，单击"搜索答案"按钮，即转入搜索结果页面。在搜索结果页面中单击问题可获取答案。CALIS 除了提供本站的答案搜索以外，还提供维基百科、百度知道、百度百科、爱问和搜搜等站外搜索。用户在"问题分类"中选择"馆际互借与文献传递"小类，即能浏览该分类下的问题信息。

3. 典型资源：网上联合知识导航站

上海市中心图书馆的网上联合知识导航站，http://vrd.library.sh.cn，由上海市中心图书馆牵头，联合上海地区公共、科研和高校等图书馆 20 多位上海图情界的中青年资深参考馆员为网上知识导航员，实现为读者提供专业参考咨询的网上虚拟新型服务项目。

4. 典型资源：全国图书馆参考咨询联盟

全国图书馆参考咨询联盟，http://www.ucdrs.net（图 2-20），是在全国文化信息资源共享工程国家中心的指导下，由我国公共、教育、科技系统图书馆合作建立的公益性服务机构，其宗旨是以数字图书馆馆藏资源为基础，以因特网的丰富信息资源和各种信息搜寻技术为依托，为社会提供免费的网上参考咨询和文献远程传递服务。联盟的基本业务为组织成员馆通过网络、电话等渠道为读者提供网上查询、参考咨询和远程文献传递等服务。平台系统拥有我国目前最大规模的中文数字化资源库群，包括电子图书 120 万种，期刊论文 4000 多万篇，博硕士论文 300 万篇，会议论文 30 万篇，外文期刊论文 500 万篇，国家标准和行业标准 7 万件，专利说明书 86 万件，以及全国公共图书馆建立的规模庞大的地方文献数据库和特色资源库，提供网络表单咨询、文献咨询、电话咨询和实时在线咨询等多种方式的服务。

全国图书馆参考咨询联盟提供表单咨询、知识咨询、慕课参考咨询、实时咨询四种服务功能。如果需要的资源在首页直接检索不到，或者对文献检索、传递和利用有任何咨询，请使用表单咨询；如果有有关百科知识的咨询，请使用知识咨询，每天提供咨询和传递文献超过 10000 例。

图 2-20　全国图书馆参考咨询联盟主页

5. 典型资源：Question Point

Question Point（http://www.questionpoint.org）是 OCLC（联机计算机图书馆中心）和美国国会图书馆合作的一个虚拟参考咨询服务项目。Question Point 于 2002 年推出，这是一个全球性图书馆参考咨询服务平台。

Question Point 系统主要包含三大功能：知识库功能把原先的 FAQ 问答系统进行升级，发展成为了知识库（Knowledge Base）。提供给用户浏览和检索，它为 Question Point 的咨询服务提供了内容基础。转发功能把提问转发（Request Manager）至最适合回答该问题的成员馆。如果该成员馆无法回答该问题，则问题又会被系统重新分配，其他成员馆也会得到该问题与解答的 E-mail 通知。Question Point 系统为广大用户提供了众多的服务项目，主要有 Web 表单咨询服务、E-mail 电子邮件服务、与用户的实时聊天服务、文件传输以及馆际互借等服务。这些服务还提供了多种语言的服务。

【拓展资源 2-11】 更多虚拟参考咨询服务

视频

2.4.2 问答网站

问答网站是提供提问、回答服务的平台及网站。通过用户互助机制提出并发布问题，或搜索答案知识库，或获得回答。网站把用户的问题集合汇集成为问答知识库，并且运用超链接把相关的问题链接起来，使用户在提问时也可以搜索类似的问题，获取答案。

不同类型的问答网站无本质差异，其质量区别在于用户群的特征和由此决定的讨论的氛围。问答网站的用户既是信息的始源，也是传播者，更是享用者。

问答网站可获取方式主要有三种：一是利用综合搜索引擎的问答网站；二是利用专注某个领域问题的垂直问答网站；三是利用基于社交的问答网站。

1. 利用综合搜索引擎的问答网站

综合搜索引擎的问答网站主要有百度知道、新浪爱问、搜狗问答等。

1）百度知道

百度知道（https://zhidao.baidu.com）是一个基于百度搜索引擎的互动式知识问答分享平台，是百度社区化搜索的重要产品之一。

问答机制。用户自己具有针对性地提出问题，通过积分奖励机制发动其他用户来解决该问题的搜索模式。同时，这些问题的答案又会进一步作为搜索结果，提供给其他有类似疑问的用户，达到分享知识的效果。例如，在百度知道搜索框检索"热带鱼的种类与分布"，单击"搜索答案"按钮，可获得来自于答案库的与此问题相关的回答，如图 2-21 所示，如果对所获得答案不满意，可以单击"我要提问"按钮，继续等待他人回答。

特点。百度知道的最大特点在于和搜索引擎的完美结合，让用户所拥有的隐性知识转化成显性知识，用户既是百度知道内容的使用者，又是百度知道内容的创造者，在这里累积的知识数据可以反映到搜索结果中。通过用户和搜索引擎的相互作用，实现搜索引擎的社区化。

2）爱问 iask

爱问 iask（http://iask.sina.com.cn），是一个基于社交的问答平台，是全球最大的中文问答平台。该平台汇聚亿万网民头脑中的智慧、经验和知识，为用户提供发表提问、解答问题、搜索答案、资料下载、词条分享等全方位知识共享服务，内容涉及法律、民生、娱乐、IT、美食、交通、购物等。

宗旨。用户可以在这个平台上无所不问，爱问能做到有问必答。

特色。强化人性化功能，对视频搜索的支持实现了内容形式上的丰富和扩展；具有浓郁地区特色的本地搜索为网民提供了包括地图在内的生活、娱乐、出行等所需的各地区相关信息；与中国大百科全书、北京语言大学语言信息处理研究所等结成了合作伙伴，将分别在内容与技术上进行深入合作，以强化"爱问"结果的权威性。

图 2-21　利用百度知道搜索"热带鱼的种类与分布"的答案

3）搜狗的问问 APP

搜狗问问是搜狗旗下的大型问答互动平台，覆盖计算机数码、生活家居、游戏、体育、娱乐、休闲、艺术等品类，拥有超过 7 亿用户，是非常有影响力的社区平台。搜狗问问在移动端同步推出问答类应用——问问 APP，致力于高效、精准地为用户解决问题。问问 APP 除了基本的用户问答互动功能外，引入优质知识和内容（目前已引入搜狗百科、搜狗网页搜索的 400 多个优质 VR（搜索直达服务）内容、成语诗词及世界之最等有用有趣的知识）。

2. 利用垂直问答网站

专注于某个领域问题的垂直问答网站的特点在于，其用户群体和问题主题更加具有针对性和专业性，为用户从专业或特定主题问询提供了更加深入交流、问询获取的途径。专注于某个领域问题的垂直问答网站，如针对 IT 的 http://stackoverflow.com 等。

Stack Overflow（http://stackoverflow.com）是一个与程序相关的 IT 问答网站。用户可以在网站免费提交问题、浏览问题、索引相关内容，在创建主页的时候使用简单的 HTML；S.O.是此网站浏览者常用的对自己网站的称呼。关注问题质量，通过威望值（Reputation Point）与徽章（Badge）建立起信任评价体系，并且做到对参与者的有效激励。

3. 利用社交问答网站

社交问答网站是以 SNS 社交网络为平台构建的社会化问答网站。用户几乎都是各大社交网站用户，如新浪微博、人人网的注册用户，在网站里以近乎实名制的方式交流和问答。

问答机制。用户提出问题，其他用户来回答。引入用户之间的关系来发现和筛选问题及答案，在这种网站上，用户可以提出并发布问题，也可以对未解决的提问给出自己的答案；社交问答网站的用户门槛低，社会参与性强，拥有大量的用户群。

特点。社交问答网站是介于百科和传统问答（如百度知道）之间的问答类 SNS 网站，是一个公共的知识平台，它的价值在于重建人与信息的关系，与上述两类问答网站不同的是，社交问答网站建设的目标不仅仅是为提问、答问搭建平台，更重要的是为社交——交朋友、建立个人人际网络搭建平台，将问答与社交结合，形成的是集知识性、互助性、社交化于一体的平台。

1）Quora

Quora（https://www.quora.com）是一个社会化问答网站，由 Facebook 前雇员查理·切沃（Charlie Cheever）和亚当·安捷罗（Adam D'Angelo）于 2009 年 6 月创办。用户可以在该平台上提出或者回答问题，Quora 提供网站内搜索引擎，用户可以关注他们感兴趣的人和主题，在用户页面查看他们提问、回答、关注、投票的问题；它也对大量答案进行排序，为用户找出高质量的解决问题的答案。其愿景是汇集了来自不同领域的人回答相同的问题，在同一个地方互相学习。

Quora 一开始采用邀请制，吸引了很多明星和智慧人士，此后逐步开放，用户通过 Google 或者 Facebook 账号即可登录，2010 年 8 月开始允许 Google 等搜索引擎索引其内容。

问答机制。Quora 使用协议严格要求实名，不可以用化名，也不允许加任何头衔（包括 Dr.）。通过对问题、问题的答案或者回答问题的某些人的活动的订阅功能以及投票和关注功能，Quora 打破了以往问答网站信息对接信息的模式，真正实现了信息与人的对接。其实，Quora 就是一个人们通过提问并对相同的问题感兴趣而结交的社区网站。Quora 允许用户基于自己的观点回答某些特殊问题，然后大家投票选出最受欢迎的答案，对 Quora 答案的 Upvote 代表你认为这个答案值得更多人阅读，你愿意它进入自己的时间线；Downvote 代表你认为这个答案的质量低劣；除提问、回答问题外，还允许用户对论坛中的话题发表评论。

2）知乎网

知乎网（http://www.zhihu.com）是近年借助 SNS（社交网络）风潮兴起的社会化问答网站。和百度知道等问答网站不同的是，知乎网并不和任何搜索引擎相互连接，它主要依靠以准实名制（知乎官方指南鼓励用户用真名，但是也可以用网名）注册的用户，通过讨论的方式集体合作回答问题。目前，知乎全站已累计产生约 700 万个问题，近 2300 万个回答，内容覆盖 10 万个以上话题领域，包括互联网金融、法律、设计、电影、建筑以及智能硬件、清洁能源、个人理财等。例如，利用知乎网搜索问题"数据库的特点是"，得到如图 2-22 所示结果。

2015 年 11 月 8 日，搜狗搜索和知乎网联合宣布双方达成合作。

一是内容合作。搜狗将全面接入知乎内容数据，用户可在搜索结果中直接获取知乎的问答信息。根据知乎对搜狗的开放端口，搜狗搜索上呈现的不仅仅是问答和话题内容，还包括用户主页。同时，搜狗还将上线知乎搜索垂直频道（图 2-23），包括知乎热门话题、搜索热词、知名专栏等版块，作为搜索业务的补充，以"不搜即得"的方式呈现给对知乎感兴趣的用户。

【拓展资源 2-12】　更多问答网站

二是技术。搜狗将向知乎提供技术输出。简单来说，知乎将启用搜狗为其定制的搜索技术解决方案，升级知乎搜索的底层引擎，改善 PC 及无线端的搜索功能和服务。同时，针对知乎问答社区的特性，在搜索服务上有针对性地修改和设置。据介绍，接入搜狗技术后，知乎站内搜索 DCG 评测评分从 0.39 提升至了 0.64[①]。

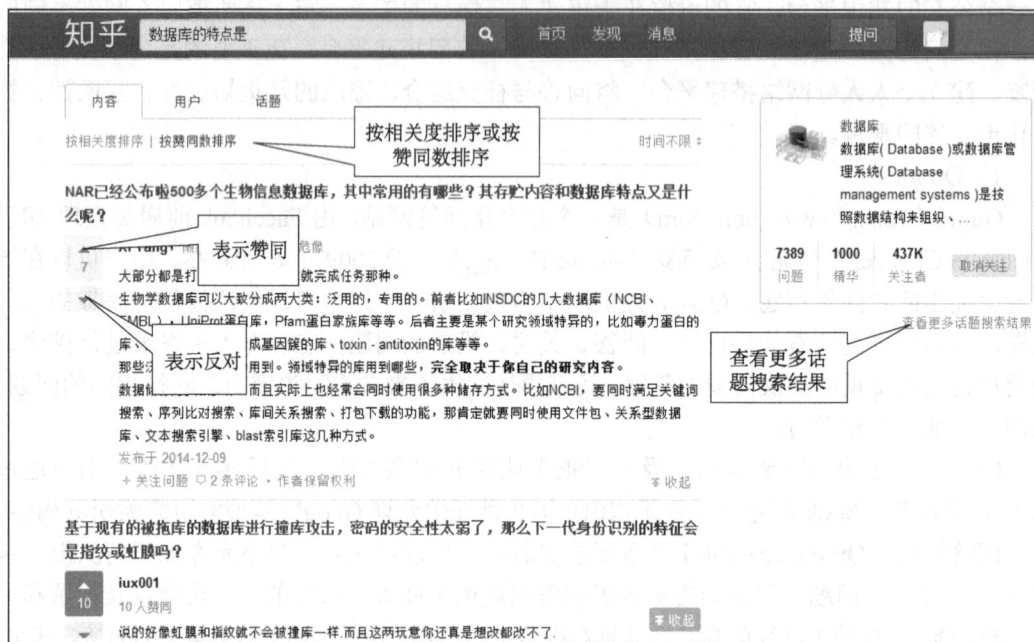

图 2-22　利用知乎网搜索问题"数据库的特点是？"得到的结果页面

图 2-23　搜狗的知乎搜索垂直频道

2.5　利用政府网站获取

据 CNNCI 第 39 次报告统计，截至 2016 年 12 月，我国在线政务服务用户规模达到 2.39 亿人，占总体网民的 32.7%，其中政府网站应用的使用率为 13.0%[②]，是公众利用在线政务

---

① ZOL 新闻中心.搜狗、知乎"在一起"！可搜索知乎问答. http://news.zol.com.cn/550/5505932.html.

② CNNCI 第 39 次互联网发展报告.

最主要的载体，随着服务型政府建设的深入推进，政府网站的服务不再局限于信息公开、政策法规、时政新闻等内容而更加细化，从车主服务、政务办事到医疗、交通出行、充值缴费等方面全方位覆盖用户生活，由此，以服务为导向的政府网站更加贴近我们的工作、生活和学习。

2.5.1　政府网站的特点

1. 政府网站的体系

政府网站是指全省各级人民政府及其部门在互联网上进行政府信息公开、网上办事服务、政民互动等的官方平台。

政府网站体系。政府网站体系由政府门户网站和部门网站构成。门户网站是指省、市（州）、县（市、区）人民政府通过互联网进行政府信息公开、网上办事服务、政民互动等的官方平台。部门网站是指全省各级政府部门通过互联网进行政府信息公开、网上办事服务、政民互动等的官方平台。随着在进行的政府网站集约化建设的推进，将逐渐减少部门网站数量，相应地增加部门专栏数量，逐步实现一级政府只设立一个政府网站的理想化的建设模式，面向社会公众和企业提供一站式的网上服务。

2. 政府网站的定位及功能

定位。政府网站是政府运用信息化手段向社会提供管理和服务的窗口，是电子政务建设的重要组成部分。政府网站作为政府资源的整合方式，是政府信息发布的平台，是政府与公众互动交流的媒介，是为公众提供公共服务的平台，是打造法治政府、阳光政府的新载体。

功能。一是及时报道重要政务活动、重大政策措施，做好独家发布、转载发布、联合发布；二是按照政府信息公开的要求，充分公开行政法规、规章、政府规范性文件，公开财政预算、公共资源配置、重大建设项目批准和实施、社会公益事业建设等重要信息；三是整合政府及各部门以及社会各种服务资源，为社会公众日常生活及企业经营活动提供服务，包括政府事项服务和整合社会其他机构提供的服务；四是搭建倾听民声、汇聚民智的交流平台。

因此，一般市（州）、县（市、区）政府门户网站均设置了信息公开、办事服务、互动交流等一级栏目和重要或专题性栏目，并提供信息搜索、个性化定制等功能。随着网络技术的不断发展，电子政务应用日益深化，从公众信息获取的视角来看，政府网站已逐渐成为社会公众生活中不可或缺的获取信息和服务的平台。

2.5.2　利用政府网站可获取的信息

从政府网站的定位及功能出发，公众可获取的信息包括概况信息、政务信息、政务要闻信息、政府服务信息、社会生活服务信息、政民互动信息等。

1. 概况信息

概况信息主要介绍本地区的地理位置、面积、气候、人口、资源、历史传统、风俗习惯、民族以及宗教信仰等基本情况。

例如，通过四川省人民政府网（http://www.sc.gov.cn）的"四川概况"栏目，可获得四川省的地理位置和自然状况、面积、市州概况、四川年鉴等信息（图 2-24）；通过四川省旅游资源特色设置的"旅游四川"栏目可获得四川美食、四川美景、民风民俗、四川特产等信息（图 2-25）。除利用政府网站获得地方概况，不少政府官方微信还利用 H5 等方式立体呈现地方的地理位置、自然概况和旅游信息。

图 2-24　四川省人民政府"四川概况"栏目

图 2-25　四川省人民政府"旅游四川"栏目

2. 政务信息

政务信息是指关于机构信息、规划计划、相关法律法规、政策规定、政策解读、统计数据、政府公文、人事任免、重大项目、应急管理、通知公告等方面的信息。

例如，中华人民共和国中央人民政府门户网站（简称"中国政府网"，http://www.gov.cn），已开通国务院、总理、新闻、政策、互动、服务、数据、国情等栏目，第一时间权威发布国务院重大决策部署和重要政策文件，国务院领导同志重要会议、考察、出访活动等政务信息，同时面向社会提供与政府业务相关的服务，建设基于互联网的政府与公众互动交流新渠道。中国政府网的图解政策栏目（http://www.gov.cn/zhengce/index.htm）非常有特点，有"图解：2017 年政务公开工作要点"、"图表：[经济]国家旅游局公布《"十三五"全国旅游信息化规划》"等对计划、规划的图表化解读；通过其数据栏目（http://www.gov.cn/shuju/index.htm）可获得数据查询、数据快递、地方数据、数据解读、数据要闻、商品价格等内容，如查询"2016 年 1 月～2016 年 11 月我国社会消费品零售总额变化情况"态势，可得到来自于国家统计局统计形成的变化图表，如图 2-26 所示。

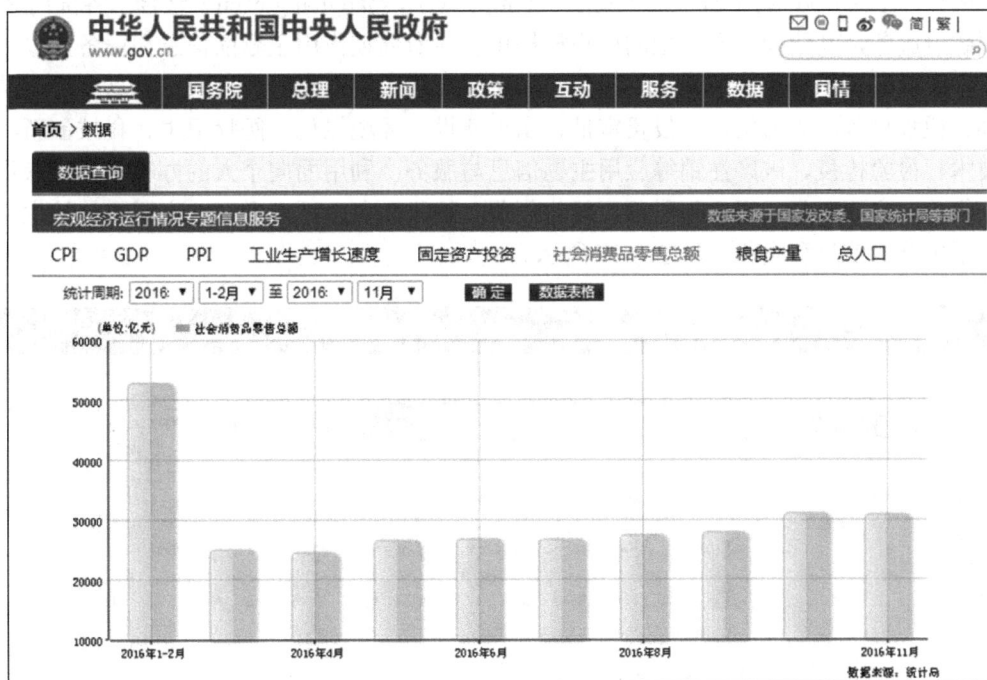

图 2-26　中国政府网 2016 年我国社会消费品零售总额变化情况数据查询结果

3. 政务要闻信息

政务要闻是政府网站必不可少的一个组成部分，包括重要活动、重要会议、和本地区相关的重大政策、工作进展等政务动态信息。例如，中央人民政府网站设有"今日中国"、"视频报道"等内容，报道关于政治、经济、文化及社会的最新动态。"新闻发布"栏目包括国务院及其部门、各地方政府及其他部门最新发布的政策规定、政府公文公报等内容。北京市政务门户网站——首都之窗（http://www.beijing.gov.cn）是北京市电子政务建设的重要组成部分，是政府面向社会的窗口，是市级各部门和各区政府在互联网上发布政府信息和提供在线服务的综合平台，通过其设置的"今日北京"等栏目可获得北京市政治、经济、文化及社会方面的最新动态。

4. 政府服务信息

所谓政府服务，是指在实际社会生活和经济建设中由政府承担的事务项目，既包括《行政许可法》中赋予政府的事项权力，如政府各部门保留的各项行政审批、审核、核准、备案等事项，也包括一些非行政审批的日常办公业务，如以政府受理为主或以政府主管的事业单位受理为主的非行政项目，如查询和缴纳住房公积金、养老金、水电煤气费用等事项服务。从服务对象出发，为公民服务的有生育、户籍、教育、文化、就业、兵役、婚姻、纳税、社保、交通、医疗、殡葬、邮政、旅游、护照、出入境、法律援助、港澳台侨等方面的具体内容；为企业服务的有开办设立、年检年审、企业纳税、工商管理、质量检查、安全防护、劳动保障、破产注销等方面的具体内容；为外国人服务的有领事司法、出入境、移民定居、旅游观光、婚姻收养、文化教育、在华就业、商务投资等方面的具体内容。

例如，上海市政府网站——中国上海（http://www.shanghai.gov.cn）整合了各部门2000多项政府服务，其面向不同类型的用户群提供全生命周期应用主题的信息和服务，最大范围地整合服务资源提供"一站式"服务。利用面向法人的办事服务可获得设立变更、准营准办、税收财务、人力资源、投资审批、国土建设、环境绿化、医疗卫生、科技创新、质量技术、检验检疫、破产注销等应用主题信息与服务；利用面向个人的办事服务可获得全生育收养、户籍办理、缉拿与科研、就业创业、纳税缴费、婚姻登记、离职退休等生命周期应用主题的信息和服务，如图2-27所示。

图2-27　中国上海基于个人生命周期应用主题的网上政务大厅服务界面

5. 社会生活服务信息

该类信息是社会公众日常生活所必需的服务信息，政府网站整合政府数据库系统和一些社会机构及企业提供的查询服务，以常用信息查询服务方式为企业经营活动和市民日常生活提供方便，常用信息查询包括住宿订餐、订购机票车票、金融、旅游、医疗保健、法律咨询等方面。例如，利用中国上海（http://www.shanghai.gov.cn）的公众服务栏目可获得实用信息、生活地图、服务热线、公共设施等查询信息，如图 2-28 所示。

图 2-28　中国上海的生活服务信息查询内容

6. 政民互动信息

政民互动栏目让政府与公众的互动交流落地。例如，首都之窗开设了政务信息、政务服务、政民互动、便民服务、人文北京等栏目，利用"政民互动"栏目可获得咨询投诉、反映政风行风、给市长写信、提交人民建议、参与在线访谈、参与征集调查、参与问卷调查等相关互动的信息内容（图 2-29）。

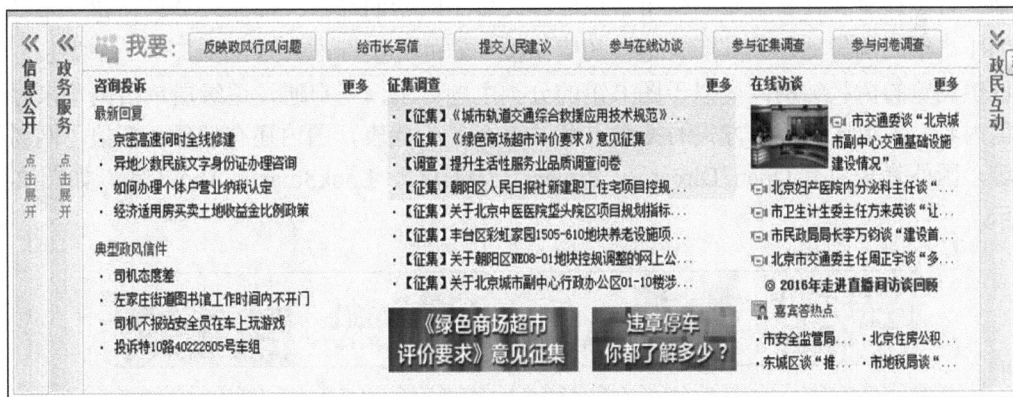

图 2-29　首都之窗的"政民互动"栏目

此外，政府网站还会提供许多相关链接，如网站的客户端、政府微博、微信二维码、部门机构链接等，便于公众获取更多相关信息。

2.6　利用搜索引擎获取

搜索引擎（Search Engine），从字面上讲，就是指充分利用各种网络自动搜索技术，搜寻网络信息资源的一种强有力的工具。搜索引擎由搜索模块、索引模块、检索模块和用户接口四部分组成，从检索系统来看，它是对 WWW 站点资源和其他网络资源进行标引和检索的一类检索系统机制，其工作原理可表述为：利用自动索引软件不断发现与收集各类新网址及网页，利用自动索引软件对网页进行标引，建立成万上亿条记录的数据库。当用户输入提问关键词之后，每个搜索引擎都会以不同的检索方法在其数据库中找出相关的记录，并按相关性顺序排列，将包含此关键词或符合检索条件的所有网址信息和指向这些网址的链接反馈给用户，从而实现从查询到获取结果的全过程。

2.6.1 搜索引擎的类型

搜索引擎按组织信息的方式可分为目录索引搜索引擎、全文搜索引擎、分类全文型与智能搜索引擎；按照引擎的服务对象和规模可分为综合搜索引擎与垂直搜索引擎；按照搜索引擎获取信息的不同方法又有独立搜索引擎（Single Search Engine）、元搜索引擎（Meta-search Engine）和网络搜索软件（Net Search Software）之分；按自动化程度分为智能化搜索引擎和非智能化搜索引擎；按照查找内容分为文本搜索引擎、语音搜索引擎、图形搜索引擎、视频搜索引擎等，了解多种分类方法的目的在于能从多个角度加深对搜索引擎的理解与应用。

1. 不同查询方式的搜索引擎

搜索引擎按查询信息的方式可分为目录索引搜索引擎、全文搜索引擎、分类全文型与智能搜索引擎。

（1）目录索引搜索（Search Index/Directory）引擎。目录索引的信息搜集系统一般是由人工来完成的，在页面上表现为目录导航，此类称作目录索引型，而将之与全文搜索引擎区别。目录导航式搜索引擎的索引数据库存入每个网站的标题、描述、类目、超文本链接（URL）组成倒排文档，其所有链接的网站按一定的分类标准归入至少其中一个类别，形成可供浏览的树状结构，类似于图书馆的分类主题目录，用户通过逐级层单击浏览来寻找所需内容，采用这种搜索方式的搜索引擎以 Yahoo 为代表，国内还有搜狐、新浪、网易搜索等，国外著名的有 Open Directory Project（DMOZ）、LookSmart、About 等，如图 2-30 所示。

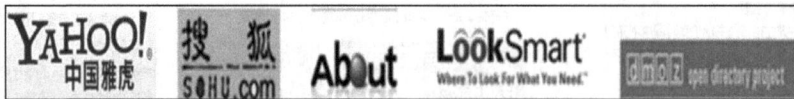

图 2-30 目录索引搜索引擎图标

目录索引搜索引擎的特点是查准率相对高，但其查全率相对低，搜索范围较小，在检索学科专业属性明显的信息时利用这种方式极为方便，但搜索引擎信息归类质量与用户对信息类别了解的程度将直接影响到查询结果。

（2）全文搜索（Full-Text Search）引擎。全文搜索引擎指能够对各网站的每个网页中的每个词进行搜索的引擎，使用关键词（Keyword）匹配方式检索。用户使用关键词对网页进行搜索时，系统通过蜘蛛机器人（Robot）自动在选定的范围内进行检索，并将所检索到的信息自动标引导入索引数据库中，匹配所检索范围中的网页，并输出匹配结果。此方式国外具代表性的有 Google、Fast/AllTheWeb、AltaVista、Inktomi、Teoma、WiseNut 等，国内著名的有 Google（中文）、百度（Baidu）等搜索引擎，如图 2-31 所示。

图 2-31　全文搜索引擎图标

其特点是该类型的搜索引擎并不对网页文本的内容进行分析，只是根据单词在网页标题和文本中的位置和出现的频度来决定其所在网页在包含同一单词或意义相似的单词的所有网页中的排列级别。举例来说，当搜索单词 Computer 时，一个在正文中出现了 18 次 Computer 的网页会排在出现 5 次 Computer 的网页前，而一个用 Computer 作为标题的网页在搜索结果中的级别将高于标题中没有 Computer 的网页。利用关键词搜索速度快，用户易学易用，但由于其不对内容处理的工作方式决定了大量不相关信息的出现，搜索结果数量庞大，面对堆积如山而又毫无用处的查询结果用户必须自己筛选，这就要求用户在设计构造检索表达式及在反馈结果的限制选择上作一定的技术处理，因而利用此方式想获得较满意的检索效果从一定程度上讲对用户的检索能力要求相对来说反而高些，同时关键词搜索引擎的索引数据库建立的策略在很大程度上也将影响搜索引擎的效率与准确性。

（3）分类全文型。分类目录与全文检索方式各有利弊，分类全文型是两者相结合的搜索引擎，如 Sohu，提供关键词方式从网页角度搜索，同时提供了包括新闻、娱乐·视频、体育·时尚、财经中心、汽车、房产、家居等模块分类查找的方式。目前，这种方式为大多数引擎所采用。

（4）智能搜索（Intelligence Search）引擎。智能搜索引擎根据已有的知识库来理解检索词的意义并具有一定的推理能力，以此产生联想，从而找出相关的网站或网页，目前所运用的技术还不够完善，是搜索引擎发展的方向。目前比较成功的智能搜索引擎有 FSA、Eloise 和 FAQFinder。

搜索引擎之间的分类也不是绝对的，随着各种类型间的不断取长补短、相互融合地发展，加上人工智能的嵌入与应用，相信未来的搜索引擎带给人们的将会是更大的惊喜与便利。

2. 不同服务层次的搜索引擎

按照搜索引擎的服务对象和规模可将其分为综合搜索引擎与垂直搜索引擎。

1）综合搜索引擎

综合搜索引擎是指资源包罗万象、提供范围广泛的信息与服务的搜索引擎。综合搜索引擎提供的信息与服务范围，从新闻、讨论组、免费信箱、下载软件到图片以及各种信息的搜索，没有固定在某一专门的知识领域，涉及多种热门主题内容。综合搜索引擎是相对于垂直搜索引擎而定义的，用户可以通过在检索栏中输入检索词来检索几乎任何类型、任何主题的资源。

此类代表性的中文搜索引擎有雅虎中国、搜狐、新浪、网易、百度和 Google（中文）等；英文的有 Google、Hotbot、Excite、DMOZ、LookSmart，其中雅虎、搜狐、DMOZ、LookSmart、Google 均提供分类主题目录形式的搜索方式，其他的则主要提供关键词查询方式。

2）垂直搜索引擎

所谓垂直搜索引擎（Vertical Search Engine），是针对某一特定领域、某一特定人群或某一特定需求提供的有一定价值的信息和相关服务。其特点就是专、精、深，且具有行业，故垂直搜索引擎也被称为专业搜索引擎或专用搜索引擎。它是与综合搜索引擎截然不同的引擎类型，"垂直"是指从纵、深方向发展某知识领域的专业化和深入程度。垂直搜索引擎类型与其收集信息的主题领域直接相关，依据搜索主题划分有定位学术、商业、经济、法律、健康、旅游、购物等的搜索引擎。垂直搜索主要有以下几种类型。

（1）各大搜索引擎都有自己的垂直搜索引擎，如 MP3 搜索、图片搜索、新闻搜索、Blog 搜索等，如百度的图片搜索（image.baidu.com）、新浪的微博搜索（s.weibo.com）、搜狗的微信搜索（weixin.sogou.com）、知乎搜索（zhihu.sogou.com）等。

（2）电商平台的购物搜索引擎。购物搜索引擎可以理解为在网上购物领域的专业搜索引擎，如淘宝、天猫、京东等。

（3）学术的垂直搜索引擎，专注搜索学术类信息，如百度学术、搜狗学术、SciSeek 等。

（4）独立的垂直搜索引擎，如搜索旅游信息的携程（www.ctrip.com）、途牛（www.tuniu.com）等。

3. 不同获取方式的搜索引擎

按照搜索引擎获取信息的不同方法有独立搜索引擎、元搜索引擎和网络搜索软件。

（1）独立搜索引擎。独立搜索引擎又叫单一搜索引擎，指只检索利用自身数据库的搜索引擎。

（2）元搜索引擎。元搜索引擎是一种调用其他独立搜索引擎的引擎，又称"搜索引擎之母（The Mother of Search Engines）"。在这里，"元"（Meta）为"总的"、"超越"之意，元搜索引擎就是对多个独立搜索引擎的整合、调用与优化利用。其本身一般没有搜索引擎的网页搜寻机制，也没有一个自己独立的索引数据库，用户只需递交一次检索请求，元搜索引擎将检索提问并行或串行地（故元搜索引擎又有并行与串行之分）提交给多个预先选定的独立搜索引擎，并将所有查询结果集中进行整理去重，然后以整体统一的格式反馈给用户，它们集成了不同性能和不同风格的搜索引擎，并能提供多种查询功能，实现"一次输入，多次调用"，从而可以收到事半功倍的效果。

元搜索引擎由检索请求提交机制、检索接口代理机制、检索结果显示机制三部分组成。用户向元搜索引擎发出检索请求，元搜索引擎根据该请求向多个搜索引擎发出实际检索请求，搜索引擎执行元搜索引擎检索请求后将检索结果以应答形式传送给元搜索引擎，元搜索引擎再将从多个搜索引擎获得的检索结果经过整理后以应答形式传送给实际用户。

按照搜索引擎运行的方式元搜索引擎分为并行式和串行式两类：并行式元搜索引擎运行时是将用户的查询请求在同一时间发向被调用的各个独立搜索引擎，然后将各个搜索结果按特定的顺序反馈给用户；串行式元搜索引擎运行时是将用户的查询请求首先发向被调用的独立搜索引擎中的一个，待其返回结果后再将请求发往另一个；因而并行式元搜索引擎搜索花费的时间短，检索速度明显快于串行式搜索引擎。在中外的元搜索引擎中多以并行方式存在。

具有代表性的中文元搜索引擎有中文的万纬搜索引擎和英文的 MetaCrawler、Dogpile、

Mamma、ProFusion、Ask JeeVes、C4 等。

（3）网络搜索软件。网络搜索软件是通过向搜索站点发出特殊搜索字串命令（各个站点的格式不一样），然后对结果进行处理后显示出来。

针对不同的搜索需求有功能各异的网络搜索软件，如虚拟地球仪软件 Google Earth 把卫星照片、航空照相和 GIS 布置在一个地球的三维模型上，提供全球地理信息搜索，可以搜索学校、公园、餐馆、酒店，获取驾车指南，浏览 3D 地形和建筑物，保存和共享搜索和收藏夹等。飓风搜索通 5.10、Copernic 2000 集成多个搜索引擎实施搜索；电影搜索软件 GoTolink 媒体中心 2.1；中文 MP3 搜索软件，如皮宝贝（PeerPet）、音乐奇缘 2.1.0；搜索很多社区和 BBS 的消息百晓生；邮址搜索软件流星邮件地址搜索软件系统 v3.21；提供了国外 20 多个专业的医学搜索引擎的搜索软件医学搜索 2001 等。

2.6.2　典型资源：百度

1. 资源简介

百度 **Bai 百度**（http://www.baidu.com）是国内唯一商业化的全文搜索引擎，同时是目前全球最优秀的中文信息检索与传递技术供应商，是全文搜索引擎的代表。拥有网页、音乐、图片、文档、硬盘、手机搜索等功能，在中国首创了竞价排名商业模式，百度是全球最大的中文搜索引擎。

百度的产品包括搜索服务、导航服务、社区服务、游戏娱乐、移动服务、站长与开发者服务、软件工具及其他服务等。

其中，百度的搜索服务、社区服务功能最具特色。具有信息搜索功能的搜索服务模块包括网页、新闻、MP3、地图、图片、视频、学术搜索等，如图 2-32 所示；具有信息存储交流与共享功能的社区服务模块，信息存储如百度网盘；以贴吧、知道、文库为代表，将搜索引擎与社交结合营造了集社交的信息交流与搜索、共享于一体的社区，为用户提供的社区服务（图 2-33）特色鲜明，运营模式适应基于新媒体社交的需求，百度文库也成为获取网络文档类信息的主要信息源之一。

图 2-32　百度搜索服务内容

图 2-33　百度社区服务内容

百度不断拓展移动服务功能，目前已经推出的移动服务有百度糯米、百度传课、百度魔图、报读音乐 APP、百度翻译 APP、百度魔拍等。

百度敢于尝试创新，截至 2017 年 3 月最新推出的功能有百度灵犀（大数据营销决策系统）、百度 VR 社区（VR 媒体社区）、百度 H5（可视化 H5 制作工具）、百度人工翻译、度秘（个人秘书服务）等服务项目。

2. 特色功能及搜索示例

1）网页搜索

百度网页搜索是百度核心搜索服务之一。百度检索功能包括百度快照、相关搜索、拼音提示、错别字提示、英汉互译词典、计算器和度量衡转换、专业文档搜索、股票、列车时刻表和飞机航班查询、高级搜索、地区搜索和个性设置，以及天气查询等。

网页快照。每个未被禁止搜索的网页在百度上都会自动生成临时缓存页面，称为"百度快照"。当用户遇到网站服务器暂时故障或网络传输堵塞时，可以通过百度快照快速浏览页面文本内容。百度快照只会临时缓存网页的文本内容，所以那些图片、音乐等非文本信息仍存储于原网页。当原网页进行修改、删除或者屏蔽后，百度搜索引擎会根据技术安排自动修改、删除或者屏蔽相应的网页快照。

拼音输入及提示。当输入查询词的汉语拼音时，百度就能把最符合要求的对应汉字提示出来，是一个无比强大的拼音输入法，拼音提示显示在搜索结果上方。如果输入"wumaikouzhao"，在搜索框下方实时展示包括"雾霾口罩"等一组相关词的列表供选择。

高级检索。百度提供初级检索、高级检索和个性化设置功能。在"百度搜索"搜索框右侧的"设置"中，选择"高级检索"得到如图 2-34 所示的高级检索界面。其中：①包含全部关键词相当于模糊检索，百度学术通过自动分词技术对检索词进行拆分，包含完整的检索词、检索词中出现的短语、词语和词素的文献将会出现在检索结果中；②包含完整检索词相当于精确检索，只有包含完整的检索词的文献才会出现在检索结果中，也就是检索词不会被拆分；③关键词位置用于限制检索词出现在网页的任何位置，或仅出现在网页的标题中，或仅出现在网页的 URL 中。

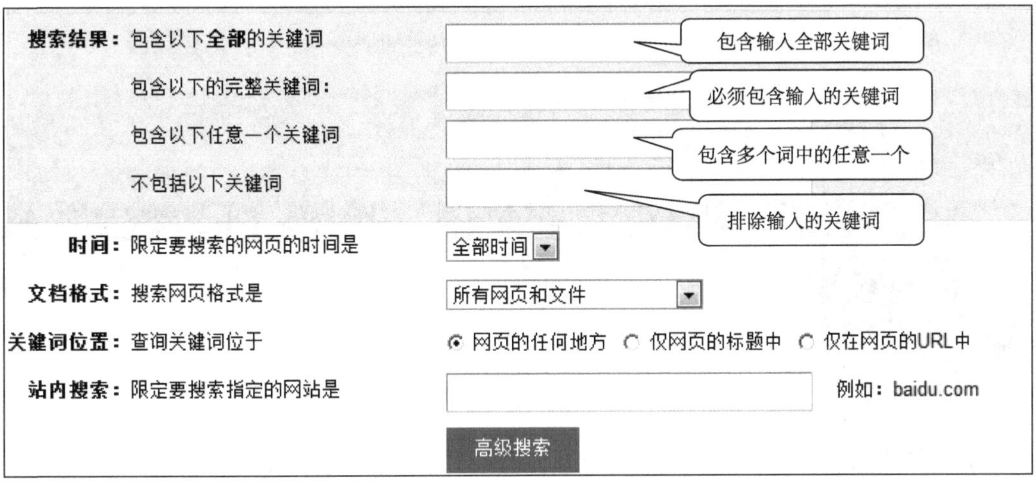

图 2-34　百度高级检索界面

高级搜索语法包括：用"intitle："把搜索范围限定在网页标题中；用"site："把搜索范围限定在特定站点中；用"inurl："把搜索范围限定在 URL 链接中，给查询词加上双引号表示精确检索，查询词就不会被拆分；给查询词加上书名号可以查名字很通俗和常用的电影或者小说；用减号表示概念排除，搜索结果中就不含减号后的含有特定查询关键词的网页，该用法中前一个关键词和减号之间必须有空格，否则减号会被当成连字符处理，而失去减号语法功能。减号和后一个关键词之间有无空格均可。

2）百度翻译

百度翻译（http://fanyi.baidu.com）是百度搜索服务之一，是一项免费的在线翻译服务，支持多个语言对之间的文本和网页翻译，只需输入想要翻译的文本或者网页地址，即可获得对应语言的翻译结果。百度翻译的自动翻译技术是利用海量双语资源，自动学习语言翻译模式并从中智能选择最优译文呈现。百度翻译工具提供的主要功能如下。

自动检测语言，系统根据输入文字自动判断语言并给出相应的翻译结果；结果一键复制，一键单击，复制全部翻译结果；双语对照查看，用户可以逐词逐句地查看原文和译文的对照结果；译文 TTS 发音，用户单击 TTS 发音按钮获取中文和英文译文的发音；翻译结果收藏，用户单击收藏按钮可一键收藏原文译文。

例如，打开百度翻译页面（http://fanyi.baidu.com），在其输入框中输入"http://www.nsf.gov/funding/aboutfunding.jsp"（美国国家科学基金会关于资金的网页），单击"翻译"按钮，得到如图 2-35 所示的翻译结果。

3）百度学术搜索

百度学术搜索，http://xueshu.baidu.com，是百度搜索服务之一，是一个提供海量中英文文献检索的学术资源搜索平台，涵盖了各类学术期刊、会议论文，旨在为国内外学者提供最好的科研体验。

4）百度文库

百度的社区服务之一，百度文库是互联网分享学习的开放平台，在线分享文档、视频、音频的开放平台。汇集 1.8 亿份高价值文档资料，内容涵盖基础教育、资格考试、经管营

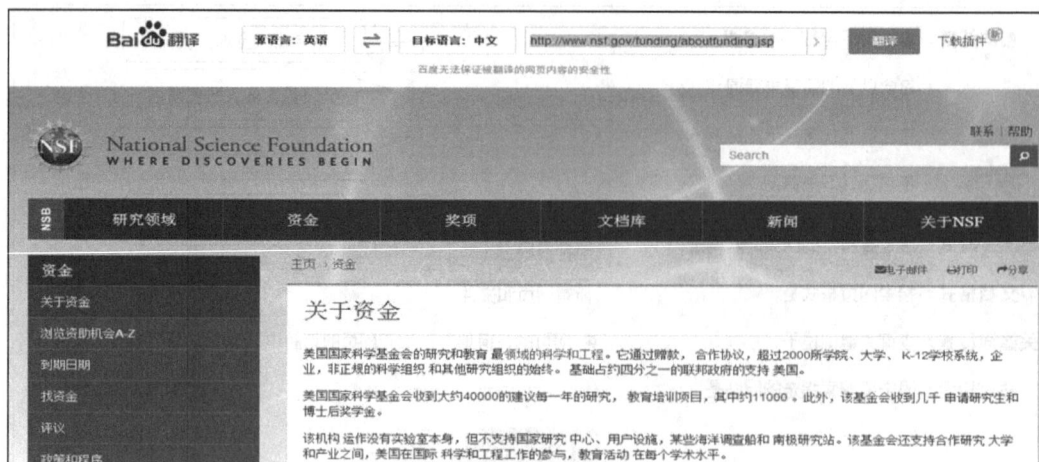

图 2-35　百度翻译搜索示例

销、工程科技、IT 计算机、医药卫生等 50 余个行业。百度文库的文档由百度用户上传，需要经过百度的审核才能发布，百度自身不编辑或修改用户上传的文档内容。用户利用上传积分、积分下载，即百度用户上传文档可以得到一定的积分，下载有标价的文档则需要消耗积分。文库的积分分为经验值和财富值两部分，与用户等级相关的是经验值。

5）百度百科

百度的社区服务之一，提供一个互联网所有用户均能平等地浏览、创造、完善内容的平台，旨在让所有中文互联网用户在百度百科都能找到自己想要的全面、准确、客观的定义性信息。百度百科是提供的信息存储空间，是一部内容开放、自由的网络百科全书。提供关键词检索与分类导航浏览功能。提供了特色百科、玩转百科、百科用户、百科校园、百科合作、手机百科等服务。

6）百度相册

百度的社区服务之一，百度相册是百度公司推出的免费个人相册产品，于 2012 年 5 月 8 日正式上线。用户可以通过百度相册来便利地存储、浏览、分享、管理自己的照片，用照片记录和分享生活中的美好。其特点包括：支持原图无损上传，多重加密，三重备份，提供网页、手机、客户端等多种方式上传、浏览和管理等。

2.6.3　典型资源：搜狗

1. 资源简介

搜狗搜索 **SOGOU搜狗**（http://www.sogou.com）是中国互联网领先的搜索、输入法、浏览器和其他互联网产品及服务提供商。

搜狗搜索从用户需求出发，以人工智能新算法分析和理解用户可能的查询意图，对不同的搜索结果进行分类，对相同的搜索结果进行聚类，在用户查询和搜索引擎返回结果的过程中，引导用户更快速、准确地定位自己所关注的内容。该技术全面应用到了搜狗网页搜索、音乐搜索、图片搜索、新闻搜索等服务中，帮助用户快速找到所需的搜索结果；这一技术也使得搜狗搜索成为全球首个第三代互动式中文搜索引擎。

从 2004 年 8 月搜狐公司推出全球首个第三代互动式中文搜索引擎——搜狗搜索以来，历经十载，随着 2013 年腾讯 SOSO 的并入，搜狗搜索重置了行业格局，成为中国第二大搜索引擎，搜狗的使命是"让表达和获取信息更简单"。

搜狗在产品上追求技术创新，强调战略布局，目前形成了以搜索引擎、输入法和浏览器为主，以通话管理、地图、智能硬件等产品为辅的产品布局。

根据艾瑞咨询 2015 年 12 月数据，搜狗 PC 用户规模达 5.21 亿，仅次于腾讯，成为中国第二大互联网公司。移动端 APP 用户仅次于腾讯，成为中国互联网快速发展的标杆性企业。

搜狗也是除百度之外同时在 PC、移动两端兼具优势的搜索引擎。2015 年 1 月搜狗搜索移动客户端（图 2-36）3.0 上线，结合腾讯独家资源推出微信头条、本地生活、扫码比价三大亮点功能。

2. 特色功能与检索示例

搜狗网页应用以网页搜索为核心，在音乐、图片、视频、新闻、地图领域提供垂直搜索服务；搜索功能包括分类提示、网页

图 2-36　搜狗搜索 APP

评级、站内查询、网页快照、相关搜索、拼音查询、智能纠错、高级搜索、文档搜索；实用工具包括天气预报、手机号码、单词翻译、生字快认、成语查询、计算器、IP 地址等。

（1）微信公众搜索平台。搜狗搜索结合腾讯独家资源，2014 年搜狗微信公众平台搜索上线，独家接入数百万微信公众号资源数据，成为全面覆盖网页、微信等媒体形态的搜索引擎，打造微信搜索，上线本地生活、扫码比价、微信头条等独有服务，产品优势得以提升。例如，在搜狗微信搜索（http://weixin.sogou.com）输入"光明日报"，单击"搜公众号"按钮，得到如图 2-37 所示的结果；输入"光明日报"，单击"搜文章"按钮得到来自微信公众平台的含有"光明日报"的相关文章。

（2）图片搜索。在中文领域首家实现"一图搜图"功能，即通过上传图片、鼠标拖动等多种方式找到与这张图片相似的图片，并利用先进的图片识别技术，进一步分析图片内容的主题，找到与这张图片同主题的其他图片。

（3）视频搜索。目前收录 5 亿以上全网优质视频资源，覆盖电影、电视剧、综艺、动漫、相声小品、游戏、直播、互动主播等类别。

游戏搜索。基于游戏搜索引擎的专业游戏服务，为用户智能推荐喜好内容，包括游戏下载、游戏资讯、游戏攻略、游戏直播、游戏视频、玩家社区等一系列游戏周边服务，是目前行业内唯一的专业游戏搜索引擎，目前已收录游戏超过 30 万个，旗下"搜狗游戏世界"产品被用户誉为游戏玩家的世界。

（4）搜狗百科。2013 年 7 月上线，秉承智慧搜索的理念，融合搜索知立方结构化知识库和予以理解技术，为用户提供直观、全面的百科知识查询服务，是新一代互联网百科大全。词条内容涵盖人物、影视、游戏、科技等知识领域。腾讯搜搜并入搜狗，搜狗百科包含原有腾讯搜搜的内容。

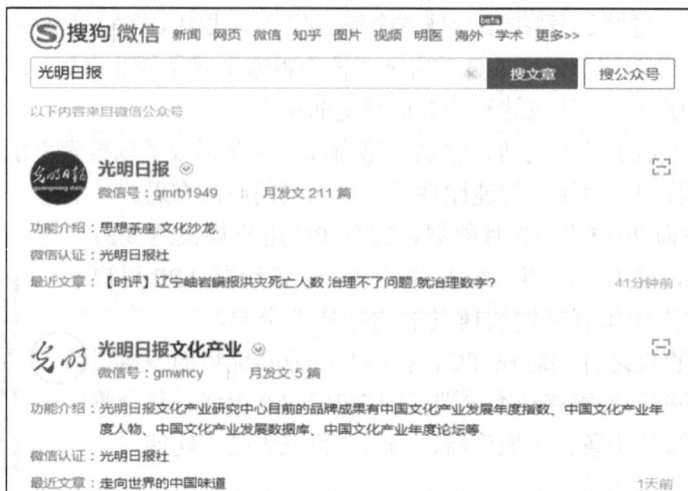

图 2-37　搜狗微信搜索公众号结果示例

（5）搜狗音乐搜索。人性化歌曲搜索，权威音乐榜单；独家首发歌曲；整合的歌单推荐，MV 视频库，是综合音乐媒体网站。

（6）搜狗购物搜索。聚合超过百家优质电商网站，商品总数超过 5 亿件，基于海量商品，帮助用户自动查找全网同款商品，支持实时比价，且商品聚类比价精准度超过 98%，同时实时监测商品价格变化，提供"价格趋势"。

（7）搜狗问问。搜狗问问是搜狗旗下的大型问答互动平台，覆盖计算机数码、生活家居、游戏、体育、娱乐、休闲、艺术等品类，拥有超过 7 亿用户，是有影响力的社区平台。搜狗问问在移动端同步推出问答类应用——问问 APP。

【拓展资源 2-13】　更多综合搜索引擎

（8）知乎搜索。2015 年 11 月，搜狗对问答社区知乎进行战略投资，并成为其在搜索领域的独家合作伙伴，搜狗搜索的用户可获得知乎独家实时推送的问答类内容。

2016 年搜狗推出垂直搜索频道：明医搜索、海外搜索和学术搜索。

2.6.4　典型资源：百度学术搜索

视频

1. 资源简介

百度学术搜索是一个提供海量中英文文献检索的学术资源搜索平台，涵盖了各类学术期刊、会议论文、学位论文等。百度学术搜索收录国内外学术站点超过 70 万家，包含大量商业学术数据库，如中国知网、万方、维普、ScienceDirect、Wiley、ACM、IEEE、EBSCO、Springer 等，以及百度文库、道客巴巴、豆丁网、OA 数据库、杂志社和高校的机构仓储等大量提供全文链接的网站，并将网络中繁杂混乱的海量文献信息进行筛选、排重和结构化提取等处理，整理为条理有序的学术信息资源，提供给用户免费使用。

2. 检索下载与导出

百度学术对每条检索结果都进行了结构化提取处理，用户可以方便地查看其题名、作者、文献来源、发表时间、网站来源、其他网络来源、文献摘要、关键词等全部文献列表。

在百度学术搜索输入框输入"unmanned aerial vehicle"得到如图 2-38 所示英文文献检索结果，如输入"无人机"得到如图 2-39 所示的中文文献检索结果。在检索结果页面，检索结果可以选择"按相关度"、"按被引量"和"时间降序"显示结果；对每条结果显示了题名、出处、被引量、来源、关键词，对结果可以"查看多个下载地址（单击下载地址得

图 2-38　百度学术英文文献搜索示例

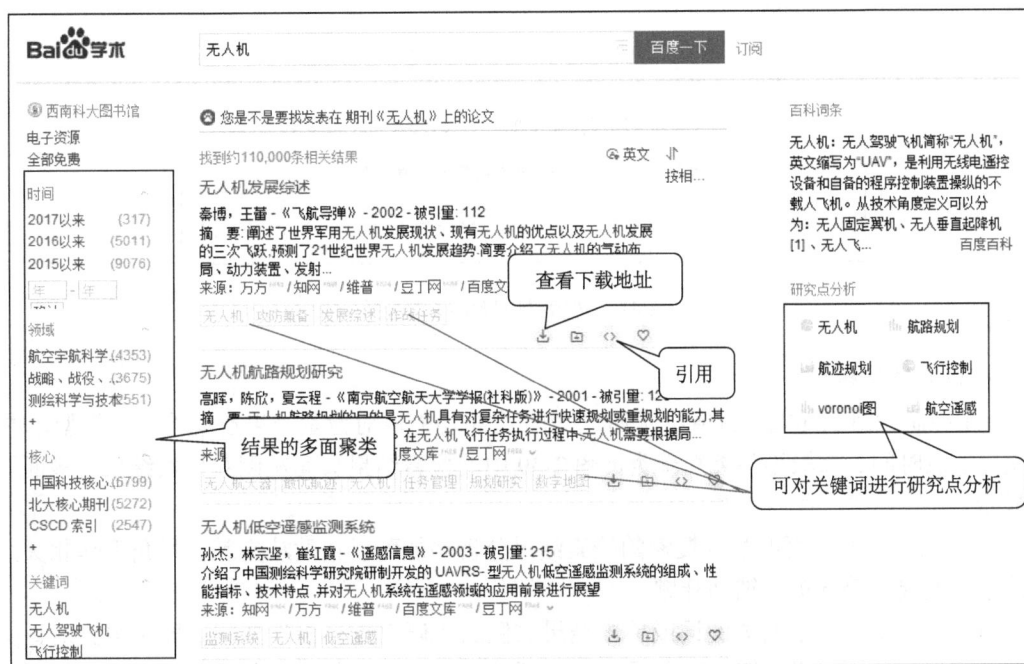

图 2-39　百度学术中文文献搜索示例

到如图 2-40 所示免费下载链接，包括维普、知网、万方、爱学术、道客巴巴、百度文库、豆丁网的免费下载地址），单击"引用"按钮自动生成该篇文献的 GB/T 7714、MLA、APA 等参考文献格式（图 2-41）供引用或导入文献管理软件，还可选择按 BibTeX、EndNote、RefMan 格式保存，方便下一步对应导入到文献管理软件。

图 2-40　下载地址链接列表

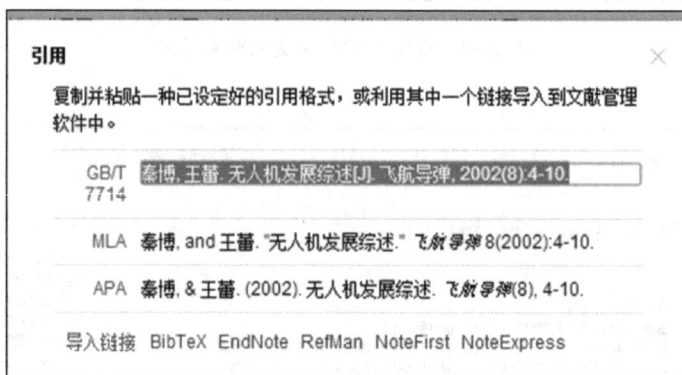

图 2-41　文献引用导出格式选择

3. 检索结果组织与分析

（1）筛选/组织功能。百度学术通过筛选/组织功能可对检索结果自动按论文类型、中/英文、发表时间、领域等各类别聚类，图 2-39 中的检索结果页面左侧对检索结果有多面聚类显示。

（2）分析功能。百度学术搜索的检索结果分析功能可以帮助从文献计量角度作相关主题的学科发展态势分析，辅助开题。

单击每条结果显示的关键词或单击结果右侧的"研究点分析"按钮，即可得到对该关键词的可视化分析结果。例如，在图 2-39 中选中"研究点分析"中的关键词"无人机"或选中第一条结果列表中的关键词"无人机"，即可得到如"图 6-16"研究点分析页面，得到来自百度百科对该关键词的解释词条信息、研究走势、关联研究、学科渗透、相关学者、相关机构等分析链接，以及有关无人机的经典论文、最新发表、综述论文和学位论文信息。

单击图 6-16 可得到图 6-17 所示的可视化分析图。

4. 我的学术

"我的学术"可对个人成果进行管理，包括利用"我的消息"可以实时追踪科研动态，及时知晓他人对自己成果的引用；追踪感兴趣领域的最新学术成果，了解关注学者的最新动态；利用"我的主页"科学管理个人的学术成果，一是可以自动汇总科研成果，一键导出成果报告；二是可以形成个人影响力指数，全面计算 h 指数、g 指数、被引频次，彰显个人影响力；三是个人成果可以生成成果类型分布图等多种统计图，成果多维度可视化展现；利用"我的收藏"能够便捷地归纳文献阅读，将感兴趣的论文随时收藏和保存，建成个人的文献库；支持预览全文和添加备注等阅读记录，可以便捷地一键导出记录；收藏论文信息。可与学者频道、期刊频道、文献互助等功能快速切换。

【拓展资源 2-14】　更多非学术垂直搜索引擎

【拓展资源 2-15】　更多学术搜索引擎

2.6.5　典型资源：MetaCrawler

1. 资源简介

MetaCrawler（http:/www.metacrawler.com，图 2-42）由华盛顿大学于 1994 年推出，是一个并行式元搜索引擎，对涵盖近 20 个主题的目录提供检索服务，可支持调用 Google、Yahoo、AltaVista、Ask JeeVes、About、FAST、FindWhat、LookSmart 等独立搜索引擎，提供主页、图片、视频、多媒体、新闻和购物目录主题的搜索，其中主页查询时调用的是 Google、Yahoo、AltaVisa、Ask JeeVes、About、Sprinks、LookSmart、Teoma、FAST、FindWhat、Ah-ha.com、Kanoodle、Open Directory、SearchHippo 等引擎；图片搜索由 FAST、Ditto 提供支持；声像搜索可调用 FAST Audio、 MP3Board；新闻查询调用的是 ABC News、FAST News、NewsCrawler 引擎等，专用的 MetaCrawler 工具条有黄页、白页搜索。

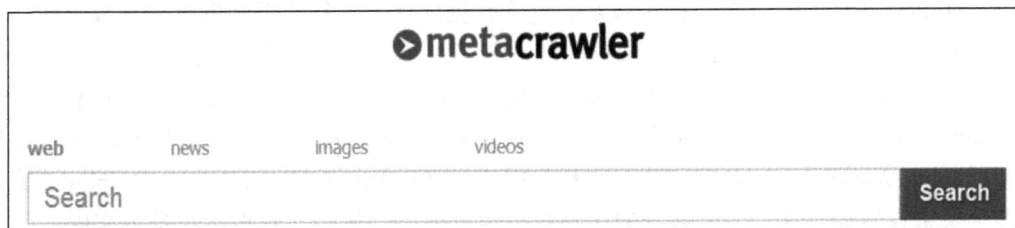

图 2-42　MetaCrawler 主页

2. 检索功能与特色

（1）检索功能。MetaCrawler 检索特性非常丰富，包括常规检索、高级检索、定制检索、国家或地区的资源检索等检索服务模式。支持语词搜索，能以目录形式自动组织结果，并可通过精制查询"refine your search"来实现，以得到更加专深的搜索；MetaCrawler 还能对拼写错误自动修改并提出相关检索建议。

（2）高级检索功能。支持布尔逻辑检索（Boolean Search）、域名限制检索过滤、语言选择控制、检索结果的处理与组织，若选择以 Relevance 组织结果将会以搜索引擎的排名显示，若选择以 Search Engine 排列则结果显示将以每一种引擎检索结果集中。

（3）检索结果。可设定最长检索时间、每页可显示的和允许每个搜索引擎返回的检索结果数量，并且以上内容均可作为定制检索的个性化选项并予以保存，通过 Preferences 实现对语言选择、拼写修正、布尔逻辑、结果排序功能进行预设，并能对设置加以保存，形成个性化的检索设置。

【拓展资源 2-16】　更多元搜索引擎

2.7　利用数据库获取

2.7.1　数据库的类型

所谓数据库，是由一个或有联系的多个数据库文件组成的集合。按内容性质与特点，数据库分为全文数据库、参考数据库和事实数据库。

1. 全文数据库

全文数据库（Full-Text Database），属于文献数据库，是源数据库（Source Database）（源数据库指能直接提供所需原始资料或具体数据的数据库），即收录原始文献全文的数据库，以期刊论文、会议论文、政府出版物等为主，此类数据库综合性强，范围广。用户通过它可直接获得原始资料或数据。

图书、期刊、报纸、专利文献、标准文献、会议文献、学位论文、科技报告、档案文献和产品资料等十种类型为主体的文献信息源均有可对应获取的全文数据库资源。例如，可检索图书全文的数据库有超星数字图书馆、方正 Apabi 电子图书、书生数字图书馆、Netlibrary、Ebrary 等；期刊全文数据库有中国知网系列源数据库、维普中文科技期刊数据库、超星数字图书馆、万方数据资源平台数字化期刊、ScienceDirect、Scopus、EBSCO、SpringerLink、IEL、ACM 等；检索报纸的全文数据库有人大复印报刊资料全文数据库、中国重要报纸全文数据库（CCND）；专利全文数据库有中国知识产权局（http://www.sipo.gov.cn）、中国专利信息中心（http://www.cnpat.com.cn）、中国专利技术网（http://www.zlfm.com）和中国发明专利技术信息网（http://www.1st.com.cn）的专利数据库、美国专利商标局（http://www.uspto.gov）、欧洲专利数据库（http://ep.espacenet.com）、Delphion 等；标准全文数据库如 IEL、万方数据的中外标准数据库、会议论文数据库也是全文库；学位论文全文数据库代表性的有中国博士学位论文全文数据库、中国优秀硕士学位论文全文数据库和 PQDT 等。

2. 参考数据库

参考数据库是指包含各种数据、信息或知识的原始来源和属性的数据库，包括书目数据库、文摘数据库、索引数据库。

1）书目数据库

书目数据库（Bibliagaraph Database）是获取图书、期刊全文信息线索的重要检索工具。大学图书馆或其他情报机构多建有联机公共目录查询系统，其学科范围广泛，以单一馆藏和联合馆藏的形式服务于用户。联机公共查询目录，英文简称 OPAC，是 Online Public Access Catalogue 的缩写，分为单一馆藏 OPAC 与联合馆藏 OPAC。单馆联机公共查询目录系统如清华大学图书馆，联合的如 CALIS 联合目录公共检索系统。

2）文摘索引型数据库

文摘索引型数据库是主要提供获取全文信息线索的重要检索工具，包括获取期刊、报告、会议论文、专利文献、学位论文、技术标准、政府出版物、报纸及各种数字资料相应的文摘数据库（Abstract Database）和索引数据库（Index Database）。

文摘索引型数据库包括综合性和专科性两类：文摘索引型数据库有中国科学引文索引、中国社会科学引文索引、科学引文索引（Science Citation Index，SCI）、社会科学引文索引（Social Sciences Citation Index，SSCI）、艺术与人文科学引文索引（Arts & Humanities Citation Index，A&HCI）、科学技术文献速报（Current Bibliography on Science and Technology，速报，1958～）（日本）、文摘杂志（Реферативный Журнал，Р.Ж.，1953～）（俄罗斯）等；专业性的如工程索引（The Engineering Index，EI）、化学文摘（Chemical Abstracts，CA）、科学文摘（Science Abstracts，SA）、国际英联邦农业局文摘（CABI）、生物学文摘（Biological Abstracts，BA）等。

【拓展资源 2-17】　Web of Science Core Collection

3. 事实数据库

事实数据库提供某方面的特定的经过集成加工的知识或知识和文献的线索，专供查考疑难字词、重要人物、国内外大事、科技名词术语、具体统计数据、行业专业发展状况等问题，事实型数据库包括存储传记资料、名录、百科全书、年鉴等的事实型数据库，存储科学数据、统计资料等数据的数据型数据库，存储各种名词术语或语言资料的概念型或术语型数据库存储某些图像信息，如图片、云图、工程设计图等的图像型数据库，以及包括存储有关指导如何操作内容的指南型数据库。涵盖了年鉴、手册、字词典、百科全书、名录、图录、表谱等参考工具书等资源，这些资源的特点也就构成了事实型数据库资源的特点。

（1）年鉴。年鉴（Almanac，Annual，Yearbook）又称年报、年刊，按年度每年一期连续出版的资料性工具，具有信息密集、资料新颖翔实、连续出版的特点。年鉴一般取材于当年政府公报和文件，以及国家重要报刊的报道和统计资料，汇集了一年内的社会科学和自然科学等领域的重大事件，重要时事文献，科学技术的新进展和统计数据，学科领域的新发现、新动态，并附有大量图表和插图等。年鉴的新颖性与综合性正好可以作为出版周期较长的大百科全书的一种补充。

年鉴的英文为 Almanac、Yearbook、Annual，Almanac 和 Yearbook 在内容上是有区别的，Yearbook 一般记载上一年度政治、经济、科学文化方面的大事，而 Almanac 除了收录新资料，还保留各种旧记录。

年鉴有综合性、专科性之分。综合性年鉴是一种汇集有关各国概况、人物、事件、经济、文化、生活等资料，提供详尽的事实、数据和统计数字的工具。专科性年鉴汇集的是表达某一领域或行业的全面资料。

（2）手册。手册（Handbook，Manual）是围绕某一课题或学科的各种事实和数据、统计数字、规则、技术参数、图表、符号公式、原理方法等各类资料汇集成册的出版物，英文手册有 Handbook 和 Manual 两类。Handbook 是指集中某一中心主题或某一专科的基本资料和数据的工具书，侧重"何物"（What）；Manual 则是指导读者如何去做某件事（How-to-do）的操作型工具书。名为"指南"、"大全"、"总览"、"要览"等的均属于手册类工具书。

（3）字典词典。字典的英文为 Dictionary、Lexicon，字典是汇集单字，主要解释字的形体、读音、含义及其用法，并按照一定方法编排，以便查阅的工具书；词典是汇集词语，解释概念、词义和用法，并按一定方式编排，供查阅的参考工具。世界上最早的词典是中国西汉初编纂的《尔雅》。词典按其用途可分为语言词典、专科性词典、综合性词典三类。中国古代包括词典在内的以解字释词为主要内容的专书统称字书。《尔雅》、《方言》、《说文解字》是中国出现最早的有代表性的字书。《汉语大词典》是中国当代规模最大的词典。

（4）百科全书。"百科全书"（Encyclopedia）一词源于希腊语 enkyklios 和 paideia，enkyklios 意为"循环的、周期性的、平常的"，而 paideia 则指"教育"，含义是普通教育，从字面上说就是一个想接受通才教育的人所应该学习的艺术和科学知识。经过衍义，演化为"诸科学问之总汇"或"知识分类概要"。许多学者认为中国明朝的《永乐大典》是最早的百科全书。中国的百科全书是 20 世纪初由西方引进的书体。

百科全书即百科知识的总汇。"百科"指众多学科，"全"是系统、完整之意，它包括自然和社会科学各个领域最全面、系统的知识，将各学科的知识以辞典的方式分别列条目，以综述、概述的形式加以全面系统而又客观简明的阐述，注重反映新研究成果，具有考查与教育双重作用，被称为"没有围墙的大学"。

百科全书收录的内容包括各学科或专业的定义、原理、方法、基本概念、历史及现状、统计资料、书目和重大事件等各方面的资料。依其收录范围可分为两类：一类综合性的百科全书，包含多个学科和领域的知识；一类是专科性百科全书，只涉列某个学科或领域的知识。百科全书依其信息量多少分为小百科全书（一般在 20 卷以下）和大百科全书（20 卷以上者）。

（5）名录。名录（Directory）是获取关于个人或机构基本状况信息的工具，包括人名录、地名录、机构名录、产品名录等。

人名录（Who's Who）是关于某些知名人物的姓名和简传的汇集，是查阅人物的专门工具，系统、实用。其每个条目包括姓名、生卒年月日、出生地、简历、学历、职务、住地、邮政编码、现通讯地址、主要科研成就、科研作品目录等项目。

机构名录（Dictionary，Directory）为查找不同范围的组织机构名称及其概况提供方便快捷的手段，收录机构的沿革、地址、组织概况、成员情况等。机构名录中的企业名录在市场推广中的作用尤为重要。企业名录称作"企业大全"、"企业指南"等，是包含企业名称、详细地址、邮政编码、联系电话、传真、网址、法人、从业人数、注册资本、销售额、经济性质、企业规模、企业类型、行业分类、隶属关系、主要业务、产品介绍等方面内容的有商业价值的工具。

（6）图录。图录是通过若干图像汇集起来并配有一定文字说明来反映事物特征和发展情况的工具，直观、形象，包括地图、历史图谱、文物图录、人物图录、艺术图录、科技图录等。图录又有"图册"、"图谱"、"图集"、"图鉴"等称谓。

（7）表谱。表谱（Tables），包括年表、历表和其他专门性表谱。年表汇集历史年代和历史大事资料，历表汇集不同的年月日资料，其他专门性表谱汇集人物生平及历代职官、地理沿革等资料。

年表是按照重要的历史事件发生年代的顺序编纂成表，又称"大事表"，有纪元年表和纪事年表两类，纪元年表是查考历史年代和帝王庙号、谥号、年号、干支、太岁、公元等各种历史纪元的工具；纪事年表用于查考各种历史大事，含有纪年和纪事两种功用，如《中国历史纪年表》、《中国历史大事年表》。

历表是用来换算不同历法的年月日的工具。历表一般分旧历表和新历表，旧历表是把中国历史上的朝代、帝王年号、干支年月等顺序排列以供查对。新历表是把上述各项的西历（公历）纪元的年、月、日列表对照以供换算，如《两千年中西历对照表》等。

专门性表谱是以时间为线索揭示事物发展的辅助性历史科学工具。

所以，从参考工具书的查考作用出发对参考工具可以这样选择：

查词汇-字典、词典、百科全书、手册；

查事实-年鉴、百科全书、手册；

查人物-名录、词典、百科全书、手册、年鉴、图录；

查机构-名录、手册、年鉴、词典、百科全书；

查产品-厂商名录、产品样本汇编、手册；

查物质-专科性词典、百科全书、手册；

查地名-地图、地名录、词典、百科全书；

查图谱-专门性图集、词典、百科全书；

查年代-年表、历表、百科全书；

查数据-手册、年鉴、百科全书。

【拓展资源2-18】 事实数据资源的网络获取

2.7.2 数据库的功能及特点

尽管文献和非文献数据库所提供的资源内容存在差异，但从数据库所能提供的检索及服务功能上讲，又有着共性的规律可循，对于数据库共性功能及特点的把握有助于提高我们对数据库选择利用的效率，归纳起来，数据库在检索功能、结果组织、结果阅读管理、个性化服务等四个方面具有共性的特征。

1. 检索功能

数据库及其平台的检索功能是指在检索界面上能提供给用户检索获取所需信息的功能，也是最基本的一项功能。比较通用的检索功能有浏览功能、索引功能、基本检索（初级检索）、高级（复杂）检索、专家检索、精炼检索、组合检索等几种。

课件

1）浏览功能

浏览（Browse）功能包括期刊导航浏览和分类浏览两种方式。期刊导航浏览是期刊按刊名字顺或音序整理排列，检索时只需要按期刊名的字顺或音序选择层层单击浏览即可，如中国知网期刊库的出版物导航、维普科技期刊库、ScienceDirect数据库的期刊导航功能。

　　分类浏览是按学科类目层层单击选择下位类目浏览的方式。系统提供一个树状结构的学科类目概念等级体系,这个树状结构的概念等级体系一般称作导航树或目录树(如图 2-43 所示工程科技 Ⅱ 辑分类目录导航树,形成了工程科技 Ⅱ 辑-机械工业-机械学等分类层级),用户可以沿着这棵树进入不同的分支,到达子类目的叶子节点,并在节点看到检索结果列表。分类浏览功能最重要的作用就是为用户提供一个知识体系,让用户可以俯瞰全貌,了解某一方面的信息总体情况。此方式操作简单、易学,但对使用者的知识体系熟悉程度要求很高,当我们对所查询的问题的学科属性非常熟悉,或需要对信息有个全面的印象时可以采用这样的方式,使用时只需要层层单击每一条学科类目,逐级下去,直到所需要的为止。

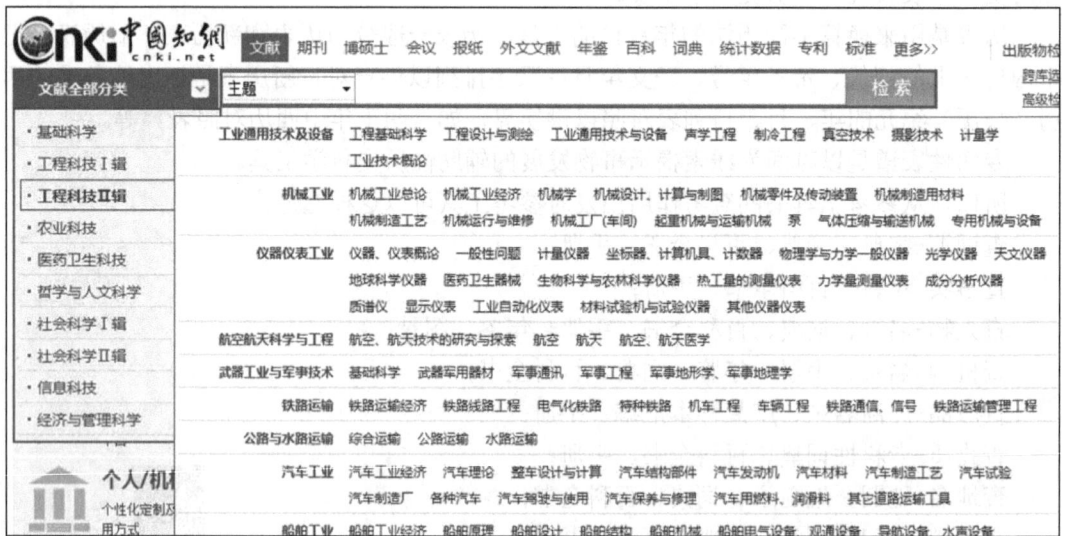

图 2-43　工程科技 Ⅱ 辑分类目录导航

　　2)基本检索

　　基本检索(Basic search),又叫简单检索(Simple Search)或快速检索(Quick Search),是一种单项检索,一般提供 1 个检索词(个别系统提供 3 个检索词)的输入限定,辅之以相应的字段限制即可进行检索。有些系统的基本检索还支持布尔逻辑运算。这是为非专业或初入门用户设置的,此方式操作简单、易学,但检索结果范围或大或小,不太容易控制检索结果的质量。

　　3)高级检索

　　高级检索(Advanced Search),也称为复杂检索或扩展检索,为专业用户、资深用户提供比较复杂的检索界面,可以构造比较细致的检索式,帮助用户进行精确检索,是一种多项组合检索,一般提供多个检索词的输入限定与多字段选择组配检索,高级检索可以实现多项双词逻辑组合检索和双词频控制,如图 2-44 所示,运算(篇名:A and B)and(主题:C or D)not(关键词:E and F),同时提供时间、文献类型、结果显示格式、结果排序等内容的限定,因此在利用高级检索时,查询所用的多个主题词可以在多个不同的字段中出现,或在标题,或在文摘,或在全文,而且检索词也不仅仅是主题词,还可以是表现问题外表特征的其他词，如人名、机构名、地名、代码等，并且在输入框后选择与之相对应的字段来限定体现高级检索功能对查询结果的控制，结合作为对检索词的限制。作为查询能力达到中高级的用户都应该多利用系统的高级检索功能来提高查询的效率与质量。

4）专家检索

专家检索（Expert Search）是指使用数据库的所有检索项，采用系统所提供的检索语法，将各种检索条件构造成检索表达式，并将其直接输入（书写）到检索框中进行检索的方法。核心是用多个检索词与各种运算符组成检索式，系统会提供检索表达式的书写框和字段代码表配合，要求对高级检索功能比较熟悉并习惯于书写检索表达式的用户使用。在其专业检索过程中可以利用"可检索字段"和"布尔逻辑关系技术"构建检索表达式，如想检索主题中含"机器人"且作者来自中国科学院但不含张姓的作者，可在输入框中书写表达为"主题：（机器人）*作者单位：（中国科学院）^创作者：（张）"，（时间选择到 2017 年），图 2-45 的万方知识服务平台的专业检索示例，得到期刊论文 1133 篇、会议论文 330 篇、外文会议 2 篇。

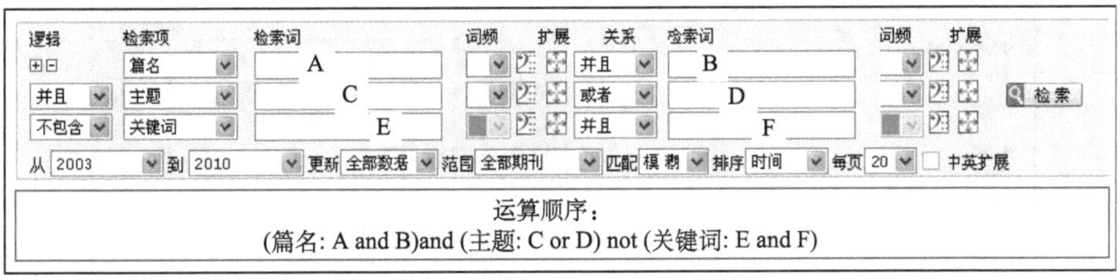

图 2-44　高级检索示例

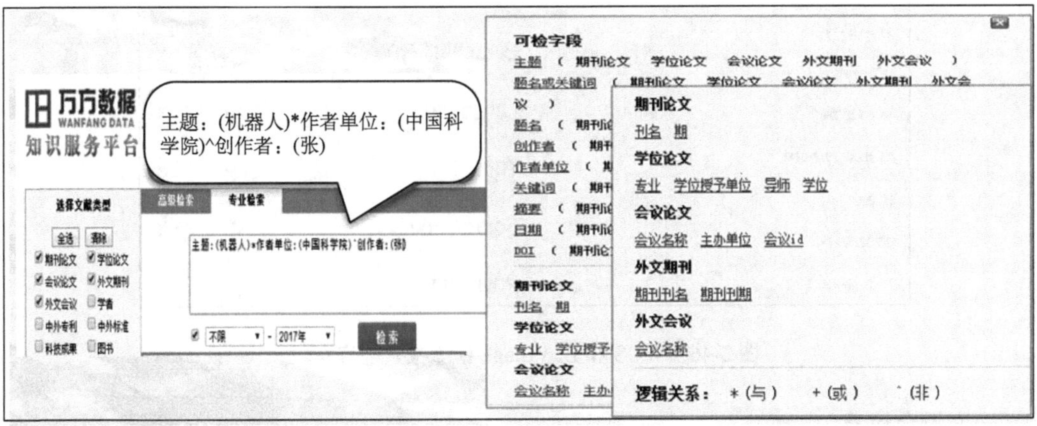

图 2-45　万方知识服务平台的专业检索示例

5）精炼检索

精炼检索（Refine Search）是在有了一批检索结果的基础上或利用索引，或利用特定字段的限定进一步精制检索表达式，使检索结果更精炼、准确。索引（Index）是一个线性的表单，可以将任何一个标引字段中的概念按字母顺序线性排列起来，不分等级。用户通过检索，可以定位在索引中的任意位置，并浏览在这个位置附近的所有词语，进而查询所需词语对应的结果列表。索引的种类很多，如人名索引、出版物索引、地名索引、主题索引、机构索引等。索引与浏览最大的不同就在于浏览提供给用户的是一个树状结构的概念体系，而索引是一个简单的线性列表。

图 2-46 所示为 Web of Science 和 EI Village 显示精炼检索限定字段，Web of Science 可利用 Web of Science 类别、文献类型、研究方向、作者、团体作者、编者、来源出版物名称、丛书名称、会议名称、出版年、机构扩展、基金资助机构、语种、国家/地区、开放获取等字段进一步精炼检索；EI Village 可以利用作者、作者信息、控制词、分类码、国家、文献类型、语种、出版年、来源出版物名称、出版机构等字段进一步精炼检索，如图 2-46 所示。

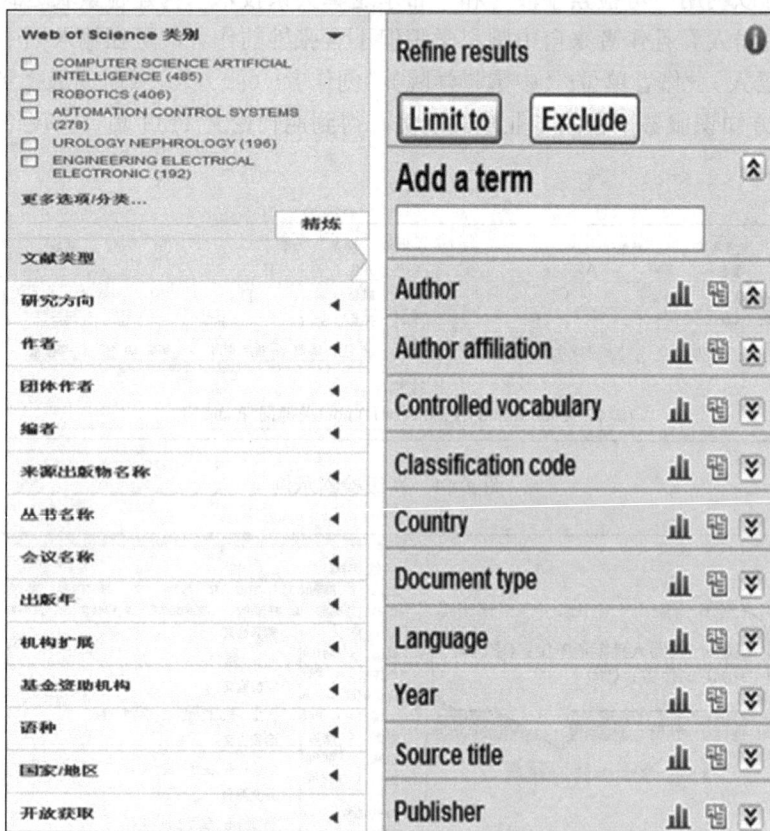

图 2-46　WOS 和 EI Village 精炼检索限定字段

6）组合检索

组合检索（Combine Search）是利用检索历史中的检索记录进行重新组合形成新的检索表达式检索才得到一批新的检索结果。组合检索的操作是在多次检索并保存检索结果之后，再利用相关检索字段使用布尔逻辑 and 或 or 将已经检索过的检索表达式重新结合起来检索，操作包括保存检索结果形成多条检索历史的基础上，重新调用检索历史（通过数据库的"检索历史"功能保存检索过程、检索表达式和检索结果，需要时，可以调用检索历史浏览，而不需要重新检索已经检索完成的步骤。Elsevier SDOL、EBSCOhost、Engineering Village 等数据库均具备此功能。

如图 2-47 所示，打开利用 WOS-CC 的个人检索历史，选择第 12 条（67 个检索结果）检索式和第 10 条（1584 个检索结果）检索式以逻辑关系 and 组合再检索，即形成检索表达式为："主题:（robot*）OR 主题:（Automous　robot*）精炼依据:研究方向=（ROBOTICS）AND 文献类型=（REVIEW）时间跨度=2004-2014 检索语言=自动" AND "主题:（robot*）OR 主题:（Automous　robot*）精炼依据：研究方向=（AUTOMATION CONTROL SYSTEMS）AND 文献类型=（REVIEW）时间跨度=2004-2014 检索语言=自动"，得到检索结果 20 条。

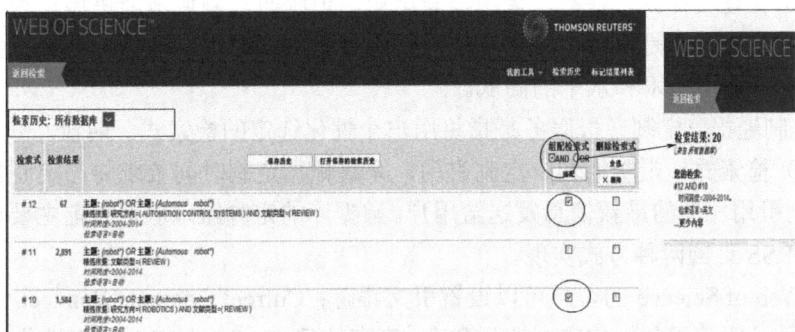

图 2-47　WOS-CC 组合检索示例

2. 结果组织

（1）检索结果的显示。检索结果的显示方式主要表现在两个方面。

一是每屏显示的记录数的限定，如可选择每屏显示 10 条结果、20 条结果或 50 条结果。

二是显示格式的多样化，一般分为通用的 PDF 格式和需要用专用浏览器阅读的格式。例如，中国知网以 CAJ 专用浏览器阅读；INSPEC 数据库可提供题录（Citation）、题录+文摘（Citation+Abstract）、全记录（Complete Field）或选择字段（Select Field）等多种格式显示。

（2）检索结果的聚类、排序。数据库对检索结果的组织表现在对结果的分组聚类和排序方式的多样化。

排序。一般检索结果可按照时间（文献入库时间逆序输出）、无（按文献入库时间顺序输出）和相关度（按词频、位置的相关程度从高到低顺序输出）、被引频次、下载频次等多种方式升序或降序排列浏览，如果按照被引频次降序排列结果，则检索结果中被引量最高的文献就显示在最前面，利用该功能可以快速定位获取某个领域高频次被引用的文献。

分组聚类。可对检索结果按来源数据库、学科类别、年代、不同文献类型、研究层次、文献作者、作者单位、中文关键词、研究资助、基金、发表年份等分组浏览，如利用中国知网的"文献类型"聚类功能可以对"综述类文献"、文献类型快速定位政策研究类、书讯、会讯类等快速定位。

3. 个性化服务

个性化信息服务是一种能够满足用户的个体信息需求的服务，即根据用户提出的明确要求提供信息服务，或通过对用户个性、使用习惯的分析而主动向用户提供其可能需要的信息服务。目前，大多数数据库检索平台都提供了个性化信息服务功能，且各有特色，主要方式是平台注册用户享有各数据库设置的个性化服务功能，或通过电子邮件，或利用 RSS 推送信息。

（1）注册。注册功能是数据库为用户提供个性化服务的入口。用户通过注册成为某个数据平台的特定服务对象后，就可以享受由此提供的多样化个性化服务，可以帮助用户提高检索效率，节省检索时间，使检索功能更加方便、实用。

（2）我的图书馆。注册后服务名为"My Library"或"我的图书馆"等称谓，可享用的个性化服务包括收藏各种类型的内容、创建专题、上传文件、交友以及共享收藏、定制个性化主页、管理文件夹、保存、调用检索历史、追踪研究领域最新进展、利用系统提供的小工具等。当然并不是每一个数据库的注册用户都能同时用到这些服务，服务项目的多寡取决于数据商服务技术和水平的高低。

（3）定制通报。定制通报服务是指将用户个性化选定的检索式、期刊、引用信息作为定制（Alert）检索式、定制期刊、定制引用，系统根据定制时间要求将与定制检索式、定制期刊、定制引用相关的最新信息发送给用户。数据库的定制跟踪服务目前主要通过 E-mail 自动发送和 RSS 订阅两种方式实现。

例如，Web of Science 的客户可以设置引文跟踪；Current Contents Connect 客户可以为集中浏览和目录跟踪服务创建定制期刊列表；享有访问 EndNote Web 等个性化服务。又如，在 EBSCOhost 上注册个性化账号，登录后可实现可定制检索表达式、保存检索结果、获得最新的期刊信息、创建电子邮件快讯和订阅 RSS 等功能。

以电子邮件方式提供定期信息推送，如 Elsevier SDOL 数据库可根据注册提供的选择，在每次登录时将个性化的登录主页（My Homepage）呈现在用户眼前，并通过通报功能提供"检索定制、主题定制、期刊定制、引用定制"服务。以 RSS 方式推送信息，如中国期刊全文数据库 RSS 订阅服务提供 RSS 期刊订阅和 RSS 关键词订阅；Elsevier SDOL 数据库可以通过 RSS 进行期刊订阅。

4. 结果阅读管理

检索结果的阅读下载。目前数据库对检索结果均可以提供在线预览或下载功能，可单篇下载也可批量下载。

同时提供了多样化格式输出管理，即将检索结果按照一定的格式要求导出到专业的文献管理软件，然后利用文献管理软件对导出的文献进行整理、分类、阅读、做笔记、分析、引用及格式化参考文献等管理工作，利用专业的文献管理软件进一步管理、阅读、分析与支持论文写作。以这种工具代替传统的文献整理方式。目前几个比较有名的文献管理软件有 ProCite、Reference Manager、Refworks（Web）、EndNote、EndNote Web；中文的有 CNKI E-learning、NoteExpress、文献之星、医学文献王等。国内外知名的检索工具如中国知网、万方数据知识服务平台、ScienceDirect、EBSCOhost、Web of Science 等的结果页面，利用"导出"或"导出/参考文献"功能就能将相关需要管理的检索结果导出到文献管理软件。

2.7.3　典型资源：国务院发展研究中心信息网

1. 资源简介

国务院发展研究中心信息网（www.drcnet.com.cn，简称"国研网"）由国务院发展研究中心主管，北京国研网信息有限公司承办，创建于 1998 年 3 月，国研网以国务院发展研究中心丰富的信息资源和强大的专家阵容为依托，与海内外众多著名的经济研究机构和经济资讯提供商紧密合作，全面汇集、整合国内外经济金融领域的经济信息和研究成果，是中国著名的专业性经济信息服务平台、中国权威的经济研究与决策支持平台，为中国各级政府部门、研究机构和企业准确把握国内外宏观环境、经济金融运行特征、发展趋势及政策走向，从而进行管理决策、理论研究、微观操作提供有价值的参考。

国研网拥有内容丰富、检索便捷、功能齐全的大型经济信息数据库集群，包括：对国务院发展研究中心 1985 年以来的研究成果，国研网自主研发报告，与国内知名期刊、媒体、专家合作取得的信息资源进行数字化管理和开发而形成的国研视点、宏观经济、金融中国、行业经济、区域经济、企业胜经、高校参考、基础教育等 60 多个文献类数据库；以及全面整合国内外权威机构提供的统计数据，采取先进的数据挖掘分析工具，加工形成的宏观经济、对外贸易、工业统计、金融统计、财政税收、固定资产投资、国有资产管理等 50 多个统计类数据库。

同时针对党政用户、高校用户、金融机构、企业用户的需求特点开发了党政版、教育版、金融版、企业版四个专版产品，特色版本如世经版，特色数据库包括经济·管理案例库、战略性新兴产业数据库、电子商务数据库、文化产业数据库、DCR 行业景气监测平台、一带一路战略支撑平台、全球矿产资源信息平台等，如图 2-48 国研网主页所示。

图 2-48　国研网主页

2. 使用及检索功能

可以以免费注册有工会、半封闭用户、计量付费用户、包年付费用户等方式利用该资源。经常访问国研网，且各数据库基本信息已经满足需求并且很少需要使用编辑功能的信息了解型个人会员可以申请为免费注册用户。

检索中心提供浏览和关键词检索方式，有初级和高级检索。使用空格、"＋"或"＆"

表示"且"的关系；使用字符"|"表示"或"的关系；通配符检索：!表示 0 或 1 个任意字符，?表示 1 个任意字符，连在一起的"！"或"？"最多不能超过 9 个；一个字后用"!?"连起另一个字表示前一字后"不跟随"后一字词。

检索方法及实例如下。

全网站信息检索。单击检索中心进入检索界面，提供基本和高级检索方式，如输入标题为"四川 GDP"可得到 52 条相关记录，选中最新一条"四川省前三季度 GDP 同比增长 7.5%"即可得到来自于田方圆等《四川日报》2016 年 10 月 21 日的报道。

特色数据库之一电子商务数据库（http://www.drcnet.com.cn/www/ecommerce）的检索。电子商务数据库设置了行业纵览、重点应用、支撑体系、示范工程、典型案例、领袖言论、月度报告、季度报告、热点研究等九个一级栏目，帮助从业者及研究人员全面跟踪、及时收录电子商务产业及其重点应用和支撑体系的新闻动态、研究报告、政策法规，科学解读政府相关政策以及政策变化给电子商务产业带来的市场前景、风险与机会。如检索有关标题含有"生鲜冷链"的信息，得到的结果页面如图 2-49 所示，其中来自电子商务数据库 25 篇；检索结果列表显示基本摘要信息，单击可阅读全文；结果的分享选项多样化，包括可分享到微信、微博、邮件、QQ、人人网、开心网、印象笔记、领英、飞信、豆瓣、Twitter、Facebook 等社交媒体、笔记软件、社区等，单击"导出目录"链接则检索结果的目录可导出保存为文本。

图 2-49　电子商务数据库检索结果页面

国研网研究报告平台（http://report.drcnet.com.cn/www/report）资源独到、数量丰富，包括宏观报告、金融报告、行业报告等专题数据库（图 2-50 显示了行业报告的种类）。如输入"汽车"可得到来自汽车行业、宏观经济、金融中国等专题数据库的月度报告、行业分析报告等资源。

图 2-50　国研网研究报告平台主页

统计数据库的信息检索。以检索"2007 年上半年我国汽车产销情况"为例,选择"统计数据库"并单击进入相关页面,输入"2007 年汽车产销",单击"搜索"按钮,可获得来自于"每日财经"的结果数据,在结果列表中选择"2007 年 1-6 月汽车产销情况",获得的检索结果如图 2-51 所示,图中框内的文字为"1-6 月,汽车产销 445.67 万辆和 437.38 万辆,同比增长 22.36%和 23.31%,其中乘用车产销 315.14 万辆和 308.41 万辆,同比增长 20.86%和 22.26%;商用车产销 130.53 万辆和 128.97 万辆,同比增长 26.12%和 25.89%。"

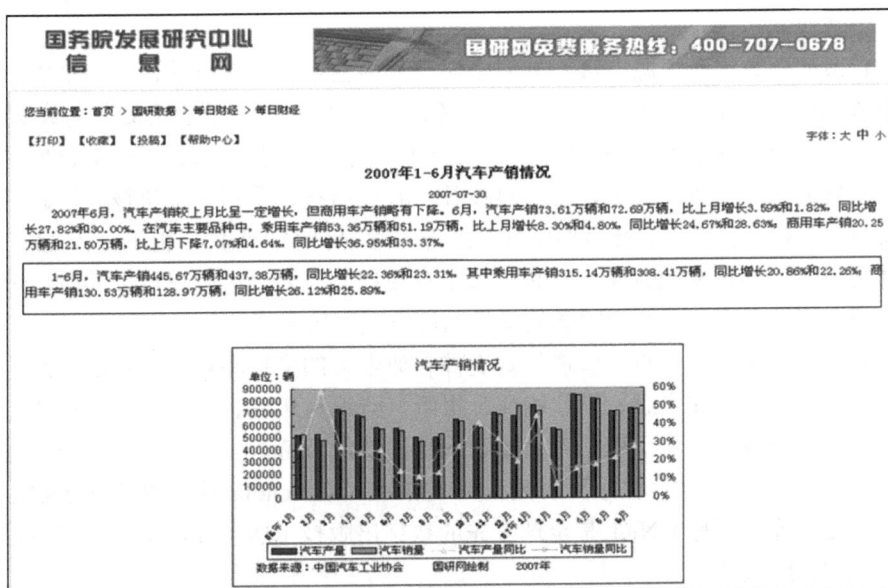

图 2-51　显示 2007 年 1～6 月汽车产销情况

通过上述数据库资源的检索可以得知,国研网检索获得的事实和数据翔实、权威、可靠,充分体现了事实工具的检索特色。

【拓展资源 2-19】　更多事实数据库

2.7.4 典型资源：CNKI 中国知网

1. 资源简介

CNKI（China National Knowledge Infrastructure），中国知识基础设施，简称 CNKI 工程。CNKI 系列数据库产品，是"中国知识基础设施"工程的产物。

CNKI 中国知网（www.cnki.net）是 CNKI 工程面向广大个人和机构读者的知识信息服务网站，是中国最大的知识性、专业性、权威性数字出版网，知识发现和数字化学习的网络平台。面向海内外读者提供中国学术文献、外文文献、学位论文、报纸、会议、年鉴、工具书等各类资源统一检索、统一导航、在线阅读和下载服务。目前其中文资源收录数量第一，CNKI 是中国最大的学术电子资源集成商，收录了 95%以上正式出版的中文学术资源。用户数及全文下载量第一。CNKI 拥有在中国覆盖面最广的用户群。据用户报道，90%以上的中国学术资源检索和全文下载来自于 CNKI 网站。CNKI 也是全球领先的数字出版技术服务商，率先在国内推出学术期刊优先数字出版模式。目前，近万种国外学术期刊签约登录"中国知网"，能提供中文与外文文献的整合检索。

《中国知识资源总库》（简称《总库》）是目前中国最权威、资源收录最全、文献信息量最大的源数据库体系。拥有国内独家授权学术期刊 1400 多种、700 多种报纸、600 多家博士培养单位优秀博硕士学位论文、几百家出版社已出版图书、重要会议论文、百科全书、专利、年鉴、标准、科技成果、政府文件、互联网信息汇总以及国内外上千个各类加盟数据库等知识资源。

CNKI 系列源数据库资源丰富，类型多样。其中应用较为广泛的包括《中国学术期刊网络出版总库》《中国博士学位论文全文数据库》《中国优秀硕士学位论文全文数据库》《中国重要会议论文全文数据库》《中国重要报纸全文数据库》等数据库。五个数据库均分为十大专辑：基础科学、工程科技Ⅰ、工程科技Ⅱ、农业科技、医药卫生科技、信息科技、哲学与人文科学、社会科学Ⅰ、社会科学Ⅱ、经济与管理科学，十大专辑下分为 168 个专题。

团体用户可以通过成为包库用户和镜像用户使用，作为个人用户可以通过网上注册账号充值，或购买读书卡，或利用团队的镜像站等方式利用本资源。

中国知网形成了四大特点，营造的是支撑科研学习的支持环境。一是面向海内外读者提供中国学术文献、外文文献、学位论文、报纸、会议、年鉴、工具书等各类资源统一检索、统一导航、在线阅读和下载服务，检索平台的功能及特点。二是能提供中文与外文文献的整合检索。三是提供数字化学习研究工具，包括 CNKI Scholar 学术搜索、CNKI E-Study、CNKI 知识搜索等。四是 CNKI 是全球领先的数字出版技术服务商，率先在国内推出学术期刊优先数字出版模式。

因此，中国知网营造的是支撑科研学习的支持环境，从检索获取、整理管理、分析、分享投稿等方面支撑科研学习过程。

2. 功能特点及应用

1）检索功能

（1）CNKI 知识发现网络平台。CNKI 知识发现网络平台简称 KDN，实现了知识汇聚与知识发现，结合搜索引擎、全文检索、数据库等相关技术达到知识发现的目的，可在海量知识及信息中发现和获取所需信息，简洁高效、快速准确。提供一框式检索、高级检索和专业检索三种方式。

一框式检索。统一的检索界面，采取了一框式的检索方式。可检索的文献类型包括期刊、博硕士学位论文、会议、报纸、外文文献、年鉴、百科、词典、统计数据、专利、标准、成果、法律、图片、引文、指数、工具书等，如图 2-52 所示。

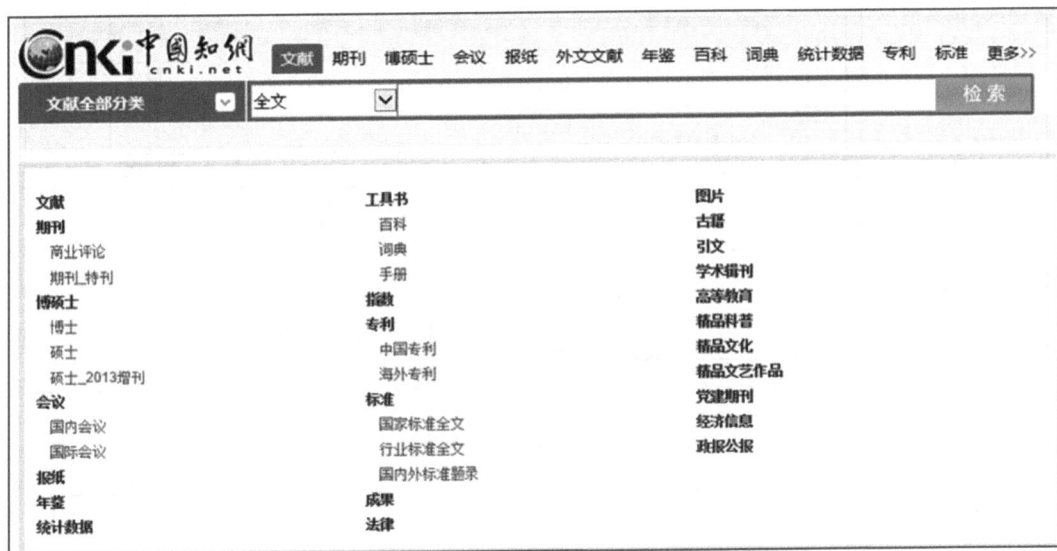

图 2-52　KDN 一框式检索

高级检索界面。以图 2-53 的高级检索界面为例，提供文献检索、专业检索、发文检索、科研基金、句子检索、文献来源检索功能。文献检索属于跨库检索，目前包含文献类数据库产品期刊、博士、硕士、国内重要会议、国际会议、报纸和年鉴七个库；专业检索是输入检索式检索的方式；作者发文检索是输入相应作者姓名、单位检索的方式；科研基金检索用于检索某基金发表的文献；句子检索用来检索文献正文中所包含的某一句话，或者某一个词组；来源期刊数据库用于检索某个期刊的来源类别、期刊名称、年限等或组合检索。同时，提供了发表时间、文献类型、支持基金等检索限定条件选项。

利用高级检索能进行快速有效的组合查询，优点是查询结果冗余少，命中率高。对于命中率或者专指度要求较高的查询，建议使用该检索功能。该库的高级检索包括多项双词逻辑组合检索、双词频控制。多项是指可选择多个检索项；双词是指一个检索项中可输入两个检索词（在两个输入框中输入），每个检索项中的两个词之间可进行并且、或者、不包含、同句、同段五种组合，每个检索项中的两个检索词可分别使用词频、最近词、扩展词；逻辑是指每一检索项之间可使用逻辑与、逻辑或、逻辑非进行项间组合。例如，检索 1990～2017 年有关"创新"、"技术"的期刊上的论文，要求摘要中不含"政策"二字且作者不姓"王"，同时作者均来自"大学"且来源期刊为含有"科技"二字的期刊，输入如图 2-54 所示。

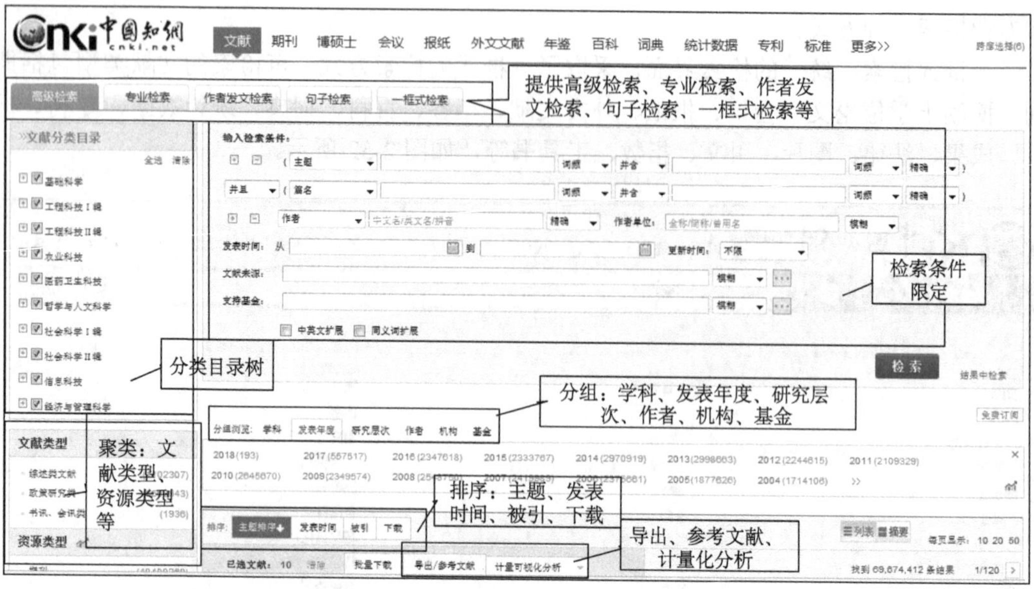

图 2-53　高级检索界面

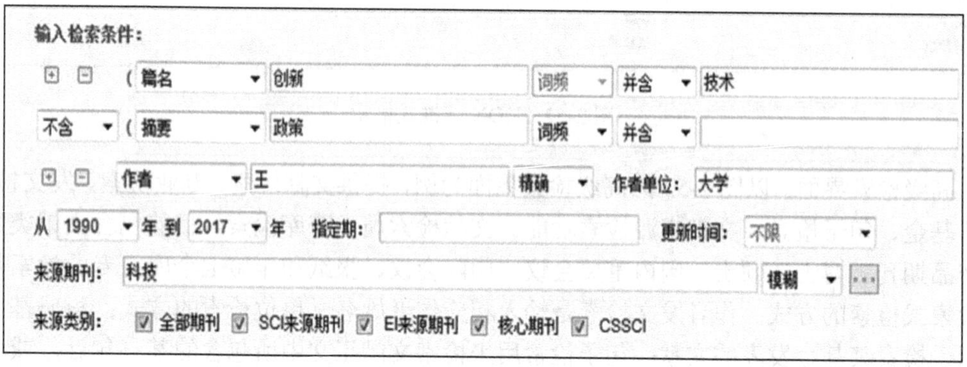

图 2-54　高级检索的检索项输入示例

专业检索。专业检索可以使用命令方式构建检索式。这种检索方式更加灵活、方便，但需要检索人员根据系统的检索语法合理地使用检索字段和检索运算符编制检索式，以检索式直接输入在检索框内进行检索，适用于熟练掌握检索技术的专业检索人员。检索1999～2012 年相关绿色农业，且作者姓张但单位中不包含"西南"的论文，输入如图2-55 所示。

（2）CNKI 知识搜索平台。CNKI 对其下的源数据库进行了深层次的挖掘和组织，形成了统一的知识搜索平台，提供从文献、学术定义、数字、新概念、工具书、翻译、图形、表格、学术趋势、学术统计分析、专业主题、网络导航等多方面实施知识搜索，如图 2-56 所示。

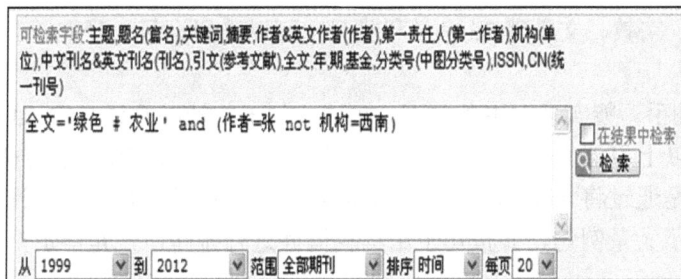

图 2-55　专业检索界面

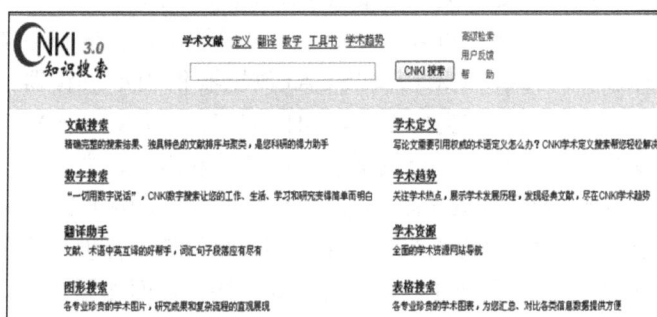

图 2-56　CNKI 知识搜索主界面

CNKI 文献搜索。提供对标题、作者、关键词、摘要、全文等数据项的搜索功能；根据检索主题系统自动生成文献类型聚类和知识聚类搜索结果，可对检索结果进行多样化的搜索排序处理，并提供较全的文献引文信息和知识链接。

CNKI 学术定义搜索。提供对学术定义的快速查询。学术定义搜索库的内容全部来源于 CNKI 定义型知识元库收录的从文献中自动抽取的学术定义，涵盖文、史、哲、经济、数理科学、航天、建筑、工业技术、计算机等所有学科和行业，提供不同学者对同一概念的认识和论述，具有更广泛的参考价值。

CNKI 学术趋势。依托于 CNKI 中国知识资源总库中的海量文献和千万用户的使用情况提供的学术趋势分析服务。输入关键词可得到关于该关键词的学术关注指数折线图、用户关注指数折线图、高频被引文章、知网节被高频浏览的热点月份、相关历史事件等信息。

CNKI 数字搜索。提供数字知识和统计数据搜索服务，以数值知识元、统计图片、表格和统计文献作为基本搜索单元。数据来源于 CNKI 数据库中的文献和国家统计局、商务部等发布数值内容的权威网站，每条搜索结果均有权威出处。如需要了解一个主题的研究概貌时可以得到关于该主题领域的研究方法、发文量和关键时间等数据。想知道某个事物或者事件的准确数字，可以直接搜索，如"2007 年中国的腾讯 QQ 用户数"等。

CNKI 图形、表格搜索。CNKI 图表搜索能够实现对学术图形、表格基于内容的搜索。图表库分别包含 500 万个以上从文献中自动抽取的图形、表格，以及它们对应的标题、所在文献、作者、文献中对图表内容的阐述等，以此实现基于内容的图表搜索。

中国工具书集锦在线。是 2000 多种语言词典、专科辞典、百科全书、图鉴、年表整合而成的数据库，含词条近 1000 万条，图片 70 多万张。工具书被划分为汉语、英汉-汉英、马列主义、哲学、宗教、文学等 26 个学科类目，可以选择词目、释文、书名、出处等对检索词进行限定。

　　CNKI 翻译助手。能实现对中英文词、短语、句子的辅助互译。CNKI 中英文对齐语料库包含 100 万个以上中英文对齐词汇（大部分是学术词汇）和 1000 多万个中英文句子对。其优势在于：一是通过将句子拆分为词，能够对短语或句子进行辅助翻译；二是除了词汇翻译外，还提供了大量例句，并按句子结构相似性进行排序；三是能够翻译术语的英文缩略语。

　　2）管理整理功能

　　（1）下载。对检索结果的处理提供检索结果浏览、标记记录、保存、打印或通过 E-mail 发送到用户邮箱。在检索结果页中可以浏览命中记录的题录、文摘和全文。下载阅读包括 CAJ 格式和 PDF 格式两种格式，需对应安装 CAJ 浏览器和 PDF 阅读器。CAJ 浏览器是中国知网的专用全文格式阅读器，它支持 CAJ、NH、KDH、CAS、CAA 和 PDF 格式文件，主要功能包括浏览页面、提取页面、查找文字、切换显示语言、文本摘录、图像摘录、打印及保存、邮件、在线更新等，CAJViewer 阅读器可从中国知网下载。

　　（2）导出。例如，在检索"无人机"得到的结果页面选中需要导出的文献，然后运用结果页面中的"导出/参考文献"功能，得到文献导出格式页面如图 2-57 所示，再从 CNKI E-Study、Refworks、EndNote、NoteExress、NoteFirst、CNKI 桌面版个人数字图书馆等格式中选择一种，单击"导出"按钮。

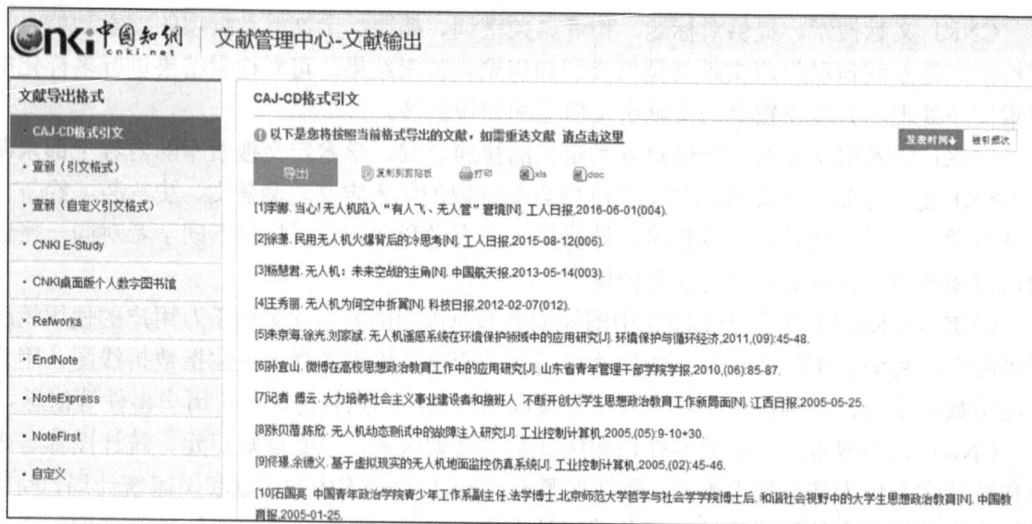

图 2-57　CNKI 检索结果的导出格式页面

　　（3）分组排序。检索结果可按学科、发表年度、研究层次、作者、机构、基金分组浏览；也可按文献类型、资源类型、文献来源、关键词等聚类；可按主题、发表时间、被引排序，检索结果按"被引频次"降序排列就可得到本主题下高频被引论文。

　　3）分析功能

　　（1）分析知识节点和知识网络。

　　"知网节"是知识网络节点的简称。知网节揭示知识间的隐含联系和学科间的交叉渗透，研读知网节可以获取知识关联，帮助扩展思维，发现创新点。"知网节下载"可获得参考文献、引证文献、二级参考文献、二级引证文献、共引文献、同被引文献、相似文献等详细的扩展信息。如检索得到"无人机遥感系统在环境保护领域中的应用研究"，单击将获得图 2-58 所示的结果页面，"知识节点"显示该文献包括题名、作者、机构、来源、时间、摘要等的详细信息；单击"知识网络"项得到图 2-59 的引证网络图示，单击参考引证图谱得到可视化参考引证图谱，同时结果页面还可获得相似文献、读者推荐文献等。

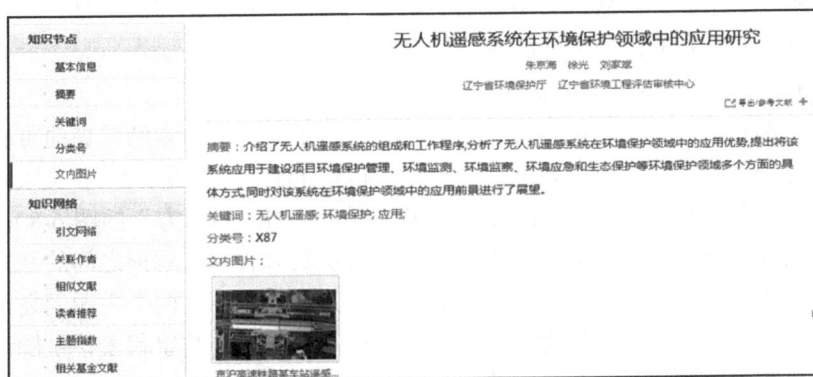

图 2-58　文献检索结果的知识节点与知识网络页面

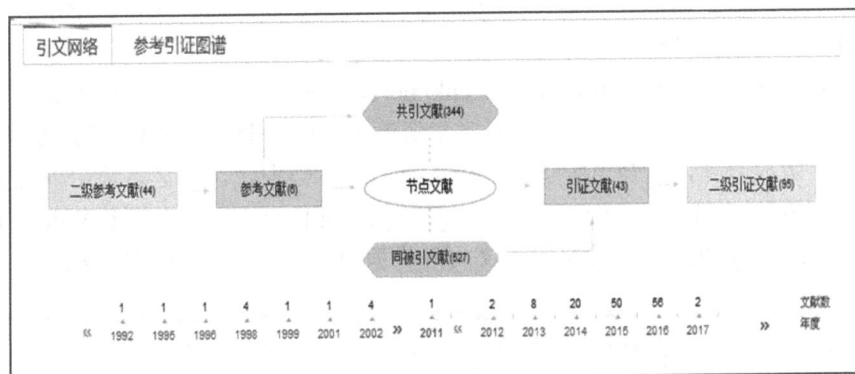

图 2-59　引证网络图示

引证网络相关概念介绍如下。

参考文献：是写作提供直接引用和借鉴的文献，反映研究背景和依据。

引证文献：是引用本文的文献，反映本文研究工作的继续、发展和评价。

共引文献：又称同引文献，与本文有相同参考文献的文献，反映与本文有共同研究内容。

同被引文献：同被引文献是与本文同时被作为参考文献引用的文献，与本文共同作为进一步研究的基础。

二级参考文献：是本文参考文献的参考文献，进一步反映本文研究工作的背景和依据。

二级引证文献：是本文引证文献的引证文献，更进一步反映本文研究工作的继续、发展和评价。

（2）计量可视化分析。

在检索结果页面选中需要导出的文献，单击"计量可视化分析"按钮，可得到选择的文献指标分析的总体趋势、关系网络（文献互引网络、关键词共现网络、作者合作网络分析）、文献分布（资源类型、学科、来源、基金、作者、机构的分布）等可视化分析结果。相关可视化分析功能的使用见"6.1.5 数据库分析：CNKI 与万方"下的计量可视化分析，文献互引网络分析见"图 6-2　计量可视化分析"的文献互引网络；"计量可视化分析"的指标分析、总体趋势分析结果见图 6-3；"计量可视化分析"的关键词共现网络见图 6-4；"计量可视化分析"的作者合作网络见图 6-5；"计量可视化分析"的资源类型、学科、来源、基金、作者、机构分布分析结果见图 6-6。

（3）高频关键词共现矩阵分析。

在文献、期刊、博硕士学位论文、会议论文、报纸等类型检索结果页面可获得高频关键词共现矩阵分析图（如"6.1.5 数据库分析：CNKI 与万方"的图 6-7）和反映按年度关键词演变情况的年度交叉分析（如"6.1.5 数据库分析：CNKI 与万方"的图 6-8）。关键词的共现分析是根据主题词在同一篇论文中共同出现的次数来表示主题词之间的联系，一般认为，如果两个主题词频繁在同一篇论文中同时出现，往往表明这两个主题词之间具有比较密切的联系，这就是共现分析的理论基础。矩阵中对角线上的数字代表该主题词出现的总次数，非对角线上的数字表示两个主题词共同出现的次数。

4）科研分析工具

CNKI 为科学研究还提供了 CNKI Scholar 学术搜索、学术研究热点、学术趋势、文献管理工具等一系列支撑科研活动的工具。

CNKI Scholar 学术搜索（http://scholar.cnki.net），如图 2-60 所示，是中外文学术资源的统一搜索和学术资源的统一发现平台，对学术资源搜索的专业搜索引擎。与 100 多家国际出版社进行了版权合作，整合出版了数百个重要的学术数据库，3 亿多篇中外文文献。具有影响力的出版社如 Elsevier、Springer-Verlag、Taylor & Francis、ProQuest、Wiley、Pubmed、Cambridge University Press 等。收录的外文文献类型包括期刊、会议论文、学位论文、专利、

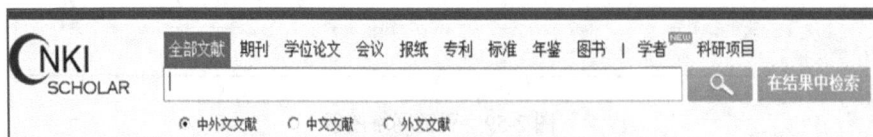

图 2-60　CNKI Scholar 学术搜索主页

标准、图书等，文献内容涵盖科学、生物医学、化学、药剂学、地球科学、医疗与公共卫生、计算机科学、地理学、建筑学、生命科学、数学、物理学、统计学、工程学、环境等学科领域。

可检索的文献类型包括期刊、博硕士学位论文、会议、报纸、专利、标准、年鉴、图书、学者、科研项目的一站式检索。

搜索特点。支持跨库、跨语言检索；支持中外文学术文献跨语言统一一站式文献检索，是统一的内容发现平台；中外文语言辅助翻译。基于先进的机器翻译技术，CNKI 学术搜索将外文文献的重要内容自动翻译成中文，包括题名、关键词、文献中出现的重要学术术

语等；建设统一的知识网络；与图书馆馆藏及出版来源连通或链接；与个人数字图书馆连通，成为学术跟踪、情报分析等个性化服务的统一内容发现和搜索平台。

CNKI 学术趋势依托于 CNKI 中国知识资源总库中的海量文献和千万用户的使用情况提供的学术趋势分析服务，见 "6.1.5 数据库分析：CNKI 与万方" 的 "图 6-9 检索技术创新的学术趋势"。

CNKI 学科学术热点分析可提供检索主题的 "热点主题"，以及热点主题下的主要知识点、热度值、主要文献数、相关国家课题数、主要研究人员数、主要研究机构数，见 "6.1.5 数据库分析：CNKI 与万方" 的 "图 6-12 CNKI 检索技术创新的学科学术热点"。

5）分享功能

CNKI 的学术期刊数字出版（http://caj.cnki.net/eapf/home/index），提供学术期刊导航信息，搭建了投稿平台；单击检索结果旁的分享链接可以跨平台分享到新浪微博、网易微博、腾讯微博、开心网、人人网；CNKI 的个人数字图书馆的功能与学术趋势、检索平台等功能互动形成了一个可分享的资源空间。

3. 全球学术快报

全球学术快报（CNKI Express）基于中国知识基础设施工程（CNKI）的核心建设成果《中国知识资源总库》和中国最完整的中英文信息服务平台——CNKI Scholar，面向全球学者实施推送最新的学术成果。利用全球学术快报 APP 可通过手机进行文献的在线阅读和下载，并提供文献标注信息、阅读记录等内容云同步，跨越移动端和桌面系统的限制。轻社交功能设置更是为读者和文献作者搭建了沟通平台，读者可以通过学术文献与作者进行交流和沟通。

功能包括：CNKI 搜索知识发现，提供文献检索、出版物检索、高级检索等检索方式；个性化定制与推送，整合中外文献，分学科学术热点速递；专题文献推送，可在期刊专区结合主题分类及期刊栏目主动推送；个性化随身图书馆，定制主题、期刊、学者；主题学术交流平台，主题与项目研讨，形成以期刊主导、文章研讨、可设定主题的学术交流平台；个人管理多样化，可实现一个账号多设备终端同步。

【拓展资源 2-20】 更多全文数据库资源 【拓展资源 2-21】 不同文献类型资源的获取途径

思 考 题

1. 查询信息的渠道有哪些？你最常用的渠道是什么？为什么？

2. 我们可以通过哪些方式远程地、免费地利用图书馆资源？

3. 什么是开放获取？OA 期刊、仓储、预印本、网络课程资源、学科信息门户等开放资源类型下分别有哪些代表性的资源？

4. 你日常都习惯利用问询方式获取信息吗？为什么？请列举可利用的网络问答资源。

5. 政府网站能给我们提供哪些信息？你最满意的信息服务栏目是什么？为什么？

6. 什么是搜索引擎？搜索引擎有哪些类型？各类型的特点分别是什么？

7. 数据库有哪些类型？事实数据库、期刊数据库、学位论文数据库、特种文献数据库分别有哪些可获取的资源与途径？

互 动 题

1. 上网练习：通过远程方式获取图书馆的资源与服务，分享个人经验。

2. 上网练习：选择你感兴趣的一个话题，或从本书对应的省精品资源共享课程网站的题库资源中选择一题，通过注册成为文库资源、数据库平台的用户，展开查询，获得所需信息，并分享经验。

3. 上网练习：选择你感兴趣的一个话题，或从本书对应的省精品资源共享课程网站的题库资源中选择一题，从 OA 期刊、仓储、预印本、网络课程资源、学科信息门户等开放资源类型下，分别选择1~2种有代表性的资源查询利用，体验不同开放资源类型的特点与开放获取的特点并分享体会。

4. 上网练习：选择你感兴趣的一个话题，或从本书对应的省精品资源共享课程网站的题库资源中选择一题，利用虚拟参考咨询、问答网站、社交问答网站查询获取相关信息，比较体验利用问答渠道的特点并分享。

5. 上网练习：选择你所在区域概况、你感兴趣的政务信息、要闻、政府服务、社会生活信息话题，或从本书对应的省精品资源共享课程网站的题库资源中选择话题，登录你所在区域的政府网站，查询利用政府网站各个信息服务功能模块，利用政民互动栏目建言献策，分享经验。

6. 上网练习：选择你感兴趣的一个话题，或从本书对应的省精品资源共享课程网站的题库资源中选择一题，选择综合搜索引擎、学术搜索引擎和元搜索引擎中的1~2种类型检索练习，比较不同类型搜索引擎的特点与功用，分享经验。

7. 上网练习：选择你感兴趣的一个话题，或从本书对应的省精品资源共享课程网站的题库资源中选择一题作为检索问题，从事实数据库、期刊数据库、学位论文数据库、特种文献数据库中各选择一种典型的资源对该问题进行检索，分别获得相关结果各 2 条，分享选择检索工具的经历。

应用方法篇

第 3 章　评价筛选信息

【学习目标】

◇了解并熟悉信息查询的一般过程与步骤；

◇熟悉检索工具、检索词、检索途径、检索技术的类型及特点；

◇掌握分析需求提取检索词、选择检索工具、变化检索途径、运用检索技术、选取限定条件的方法；

◇掌握扩充检索和缩小检索的方法；

◇了解评价筛选信息在查询与利用信息中的作用；

◇熟悉相关性、可靠性、先进性、适用性、时效性评价筛选方法；

◇掌握利用相关性、可靠性、先进性、适用性、时效性评价筛选的应用。

3.1　评价优化获取过程

评价获取结果的目的在于使我们获得的结果尽量地趋近于我们的真实信息需求，促成信息需求到结果的是有多个查询环节的过程实施，所以，查询结果的获取质量取决于组成获取过程的每一个环节质量的控制，评价结果为满意时我们可直接利用，不满意时则需要我们优化，而优化也需要对组成查询过程的每一个环节优化，从而组合形成高效率的查询实施获得满意的结果。

获取信息的过程是从确立信息需求到信息需求得以满足的全过程，是在科学的信息意识和观念指导下，通过准确表达信息需求，合理选取检索工具、检索途径、检索技术和限定条件，根据需求适时调整检索过程获得所需信息的过程。这一过程是对信息意识观念、知识流程、渠道工具资源和方法掌握程度的综合检验，是获取信息能力的综合体现。这一过程经过分析查询需求、选择检索工具、选取检索途径、选取检索技术、选择限定条件、随需改变检索结果等六个环节，每一环节的实施都为后一步的操作打下基础，而随需改变检索结果是对前面五个环节步骤的综合应用。本节重点介绍五个步骤实施所需要掌握的知识、方法和技巧，以提升我们高效获取信息的能力。

3.1.1　分析需求提取检索词

信息需求是人们在从事各种社会活动的过程中，为解决不同的问题所产生的对信息的需要。信息需求是检索与利用信息的原动力，分析信息需求是为开展信息检索与利用做好前期的准备，是整个信息利用全过程的起始点和出发点，也是实施具体操作的第一步。

分析信息需求指在着手实施检索前对问题、课题进行分析，明确问题或课题的主题内容、主题的广度和深度、研究要点、学科性质、语种范围、时间范围、文献类型等基本信息，弄清检索的真正意图及实质。因为检索的目的和意图不同，检索式、范围就不同，而分析检索问题和课题涉及的学科范围，以便于选定合适的检索系统、资源、数据库。

分析信息需求，首先，可以帮助我们更加明确地开展信息获取、检索和利用活动的根本目的，也就是明确用户是为了什么目标、目的和需要而必须进行此信息活动；其次，通过分析信息需求，能提取出检索请求的内容特征和形式特征，方便下一步选择获取方式和表达检索；同时，通过分析信息需求，可以将信息利用各环节的进一步操作策略制定在可控制的范畴。

1. 需求分析的内容

1）需求目的分析

信息需求分析首先应分析需求的目的。信息需求目的不同，对确定检索范围、选择数据库和检索途径都很重要，将直接影响到检索与利用策略的制定。需求目的分析，即是要明确需求信息的利用目的，以方便针对这些需求确定资料的侧重点是全面性还是专深性。

针对学生、教师和研究群体而言，信息需求主要体现为撰写论文、申报课题、编撰教材、申请专利、了解市场行情、了解学科最新进展，以及其他目的；从资料查询的角度看，信息需求目的可以具体细化为 6 类：一是针对具体问题从文献中寻找答案，或具体的解决方案，或作为论据和引证；二是根据已知文献线索查找特定文献；三是查阅某一专题的前沿和最新资料，了解研究动态、发展趋势；四是通过文献了解一个主题研究的发展全过程；五是对某一课题作深入的专题研究需要全面、深入、系统的文献；六是从文献中寻找灵感与思想火花，以便提出具有创新性的观点和视角等。

根据信息利用的程度与范围，信息需求分为查全、查专、查新和综合型 4 类。其中，若要了解某学科、理论、课题、工艺过程等的最新进展和动态，则要检索最近的文献信息，强调信息"新"，属于查新型信息需求；若要解决研究中的具体问题，找出技术方案，则要检索有针对性、能解决实际问题的文献信息，强调信息的"专"和"准"，属于查专型信息需求；若要撰写综述、述评或专著等，要了解课题、事件的前因后果、历史和发展，则要检索详尽、全面、系统的文献信息，强调信息的"全"，属于查全型信息需求。对于较为复杂的问题，或开展课题申报和系统深入研究时，可能既需要全面的学科背景资料，又需要专深、前沿的研究资料，需求是综合型的。

信息需求有内容与形式之分，信息需求的内容与形式分析必须与信息需求目的要求相符合。

2）内容需求分析

内容需求主要反映在对检索主题内容方面的要求，主要涉及对用户信息请求所属的学科性质与主题范围的确定，包括对问题的背景知识、概念及知识体系的分析。

分析学科范围或专业范围包括了解需求内容所对应的专业学科及学科属性、相关学科范围，以及其在学科体系中的位置或学科分类层级中的位置。

分析主题概念包括对问题使用的主要概念的含义或定义、内涵及理解、概念的外延范围的确定，通过分析要形成若干既能代表信息需求又具有检索意义的主题概念，包括所需的主题概念有几个，概念的专指度是否合适，哪些是主要的，哪些是次要的，概念之间的关系等。提取主题概念时，要注意主题概念尽量提取完备，包括显性主题概念、隐含的主题概念、同义词、近义词等。例如，检索课题"大学生心理健康教育研究"，显性的主题概念有"大学生"、"心理健康教育"，隐含的主题概念有"心理素质"、"心理健康问题"、"心理障碍"、"思想政治教育"等；近义词有"心理健康培养"、"心理健康发展"、"心理健康指导"、"高校心理健康教育"；同义词有"Mental Health Education"、"Psychological Health Education"；相关的词有心理健康状况、心理健康问题、心理健康环境、心理健康服务、心理健康结构、心理健康水平；少数民族大学生、女大学生；追踪观察、抽样调查；西部地区、贫困地区等。

　　3）形式需求分析

　　形式需求主要反映对信息外部特征或信息内容特征以外的其他方面的要求，主要包括对所要求的信息源的类型、级别、作者、语种、时间范围、空间范围的分析，对获取的结果形式的分析，对获取的结果数量的估计等。

　　（1）信息源类型分析：分析是获取文献型、口头型、实物（现场）型、体语型、电子型信息源，还是网络型信息源；当确定获取文献信息源时，可以从文献出版类型的角度，即从图书、期刊、报纸、专利文献、标准文献、会议文献、学位论文、科技报告、政府出版物、科技档案、产品资料等类型中选择；也可以从文献加工的深度，即从零次文献、一次文献、二次文献、三次文献中选择。信息源类型的分析与确定，进一步通过选择数据库中的"文献类型"对检索获取结果进行限定至关重要。而当确定需要类型为期刊时，还可进一步明确获取期刊的级别，如可在"三大检索工具收录的来源期刊、核心期刊、一般公开出版"等级别中选择；而针对论文则有是否对最高引用率、引用次数等信息和特定的要求。

　　（2）信息的作者与生成机构分析，包括对作者、作者单位、高引频作者、重点实验室、重点机构、基金项目等信息的分析，尤其是对特定专业领域的高引频作者和基金项目的选择分析将非常有助于掌握该领域的热点与前沿研究状况。

　　（3）信息语种、时间范围、空间范围的分析，语种包括中文、英文等文献使用的所有出版语言的选择；时间范围是指在信息发生的时间上，根据与信息收集目标和需求具有一定相关性的特征所确定的范围，这是由信息的历史性和时效性所决定的，包括具体的年份、研究的全时间范围、高峰研究的热点时间段等；空间范围又称地域范围，是指在信息发生的地点上，根据与信息收集目标和需求具有一定相关性的特征所确定的范围。这是由信息的地域分布特征和信息收集的相关性要求所决定的，包括国家、区域、特定地点等。这些信息的分析便于通过语种、时间和地域等限定条件提高检索效率。

　　（4）结果形式的分析，包括对文献结果是全文，还是文摘、题录；是数值、事实信息，还是专题文献等进行分析，结果形式的要求直接影响到对检索系统和资源平台的选择。

　　（5）结果数量的估计，是在综合内容需求和个人时间、精力与经济条件的基础上作出的对获取数量多少的初步估计，因为我们能够通过免费方式检索获取的网络文献原文是有限的，而利用文献传递或国际联机检索获取一次文献时，信息检索费用还是相对较高的，所以对所需要的结果数量作预估计也是非常必要的。

　　明确信息的形式与内容需求，将为选择获取方式、检索系统，确定检索表达等操作提供必要前提，通过分析需求目的、分析内容与形式特征，最终得到相关研究的主题内容、背景知识和现状，以利于提出研究的要点、主要概念和拟解决的问题等。

2. 需求分析方法

分析主题的学科或专业范围可以利用体系分类表；利用参考型工具、事实数据库分析主题概念的含义、了解相关主题的背景知识。

体系分类表。所谓"类"，是指具有共同属性的事物的集合。一类事物除了具有共同属性外，还有许多不同的属性，可进行多次划分。一个概念每划分一次，就产生许多类目，逐级划分，就产生许多不同等级的类目，这些类目层层隶属，就形成了一个严格有序的知识门类体系，此方法称为体系分类法，其特点是提供了从学科和专业的角度出发进行族性检索的途径，缺点是不能全面检索有关跨学科专业的某一事物的所有文献。利用层级的知识体系，可以帮助分析问题主题所属的学科性质，明确该主题学科在整个学科知识体系中的位置，包括其所属的一级学科范围、同一学科下的相关专业方向，以及下一级学科的范围等内容。

中图法是国家推荐统一使用的分类法，使用范围最广泛。中图法分 5 个部类和 22 个大类，类号采用汉语拼音字母与阿拉伯数字的混合号码，用一个字母代表一个大类，以字母的顺序反映大类的序列，在字母后用数字表示大类下类目的划分。例如，H319.4 中，H 表示"英语"大类，319.4 代表的是"英语对照读物"。中图法基本大类类目如下所示：

A 马克思主义、列宁主义、毛泽东思想、邓小平理论

B 哲学

C 社会科学总论

D 政治、法律

E 军事

F 经济

G 文化、科学、教育、体育

H 语言、文字

I 文学

J 艺术

K 历史、地理

N 自然科学总论

O 数理科学和化学

P 天文学、地球科学

Q 生物科学

R 医药、卫生

S 农业科学

T 工业技术

U 交通运输

V 航空、航天

X 环境科学、劳动保护科学

Z 综合性图书

3. 提取查询用词

信息需求通过自然语言表达最为自然和方便，然而目前能完全理解与识别自然语言表达的资源平台和检索系统还没有，所以在通过检索、问询等方式获取信息的过程中，常常只能利用一些关键的、重要的、核心的词语来概括需要用自然语言表达的内容，这些查询用词提炼是否准确、恰当将直接影响到信息结果的数量与程度，也就是直接影响信息需求的满意程度。因此，"提取查询用词"是信息利用过程中至关重要的步骤。

1）检索词的含义

通过检索获取信息的方式，目前多借助于综合的资源检索平台和专门的检索系统完成，计算机系统理解用户的信息需求不能完全以自然语言的方式进行，用户需要将自然语言表达的内容转化为系统能理解的方式，在这个过程中，检索词是表达信息需求和检索课题内容的基本单元，也是与系统中有关数据库进行匹配运算的基本单元，检索词选择恰当与否直接影响检索效果。选定的检索词应该是涵盖主题概念的词汇、意义明确的词汇且尽量为专业术语。

确定检索词的基本方法包括选择规范化的检索词，使用各学科在国际上通用的、国外文献中出现较多的术语，或分析找出涉及的隐性主题概念、核心概念作为检索词，以及利用检索词的缩写词、词形变化以及英美的不同拼法等方法。

当通过信息需求分析获取的主要概念较为专深、明确时，可以不作任何规范处理，直接取自问题主题、课题的关键词，不作规范处理地使用，即利用题间关键词作为检索词；或作规范处理，即利用叙词表规范后再作检索词开展检索。

而当通过信息需求分析获得的主要概念不明确，或通过利用该词直接检索的结果不满意时，就需要对其进行规范化处理，或寻找与之相关的词汇扩大或缩小检索的范围，或通过分析检索问题和课题所涉及的学科专业和技术内容，涉及的主要对象、研究手段、使用的方法、材料、条件、设备、研究目的、用途等方面进行分析，深入挖掘隐含的主要概念作为检索词，以优化检索获得最满意的结果。例如，检索课题"大学生心理健康教育研究"，若利用"大学生"、"心理健康教育"搜索的结果不满意，可利用隐含的"心理健康问题"、"心理障碍"、"高校"、"心理辅导"等拓展检索。

2）关键词与主题词的区别

关键词表达某种明确概念，而主题词是经过规范的有明确意义的词，一般我们用问题中的关键词作为主题词，但有时题间的关键词少或不明确，这就需要对题间的词作词间关系分析。

【拓展资源 3-1】　选用关键词或主题词规则

3）利用词间关系分析法

在确定检索词时，要考虑反映主题概念关系形成的等同词、上位词、下位词和同类词等相关的检索词。我们把这种利用词与词之间相关关系来分析提取检索词的方法称为词间关系分析法，又叫概念分析法。

利用词间关系分析法可帮助选择使用与主题概念有相互关系的相关名词术语作为检索词，可帮助分析问题或课题所涉及的主要概念，并找出能代表这些概念的若干词或词组，就需要分析概念之间的同一关系、从属关系和交叉关系，进而形成一个或一组检索词。

根据词间关系，1 个检索词有 4 种变化，即有等同词、同类词、上位词、下位词。

（1）等同词。等同词是某种明确概念的不同的表达词。这些不同的表达词指的是同一个明确概念，互相等同，可以称为等同词，如缩写和全称、学名和俗名、简繁体、不同语言说法、不同国家和地区说法（美语英语，港台大陆）、不同时代说法（古今、代差）、别称、全角半角、大写小写、错别字、网络通假字、敏感词通假等均属于这种类型的词。

（2）上位词。上位词指概念上外延更广的主题词，如"植物"是"花"的上位词，"花"是"鲜花"的上位词。

（3）下位词。下位词指概念上内涵更窄的主题词，如"鲜花"是"花"的下位词，"花"是"植物"的下位词。

（4）同类词。同类词指与主题词具有某种相同属性的词。故与主题词有同一个上位词的都是同类词。如菊花、荷花、茶花为同类词，均有同一个上位词"花"。

例如，当我们查询有关"中国西部荷花冬季培养方法"的信息时，除可以直接从问题中提取"中国西部"、"荷花培养"、"冬季培养方法"等作为检索词外，根据词间关系分析法还可得到"凌波仙子"、"花卉反季培养方法"、"睡莲冬季培养方法"、"中国东部荷花冬季培养方法"等作为相关备用检索词；又如，要检索社会保障方面的文献，则"社会保障"所包含的"养老保险"、"失业保险"、"医疗保险"和"社会救济"等概念也应该析出，以备在扩大和缩小检索范围时选用。

选用多个下位词分别检索，相对选用同一个上位词来说，一般将扩大检索结果的范围；选用一个下位词相对于选用一个上位词来说，一般将缩小检索结果的范围。

4）读秀的语词关系图谱

读秀学术搜索提供了自动推荐共现词（共现词（Collocate）是指以一定频率共现于同一语篇中的词，两个词共现频率高说明这两个词主题相关性较大）、上位词、下位词的功能。例如，在一框式输入框中输入"无人机"后单击"搜索"按钮，系统自动提供无人侦察机、无人攻击机、无人靶机等一组下位词；推荐了俄罗斯、美国、飞机、以色列、美军、直升机等一组共现词。可以帮助了解当前词与等同词、上位词、下位词、同类词之间的关系，从而更方便了解语词知识之间的家族图。

5）利用词表校核查询用词

规范、校核查询用词可以利用纸质版和数据库中的主题词表（Subject Terms）、叙词表。主题词表或叙词表是显示主题词与词间语义关系的规范化动态性的检索语言词表，它会将同族（具有共同属性的一组词称为同族词）的更多的上位词、下位词、同类词放在推荐列表中供选择，选中列表中的一个或多个词均可作为检索的主题词，如 EV2 叙词表、EBSCOhost 叙词表可对检索词进行规范处理。

【应用实例 3-1】　需求分析与提取检索词

3.1.2　检索工具的选取

检索工具和资源系统集成了丰富的数字资源，是实施检索、获取文献的重要途径，在进行检索之前，依据信息需求确定的研究主题的学科属性选择是保证获取结果有用的首要步骤；其次，检索工具和资源系统的检索功能与特点、文献类型、收录的信息时间范围、更新周期等方面也是确定选择的重要依据。

1. 选择的原则

在选择信息检索系统时，应遵循适合原则、可获原则、熟悉原则、经济原则和学习原则。若所选检索工具为数据库，则遵循这些原则体现为以下方面。

适合原则指的是其数据库的学科范围、文献类型、收录的时间范围、信息量等均与需求相关度高，数据库的基本索引、标引深度等方面收录的文献信息需涵盖检索课题的主题内容。

可获原则指的是就近获取，数据库质量尽可能较高，收录文献信息量大，报道及时，索引齐全、使用方便。

经济原则指的是尽量能通过免费获取，或在用户能承受的经济负担范围内。

学习原则指的是掌握工具的学科属性、权威性、收录范围、特色、语种、时间界限、收录文献的类型及处理结果的类型、检索功能等方面的知识，一是指可以通过课堂传授学习获得；二是指可以通过学习数据库中帮助文件或信息服务机构和信息产品商家的培训课件以及 FAQ（实时或离线的）、Help、Free Trial（免费试用）和 Training（培训）等栏目掌握；三是指可以利用网络在线帮助、咨询专业服务人员学习掌握；四是指对检索工具的学习不可间断。在学习的基础上熟悉并掌握资源的特色、检索功能及特点、服务内容与特点有助于工具选择的适合性。

2. 选择依据的因素

按照以上原则，在根据信息需求选择检索工具时，应将三个方面的因素纳入判定的范畴：一是从工具本身来考虑，如工具的学科属性、权威性、收录范围、特色、语种、时间界限、收录文献的类型及处理结果的类型、检索功能等；二是从自身条件来分析；三是把握检索需求。从这三个方面综合考虑才能做到适时、科学地选择检索工具。

1）依据信息需求

根据信息需求选择检索工具，是在充分了解各类检索工具的资源、检索功能和服务功能特色的基础上才能做到。例如，需要写学位论文时检索相关学位论文工具来参考格式和内容是很有必要的；需要系统掌握某学科成熟的知识可以选择图书；需要写研究项目开题报告、学术研究、技术攻关可以选择研究报告、科技论文、学位论文、会议文献等；需要进行发明创造、工艺改革、新产品设计、引进设备、签订合同时可以选择专利说明书、标准；需要寻找研究思路时可以选择文摘型的数据库；需要数据、数值时可以选择事实数据库；需要评定、评价研究能力时选择评价类工具。总之，检索工具或检索系统选择是否得当，将直接影响查询的效率和质量。

2）依据学科与收录

学科属性是考察检索工具是否适用的重要因素。首先，要保证所选择的检索工具与查询问题和研究课题的学科属性一致；其次，要考虑检索系统、数据库内容对课题内容的覆盖面和一致性，即要了解检索工具收编的范围和特色收藏，包括资源收录的资料跨越的历史年代、覆盖的地理范围、是单语种还是包括多种语言、信息类型是什么等，如应综合考虑检索系统、数据库收录信息的齐全、编制的质量、使用的方便性等要素；再次，应考虑所选检索工具在该学科领域的权威性，尽量使用权威性的专业数据库作为检索工具；最后，从跨学科资源研究的角度出发，选择跨学科的检索工具。

3）依据功能特点

是否掌握和熟悉资源与工具的检索功能及特点、服务功能与特点，是决定是否选择该工具的重要原因，包括对其检索方法、检索功能及延展性、检索结果输出与处理、服务功能、界面友好性、对助检手段和辅助工具是否了解和掌握，这要求不仅要掌握数据库和检索系统的通用功能与特点，还要掌握不同文献类型数据库和资源平台的特点，以及同文献类型的数据库和资源平台的特点。

4）依据自身条件

从可获原则和经济原则出发，选择检索工具还需要考虑用户的自身条件，包括个人的获取渠道、客观经济条件、能力水平等。

可获取性如以何种方式能够利用到相关的工具，可利用的途径，最便捷的途径，有没有可免费获取的渠道，若有分别是哪些。

客观经济条件指在没有可免费获取的途径时以会费方式选择检索工具。如需要了解这些工具是免费的还是付费的，若需要付费方式是如何的，个人能承担的最大费用是多少。

能力水平是指掌握资源、系统及其使用的能力，如知道的工具有多少，会使用的工具有多少，会利用的免费工具有多少等。

由此，从考虑自身条件出发，应首先选择就近、免费、容易获得且会使用的检索系统。

3.1.3　检索途径的选择

所谓检索途径，又称为检索点或检索入口，是由提取信息源的外部与内部特征形成的。内容特征形成分类、主题途径，主题途径中运用较广的有主题词途径和关键词途径两种。外表特征形成如责任者（著者、译者、编者等）途径、题名（书名、刊名等）途径、代码（专利号、ISBN 等）途径和引文途径。

1. 分类途径

分类法是主要按照信息内容的学科属性，运用概念划分与归纳的方法形成各级类目从而组织信息形成一种有序化的知识体系，是组织信息的方式之一，为用户提供从学科属性查找途径的就是分类途径。其优点在于科学、系统，满足"族性检索"，资料全面性突出，但在查找信息的其他属性和查找知识的横向联系时，此途径不便。

用户对分类途径的采用，一是可首先通过查找各种分类法的分类详表或类目索引获得相关线索（类目名或类号），再利用检索系统设有分类号的检索字段限定检索，如多种馆藏目录系统；二是通过数据库的学科分类目录树或导航树、搜索引擎的分类类目体系层级展开、浏览选择实现。

目前在我国通用的主要分类法有中国图书馆图书分类法（简称中图法）、中国科学院图书馆图书分类法（简称科图法）和中国人民大学图书馆图书分类法（简称人大法）三种。

2. 主题词途径

主题词途径指运用既能表达文献内容且经规范化处理的词汇作为检索入口的途径。主题词途径的采用，是用户根据初步确定的检索词，直接利用主题词表或叙词表，或利用数据库中的词典（主题词表或叙词表对该词进行规范化处理，或直接选择词表中的规范词汇形成明确检索词，并通过选择下拉菜单的主题词字段限定检索实施。通过主题途径获得的信息专指性强，信息查找准确度高，如 EV2 系统提供主题词检索途径。

3. 关键词途径

关键词是指表征文献主题内容具有实质意义的，或对揭示文献内容来说是重要的、带关键性的词汇，关键词途径指用户根据自由选定的词汇不作规范化处理直接检索，或只作少量规范化处理的检索途径。通过关键词途径获得的信息量大，操作容易上手，对用户检索技能要求不高。计算机信息检索系统和数据库多提供这种方法。用户可以根据检索需要选择检索词，或者直接输入进行信息检索。例如，万方数据库的"自由词检索"、网络搜索引擎的关键词方式检索、CABCD-ROM 数据库的 Search 检索等均属于此类。

4. 责任者途径

即指根据已知文献原著者、译者、编者等直接或间接（利用个人著者索引和机关团体索引实现）查找文献源的途径。计算机信息检索系统和数据库多提供这种方法。用户可以根据检索需要，选择作者、作者单位，输入作者或作者单位名进行检索即可。

5. 代码与序号途径

代码与序号途径指通过各种专用符号代码与号码直接或间接（利用代码索引实现）查找文献的途径。专用号码如报告号、专利号、标准号、ISSN、ISBN，专用符号代码如元素符号、分子式、结构式等。

6. 多媒体检索途径

以上是由文本型信息源特征所构成的对文本信息检索使用的途径，而 21 世纪是多媒体世纪，多媒体信息源既包括数字化的文本信息、图形与图像信息，又包括数字化的视频与音频信息，这些信息具有与文本信息不同的外表特征，从而形成的检索途径也各不相同。

常用的图像检索途径有：颜色（图像颜色的分布、相互关系、组成等）、纹理（图像的纹理结构、方向、组合及对称关系等）、形状（图像的轮廓组成、形状、大小等）、对象（图像中子图像的关系、数量、属性、旋转等）。

常用的视频检索途径有：镜头（视频检索的基本单元）和代表帧（简称 R 帧、对称关键帧，用于描述一个镜头的关键图像，是视频的静态特征）、运动特征（主要包括摄像机操作、目标运动等）。

常用的音频数据检索途径有音量、音调、音强、带宽、音长和音色等。

7. 充分利用各类检索途径

分类途径提供从学科属性查找，优点在于科学、系统，满足"族性检索"，资料全面性突出，但在查找知识的横向联系时，此途径不方便。

主题途径检索获得的信息专指性强，信息查找准确度高，但需要规范用词。

关键词途径检索获得的信息量大，操作简单，对用户检索技能要求不高。

责任者途径提供了从信息生产者、完成责任人检索的角度，利用分析统计特定责任者（个人、团体或机构）完成的信息成果。

题名途径检索获取的信息相关度较高，容易与信息需求主题相符。

引文途径提供了从文献引证关系分析信息的便利。

检索途径是用户着手实施检索的入口，是构造检索表达式的一个步骤，检索途径的选择需要与检索词的选定、检索技术的运用和限定条件的利用相配合，可根据检索结果不断调整。

3.1.4 检索技术的选用

所谓信息检索技术，是指利用现代信息检索系统检索信息而采用的相关技术。检索工具通过采用检索技术提升检索需求表达的准确度，常用的检索技术包括高级搜索技术和搜索引擎常用检索技术等。

1. 高级搜索技术

检索工具有简单检索工具与高级检索工具之分，简单检索是搜索引擎和数据库的默认工作状态，高级搜索技术多用于实现检索工具的高级检索（Advanced Search）或专家检索（Expert Search）功能。目前，使用较为广泛的有布尔逻辑检索技术、截词检索技术、位置检索技术，较新的有全文检索技术、自然语言检索技术与多媒体检索技术等，在各数据库、搜索引擎等工具的帮助文件中均对本系统所支持的检索技术及其使用方法与运算符作了详细的说明。

1）布尔逻辑检索

布尔逻辑检索利用布尔逻辑算符（Boolean Operators）将用户的每一步简单概念组配成一个具有复杂概念的检索提问式，用以表达用户的检索需求，计算机将根据提问式与系统中的记录进行检索词或代码的逻辑组配，当两者相符时则命中，并自动输出该文献记录，其理论基础是集合论与布尔逻辑，是目前使用最广的检索方式。

常用的布尔逻辑算符有四种：逻辑或"OR"、逻辑与"AND"、逻辑非"NOT"和逻辑异或"XOR"。

（1）逻辑与。逻辑与运算的作用是限定检索结果，缩小检索范围，增强检索的专指度，提高信息的查准率。其逻辑运算关系如图 3-1 中的 A AND B 所示。

逻辑运算符："AND"、"*"。

逻辑表达式："A AND B"或写成"$A * B$"。

检索语义：被检索的文献记录中同时含有 A 和 B 两个概念。

例如，需检索有关古代小说的信息，其检索式可写成"古代 AND 小说"或"古代 * 小说"。

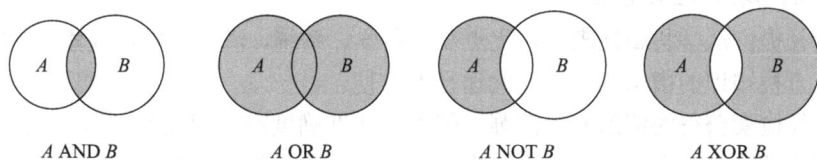

图 3-1 布尔逻辑检索图示

（2）逻辑或。逻辑或是用于并列概念的一组组配。使用逻辑或可以扩大检索范围，提高信息的查全率。其逻辑运算关系如图 3-1 中的 A OR B 所示。

逻辑运算表示符："OR"、"＋"。

逻辑表达式："A OR B"、"$A ＋ B$"。

语义表达：被检文献中含有 A 或含有 B 以及两词概念都包含。

例如，检索有关吉他的信息，其检索式可写成"吉他 OR 六弦琴"或"吉他＋六弦琴"。

（3）逻辑非。逻辑非用于排除含有不需要概念的信息，可缩小所检索信息的范围。其逻辑运算关系如图 3-1 中的 *A* NOT *B* 所示。

逻辑运算符："NOT"、"–"。

逻辑表达式："*A* NOT *B*"、"*A* – *B*"。

语义表示：被检文献中含有 *A* 而不含有 *B* 概念的文献。

例如，欲检索有关除武侠小说以外的其他小说的信息，其检索提问式为"小说 NOT 武侠小说"或"小说–武侠小说"。

（4）逻辑异或。

逻辑异或用于表示结果信息排除。其逻辑运算关系如图 3-1 中的 *A* XOR *B* 所示。

逻辑运算符："XOR"。

逻辑表达式："*A* XOR *B*"。

语义表示：被检文献为包含逻辑 *A*，也包含逻辑 *B*，但不包含同时含有 *A* 和 *B* 的信息。用逻辑与、逻辑或、逻辑非表达则为（*A* OR *B*）NOT（*A* AND *B*）。

例如，当我们要查找有关汽车或者发动机的信息但同时不包含汽车发动机的信息时，可以表达为"汽车 XOR 发动机"，获得的就是除汽车发动机信息外的其他汽车信息和除汽车发动机信息的其他发动机信息。

2）截词检索

截词检索就是用截断的词的一个局部进行检索，是检索词与数据库所存储信息字符的部分一致性匹配检索，又称部分一致检索。按截断的位置截词技术有后截断、前截断、中截断和前后截断四种类型。常用的截词符号有?、$、*等，不同的系统所用的截词符也不同，使用前需要先阅读相关系统的帮助文件的说明，其作用以无限截词为例来说明。

（1）后截词检索（前方一致）。

利用的是一组相关词词首相同的特点，英语系统中多用于含变词词素的英语单词的检索，利于扩大检索范围。

例如，生产，生产力，生产工具，生产方式——生产?

regard, regarding, regardless——regard?

（2）前截词检索（后方一致）。

英语系统中多用于以构词词素为词头的英语单词的检索，利于扩大检索范围。

例如，四级英语，六级英语，研究生英语考试——?英语

English, abolish, foolish, polish, accomplish——?lish

（3）中截词检索（前后一致）。

英语系统中多用于检查英语和美语单词的拼写、单复数及因单词词根的元辅音变换而构成的派生。

例如，信息资源类型，信息交流类型——信息?类型

foot, feet——f?t

（4）前后截词检索（中间一致）。

使用此所检索信息范围将更广。

例如，?考试?——英语考试，考试试题，计算机等级考试指南，考生考试前的心理调整等

?ea?——bread,wealth,ear,conceal,least,beauty……

使用截词符号作为替代符是进行截词检索的一种检索方式，目前的检索系统多使用窗口下拉菜单选项方式来实现截词检索。通常下拉菜单中的模糊检索选项或前方一致、后方一致、前后一致和中间一致的选项限制就是该技术的实际应用。

3）字段检索

字段检索（range searching），又称限定字段检索，指定检索词在记录中某一具体的字段中出现，可以提高检索效率。被指定的字段也称检索入口。

在西文数据库中，字段除有字段名外还有字段代码，字段代码由其对应的字段名称的第一个单词的前两个字母大写后来代表，如"文摘"字段英文代码为"AB"，"作者"字段为"AU"，图3-2为中西文数据库常用字段名称及其代码。

西文数据库常用字段		中文数据库常用字段
字段名称	字段代码	
Abstracts	AB	文摘
Author	AU	作者
Corporate Source、Organization、Company	CS	机构名称
Descriptor、Subject	DE	叙词／主题词
Document Type	DT	文献类型
Full-text	FT	全文
ISBN	ISBN	国际标准书号
ISSN	ISSN	国际标准连续出版物号
Journal Name、Publication Title	JN	期刊名称
Keyword、Topic	KW	关键词
Language	LA	语言
Publication Year	PY	出版年
Title	TI	题名

图3-2　中西文数据库常用字段名称及其代码

在数据库的复杂检索或高级检索中多提供几个字段供用户同时选用，以提高查准率，图3-3显示的是PQDT与中国知网高级检索功能中的多字段限定。

使用时值得注意的是，各个检索系统所设立的字段是不同的，某些字段是某个系统所独有的，如EI controlled term（EI控制词）和EI main heading（EI主标题词）是EI特有的。同时，由于数据库收录的文献类型不同所设的字段也会有差异。

检索图书信息可用的检索字段主要有Title（书名）、作者（Author）、主题（Subject）、关键词（Keywords）、全文（Full Text）、出版商（Publisher）、出版年（Pub Year）、国际标准书号（ISBN）。

检索期刊的字段主要有书名、作者、主题、关键词、全文、参考文献（Reference Available）、经过同行评价的刊物（Peer Reviewed）、出版日期（Published Date）、出版物名称（Publication）、出版商（Publisher）、出版年（Pub Year）、文献类型（Publication Type）、页码（Number of Pages）、是否有图的文献（Articles with Images）、国际标准连续出版物号（ISSN）等。

检索专利的字段主要有发明人（Inventor）、专利权属人（Assignee）、授权日期（Granted Date）、专利名称（Title）、文摘（Abstract）、权项（Claims）、专利号（Patent Number）、专

利分类号（Patent Classification）、优先国家（Priority Country）等。

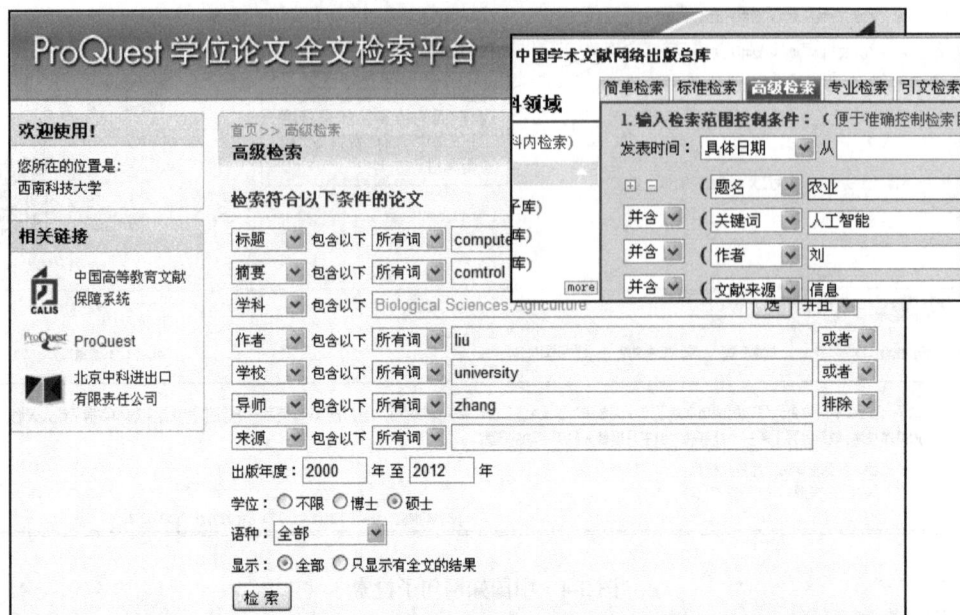

图 3-3　PQDT 与中国知网高级检索功能中的多字段限定

检索学位论文的字段主要有：作者、关键词、题名、学校（School）、主题、文摘、导师（Advisor）、学位（Degree）、论文卷期次（DVIVOL）、语种（Language）及论文号（Pub Number）等。

4）位置检索

两个概念的不同相对位置常反映它们的不同语义关系，基于这种原则在大型西文信息检索系统（如 DLALOG、ORBIT 等）多提供位置检索功能。位置检索采用位置逻辑算符来限定检索词与检索词之间的位置关系，一般的数据库检索中所提供的位置运算符主要有（W）和（nW）、（N）和（nN）、（X）和（nX）、（F）、（P）和（S）等，具体含义如下。

（F）同字段邻接：Computer（F）Management 要求两个词在同一字段中，词序不限（如题名或文摘字段）。

（P）同自然段邻接：Computer（P）Management 要求两个词在同一自然段中，词序不限（如文摘的自然段）。

（S）同句邻接：Computer（S）Management 要求两个词在同一自然句中。

（nN）有间断无序邻接：Computer（nN）Management 表示两个词间可插入 $0 \sim n$ 个其他词汇，且两个词概念前后顺序不定，N 代表 next to each other，$n=0$ 时写作 A（N）B。

（nW）有间断有序邻接：Computer（nW）或（adj）Management 表示两个词间可插入 $0 \sim n$ 个其他词汇，且两个词概念前后顺序不改变，W 代表 with each other，$n=0$ 时写作 A（W）B 或 A（adj）B。

位置检索的应用如中国知网的句子检索功能，如图 3-4 所示，选择在同一句中含有"费俊龙"和"聂海胜"，得到的结果中"费俊龙"和"聂海胜"在同一个描述语句中出现。

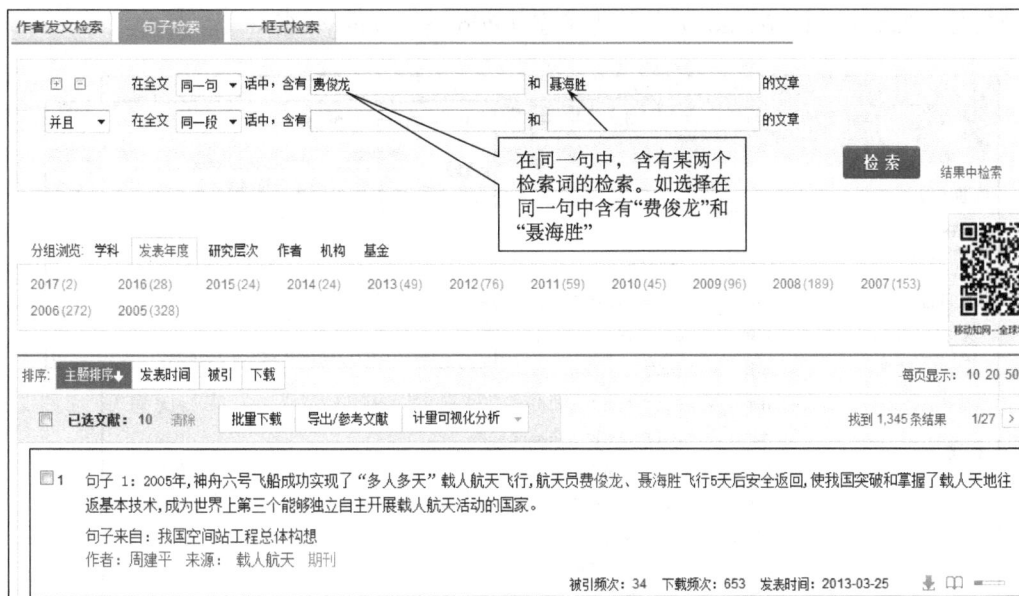

图 3-4　中国知网句子检索

2. 搜索引擎常用检索技术

1）常用运算符

常用运算符用一些标点符号作为运算符号，一般用于搜索引擎的简单检索，检索时运用一些常用的运算符，会使你的检索式更准确，搜索结果也更精确。

（1）加号和减号。

格式：+检索词；−检索词

功能：其作用相当于布尔逻辑"与"/"非"运算，加/减号检索是搜索引擎支持的常规功能，即在检索词前置"+"表示词必须出现在搜索结果网页中，检索词前置"−"号表示检索结果网页中不出现该检索词。

例如，查找有关聂海胜与费俊龙的网页，检索式可以为:+聂海胜+费俊龙，表示聂海胜与费俊龙这两个词必须出现在搜索结果网页中。查找关于英语四级考试的资料，但又不想看到关于英语六级考试的网页，检索式可以为：+英语四级考试−英语六级考试。

（2）逗号。

格式：检索词 1,检索词 2

功能：其作用类似于逻辑或，也是查找那些至少含有一个指定关键词的页面，区别是检索结果输出时，包含指定关键词越多的页面，其排列的位置越靠前。

例如，检索式"杨利伟,航天英雄,航天飞船"，可查出包含三个关键词中的任何一个或几个的页面，而同时含有"杨利伟"、"航天英雄"和"航天飞船"的页面输出时排在前面。

（3）管道符。

格式：检索词 1|检索词 2

功能：其作用与逻辑"或"相同，几个检索词在搜索结果中只要出现任一个即被命中。

　　例如，查询有关聂海胜或费俊龙的资料，检索式可以为"聂海胜|费俊龙"，表示在搜索结果中聂海胜与费俊龙这两个词只要出现一个即被命中。

　　（4）空格。

　　格式：检索词 1　　检索词 2

　　功能：其作用与逻辑"与"相同，检索同时含有几个检索词的搜索结果。

　　例如，用户要查找"私人飞机"这个关键词，输入"私人　飞机"被处理为逻辑与的关系，查出所有同时含有"私人"和"飞机"两个词的页面，这个检索结果的范围要比"私人飞机"作为精确关键词的结果范围大。

　　（5）引号。

　　格式："词组"

　　功能：将括在其中的多个词当作一个短语和词组来检索，只检索到含有与短语词序和意义完全相同的页面，具备词组检索功能。

　　例如，检索输入"私人飞机"，表示只检索含有词组"私人飞机"的网络文档，此方式比不加引号检索的范围小，更精确。

　　（6）短语连接符。

　　格式："-"（连字符）、"/"（斜杠）、"_"（下划线）、","（逗号）、"."（点）检索词

　　功能：一些搜索引擎将上述标点符号作为短语连接符使用。

　　例如，产-学-研尽管没有加引号，仍作为专用语处理。

　　（7）括号。

　　格式：（检索词逻辑符号检索词）逻辑符号（检索词逻辑符号检索词）

　　功能：使括在其中的运算符优先执行，用于改变复杂检索式中固有逻辑运算符优先级的次序。

　　例如，检索式"多媒体 AND（计算机 OR 网络）"，表示要求先执行括号中的 OR 运算，再执行括号外的 AND 运算。

　　2）限制检索

　　限制检索指通过特定的高级操作符或菜单，用于限定检索词的范围和含义，将检索范围限定、缩小在网页的某一种元素（如标题、链接、URL）中来查找结果，以提高检索的精准性。限制检索有命令和菜单两种方式，检索命令通过多种高级操作符实现，使查询非常方便和快捷，具有特殊功能的查询字包括 title、site、filetype、define、cache、info、link、inurl、allinurl、intitle、allintitle 等。

　　（1）搜索标题。

　　格式：title:text 或 t:text（注：text 指文本文字）

　　功能：检索网页标题中含有指定字或词组的页面。

　　例如，title:蝴蝶，就可以检索到网页标题中含有"蝴蝶"这个词的所有页面。

　　（2）搜索网站。

　　格式：domain: domain name 或 host:name 或"关键词 site:域或站点"（site 后的冒号为英文字符，而且冒号后不能有空格）

　　功能：检索词必须出现在域名、主机名或主机地址中，用于表示在某个特定的域或站点中进行搜索。

例如，domain:UK，检索英国（United Kingdom）的网页；domain:com，检索所有 com 网站；输入"留学 site:edu.cn"表示搜索中文教育科研网站（edu.cn）上有关留学的页面。

（3）搜索文档类型。

格式：检索词 filetype:**（**为文档类型）

功能：用于查找特定的文档，如 Google 支持 13 种非 HTML 文件的搜索，包括 PDF 文档、Microsoft Office（doc、ppt、xls、rtf）、Shockwave Flash（swf）、PostScript（ps）和其他类型文档。

例如，输入"冒险岛　filetype:swf"即搜索有关冒险岛的 Flash 文档。

（4）搜索定义。

格式：define　词（中间有一个空格）

功能：用于查看字词或词组的定义。

例如，"define　知识经济"即获得有关知识经济定义的列表。

（5）搜索网页。

格式：link: URL 地址（"link:"后面无空格）

功能：表示显示所有指向该网址的网页。

例如，"link:www.google.cn"表示搜索 Google 中文。

（6）搜索特定链接的相关信息。

格式：info: 网页 URL（中间不能有空格）

功能：表示返回所有可供该特定 URL 使用的信息。

例如，"info:www.google.com"将显示与 Google 主页相关的信息。

（7）搜索网页的 cache 版本。

格式：cache: 网页 URL（中间不能有空格）

功能：在原始网页暂时不可用（如该网页的服务器发生故障）时，用于检索该网页的 cache 版本。

例如，"cache:www.yahoo.com"表示显示 Yahoo 主页的 cache 页面。

（8）搜索图片、图像。

格式：image:文件名

功能：检索含有指定文件名图像的所有网页。

例如，要检索含有"玫瑰"图像的所有网页，使用 images: rose 查询，在具体使用搜索引擎查询时是否有此功能，可参考其帮助文档。

3. 充分利用各种技术的特点

首先，编制检索表达式要充分利用各种技术的特点来支持表达的完成，检索技术的运用不在于多而在于合适。

合理选择布尔逻辑检索技术有助于提高检索效率。逻辑与运算的作用是限定检索结果，缩小检索范围，增强检索的专指度，提高信息的查准率；使用逻辑或可以扩大检索范围，提高信息的查全率。逻辑非用于排除含有不需要概念的信息，可缩小所检索信息的范围。但是，如果使用逻辑或运算太多则会出现检索结果过多的现象，如果使用逻辑与运算、逻辑非运算太多则检索结果就会太少或为空，仍得不到满意的结果。

合理选择截词检索技术，后截词检索（前方一致）利用的是一组相关词词首相同的特点，前截词检索（后方一致）多用于英语系统中以构词词素为词头的英语单词的检索，二者利于扩大检索范围；前后截词检索（中间一致）较前两种检索范围更广。如运用截断可以查询一组同词根的相关文献，起到扩大检索结果的作用，但是，如果对检索词的截断的位置太深则会使检索结果太少，截断部位太浅则会使检索结果太多，均与最初拟定的信息需求不相符合。

合理选择字段限定技术，可以提高查准率。字段的生成主要从提取信息的内外表特征的基础形成，不同字段的产生主要与文献类型相关，不同的文献类型，其检索字段不同，如参考文献、经过同行评价的刊物是检索期刊及论文的字段；国际书号是检索图书的字段；Inventor（发明人）、Assignee（代理人）、Assignee（专利权属人）、授权日期（Granted Date）、Patent Classification（专利分类号）等是检索专利所特有的字段；导师（Advisor）、学位（Degree）是检索学位论文所特有的字段。所以，我们在利用检索工具的字段限定功能来完成检索式的构造时，对字段的选择非常重要，尤其在综合型检索系统中，可能涉及的文献类型有多种，字段的选择可以直接对结果文献类型产生影响，检索字段选择的不同，所获得的检索效果也将不同，在利用第一次确定的字段检索并获得结果后还需要根据结果再作调整。

位置检索利用概念间相对位置不同其关系不同的原理来提高检索效率。

4. 熟悉运用检索技术指南

要熟悉系统和数据库的帮助文档对各种检索技术的运用说明与规定。不同的检索平台都会利用"帮助"栏目提供对其有用的检索技术或对检索中遇到的检索技术问题提供指导和说明。因为用于连接各词的算符按其功能不同可分为逻辑算符、位置算符、截词算符和限制符等，不同的数据库会采用不同的符号或文字来描述词与词之间的组配关系，如截词符，在 EI Compendex 中用"*"表示，在 DIALOG、UMI 中用"？"表示，在 OCLC 中用"+"表示。在弄清所使用数据库的检索功能和所采用的操作算符后，才能在拟定检索式表达信息需求时，有针对性地选用系统中用于连接各词的算符来实现技术的运算。

5. 不断地学习和实践

利用检索技术的度的掌握需要不断地学习检索、不断地调整检索和不断地积累检索经验。检索技术的利用不是运用一次就能获得最满意的结果了，往往需要根据获得的第一次检索结果来调整对检索技术的运用，相对同一检索主题而言，同一检索主题利用不同的检索技术组合表达检索式所获得的检索结果会相差很大，这种技巧需要通过反复地检索比较才能学到。

检索技术的选择需要与检索词的选定、检索途径的选择和限定条件的利用相配合，可根据检索结果不断调整。

3.1.5　限定条件的选取

检索限定实际是把年代、文献类型、研究对象、性别等在基本检索窗口可实现的常用限定条件整合到一个表单中供用户选择。减少二次检索操作，提高检索效率，分为可选的"限定条件"（Limits）、"扩展条件"和"添加条件"。

限定条件包括：将检索词限定在某一特定字段（Limited to）；将检索限定在某一特定时间范围；将检出的文章限定在某一指定的语言（Languages）；将检索限定在某一指定的

出版物类型（Publication Types）；将检索限定在输入数据库的日期（Date）或期刊出版年代（Publication Date）；将检索限定在某一子数据库等。

在检索表达式的编制中，分析信息需求得到的文献类型、级别、语种时间范围、空间范围等形式需求，多通过选择利用检索系统提供的限定条件加以实现，不同的数据库在提供了基本相同的条件选项的同时，还会提供多种有特色的不同限定条件选项。

CNKI 中国期刊全文数据库提供了包括"全部数据、最近一月、三个月、半年"入库的数据等多种更新时间的限定选择；提供了包括"全部期刊、EI 来源期刊、SCI 来源期刊、核心期刊"等多种范围限定选项，提供了对基金项目、作者和作者单位进行选择；例如，万方的数字化期刊全文数据库提供了"限定年度范围"。

SpringLink 提供了卷、期、页码（Volume、Issue、Page）限定；Science Dict 提供了文献类型（Document Type）限定及卷、期、页码限定等。EBSCOhost 提供了图像快速查看类型（Image Quick View Types）、出版物类型（Publication Type）、学术（同行评审）期刊（Scholarly（Peer Reviewed）Journals）的限定等。

Science Dict：提供了文献类型限定及卷、期、页码限定等。

【应用实例 3-2】　选择工具与表达检索需求

EBSCOhost：提供图像快速查看类型、出版物类型、学术（同行评审）期刊的限定等。

检索限定条件的选择需要与信息形式需求相吻合，需要与检索词的选定、检索途径的选择和检索技术的运用相配合，可根据检索结果不断调整选项的多少。

3.1.6　让检索结果随需改变

检索过程是一个动态的随机过程，在某些检索环节中会不可避免地产生一些和检索目标相差甚远的现象。如可能出现检索词过于宽泛或过于偏窄而造成扩检或漏检，检索词不规范而引起的误检，检索技术选用不当，检索限定运用不合适等情况。所以，调整检索获取的过程是促进检索结果逼近需求的必要环节。

1. 分析影响因素，调整检索策略

检索策略的调整是依据对检索结果的定性和定量化评估，分析影响检索效果的原因，再次分析检索问题（课题），选择工具，优化检索词，调整检索表达，实施扩大检索或缩小检索结果的过程，直到检索结果与检索需求完全相关，满足检索需求为止。当然，这一过程可以反复多次地进行，以上每个环节的调整可以在一次调整中全部实施，也可以在多次检索策略调整中有选择地调整其间的几个环节。

影响检索效果的因素来自系统本身和用户的检索实施水平两方面。一是系统原因。由系统本身的原因造成的，如检索工具的范围和特色收藏不太适合本课题；检索功能的延展性不太好；检索结果输出格式不理想；界面不太友好影响使用；助检手段和辅助工具没有或者使用不方便等。二是用户检索策略实施不当。当用户检索策略实施不当时将直接产生误检和漏检，即出现检索结果过多或过少的情况。

从调整检索过程各个环节的角度分析，影响输出结果过少或检索结果为零的原因有：检索工具选择不恰当；检索词是否拼写错误；是否遗漏重要的同义词或隐含概念；检索词是否过于冷僻专深；截词算符是否使用不当；位置算符和字段算符使用是否过多；逻辑"与"

使用是否过多；外表特征限定是否过多等。

从调整检索过程各个环节的角度分析，影响输出结果过多的原因有：检索工具选择不恰当；是否选用了多义性的检索词；检索词与英美人的姓名、地址名称、期刊名称相同；截词截得是否过短；输入的检索词是否太少；应使用逻辑与的是否使用了逻辑或；逻辑运算符号前后是否有空格；优先运算符使用不当；外表特征限定是否过少等。

从检索结果的数量及范围来看，除正好满足需要外，还常常出现或多或少两种可能，那么针对不能满足需求太少的检索结果，我们希望扩大范围，有更多可供选择的结果；针对不能满足需求太多的检索结果，我们希望缩小范围，更精准些。检索结果太多或太少均需要考虑检索工具使用是否适合，即再次分析信息需求，进一步学习帮助文件掌握工具特点，促使所选工具在学科性质、检索功能、操作技术与结果输出等方面均能与需求相适合。同时，针对输出结果过少的情况，分析原因后可采取扩大检索范围的方法；对于输出结果过多的情况，分析原因后可采取缩小检索范围的方法。

2. 扩大结果范围：扩检法

扩大检索范围可以采取的方法简称扩检法，调整方法如下。

（1）概念的扩大：一是利用词表选用同义词、相关词、同一词的多种形式（如元素和元素符号、缩写和全称等），并以 OR 方式与原词连接后加入到检索式中；二是降低检索词的专指度，从词表或检出文献中选一些上位词或相关词；三是采用分类号进行检索；四是删除某个不太重要的概念。

（2）运算符的减少：减少 AND 运算，选用 OR 运算，调整为更大范围的字段限制，减少过多的位置算符，截词位置加深等。

（3）扩大检索词出现的可检字段范围，如由只限定在篇名或关键词字段扩大为在摘要或全文中进行检索。

（4）外表特征限制的减少：通过扩大检索文献出版的时间范围，减少文献类型限定，减少语种限定，减少处理结果限定，减少作者限制等方法来实现。

（5）运用高级检索功能来配合扩大检索范围。

（6）利用二次检索、进阶检索和精制检索、组合检索方式来配合扩大检索范围。

（7）利用跨库检索功能，扩大对数据库利用的数量、类型和范围。

扩大检索范围，提高查全率这一过程可以反复多次地进行，以上每个方面的调整可以同在一次检索中全部实施，也可以在多次检索中有选择地部分调整其间的几个方面，扩检的过程就是对查询策略的调整、优化，得到了一批结果，再分析，再优化，直到满足检索需求的过程。

扩检法应用举例如下。

利用范围更广的上位主题词扩大检索结果的范围：当搜索"主题=无人机控制"的文献调整为"主题=无人机"时，检索结果由 3489 条扩大为 11479 条。

调整逻辑关系，即将逻辑与关系调整为逻辑或，扩大检索结果的范围：当检索"主题=无人机"并且"主题=遥感"并且"主题=系统"得到 189 条结果觉得结果少了时，可调整为"主题=无人机"或者"主题=遥感"并且"主题=系统"得到 16912 条结果。

调整关键词所处的字段可以扩大检索结果范围：搜索"篇名=无人机"得到 109 条结果，搜索"主题=无人机"得到 180 条结果，搜索"全文=无人机"得到 627 条结果。

外表特征限制的调整，如调整时间范围：搜索"主题=遥感系统"且时间为"2007.1.1—2017.1.1"得到 615 条结果，调整为"主题=遥感系统"且时间为"1997.1.1—2017.1.1"得到 862 条结果。

3. 缩小结果范围：缩检法

缩小检索范围可以采取的方法简称缩检法，主要调整方法如下。

（1）概念的缩小：利用词表选择更加专指的检索词；增加或换用下位词；增加新的检索词，用 AND 连接进一步限定主题概念。

（2）运算符的增加：增加 AND 运算、减少 OR 运算、用逻辑非来排除一些无关的检索项、调整为更小范围的字段限制、增加更细的位置算符、截词位置不能太深等。

（3）缩小检索词出现的字段限制范围：如由限定在全文或摘要中的字段改为限定在篇名字段、关键词、主题词字段中进行检索。

（4）外表特征限制的增加：通过缩小文献的出版时间范围、增加文献类型限定、增加语种限定、增加处理结果限定、增加作者限制等方法来实现。

（5）运用高级检索功能来配合缩小检索范围。

（6）利用二次检索、进阶检索和精制检索、组合检索方式来配合缩小检索范围。

（7）将利用的跨库检索功能的数据库的数量减少或在最有针对性的数据库中检索。

【应用实例 3-3】　优化过程，提升检索效率

缩小检索范围，提高查准率这一过程可以反复多次地进行，以上每个方面的调整可以同在一次检索中全部实施，也可以在多次检索中有选择地部分调整其间的几个方面，缩检的过程就是对查询策略的调整、优化，得到了一批结果，再分析，再优化，直到满足检索需求。

3.1.7　检索获取的共性技巧

在调整检索策略的过程中，有一些可共享的检索技巧。

第一，"去信息应该在的地方"（Rule One：Go Where It Is），即要根据信息需求与目标选择合适的搜索工具，直接到信息源所在的地方，这种方法说来简单，要做到却非常不容易，需要我们对资源的分布、工具的特点都非常熟悉。

第二，选好查询用词，此处的好是指选择了合适的关键词就是选择了查询的捷径。善于利用词间关系、推荐功能获得上位主题词、下位主题词、等同词、共现词、相关词等提高需求核心的表达能力。

第三，巧妙利用检索工具的高级搜索功能，高级功能是检索工具的精华所在；巧妙利用特殊搜索命令和特殊查询功能，如网络搜索工具的特殊搜索符可以限定关键词，数据库的个性化定制服务、检索通报服务、组合检索、分析功能、跨库检索功能，都是有效提高检索效率的服务功能。

第四，充分利用网络上的免费资源，并不是免费的就是不好的，也不是付费的就是好的，在提倡开放获取的时代，能积累一定数量的开放获取资源、免费资源也是信息能力的直接展现。

第五，善于制定和调整检索策略。检索获取不是一蹴而就的，而是一个不断完善驱使检索结果无限逼近需求的过程，故在拥有海量资源和丰富检索工具的当下，更需要在有了

一定不满意检索结果基础上的完善和优化过程，这包括不仅要选择质量较高的检索工具或检索系统，而且要选用适合需求的检索工具。要善于利用各种辅助索引，通过扩检与缩检提高查准率与查全率，提高检索策略制定水平，提高检索效果。

第六，检索不到还可询问，网络除为我们打开了一个广泛人群的交流空间外，还提供丰富多样的网络交流工具。因此，当自己一个人遇到无法解决的查找难题时，还可以去询问，询问的方式也是最直接、最简单获取信息的一种方式，网络让人类这种古老的方式焕发出了新的光彩，本书讲解了利用搜索引擎、数据库等工具获取，还介绍了图书馆、开放获取、注册文库资源、交流问询、政府网站等获取渠道。

第七，学习，练习，再学习，再练习，检索信息是一门学问，也是一门实践，需要通过动手操作的经验积累和总结才能得到提高，这是最重要也是最核心的方法。学习时可利用工具的帮助文件，也可利用工具的指南网，还可以利用高校图书馆的培训课程和讲座、检索专题论坛社区等来学习、交流检索技巧与方法。

3.2　评价筛选信息

信息评价筛选是在阅读的基础上对信息的外表及内容进行鉴别、判断和评价，从而使所选信息具有更强的可靠性、针对性与适用性，达到对原始信息的选留作出判断的目的。

对于网络信息资源的评价有定性评价和定量评价两种方法。其中，定性评价是指按照一定的评价标准从主观角度对网络信息资源所作的优选和评估。定量评价是指按照数量分析方法，利用网络自动搜集和整理网站信息的评估工具，从客观量化角度对网站信息资源进行的优选与评价。

对于网络信息资源评价的定性化指标很多，其中有代表性的研究[①]如下。

1991 年，Betsy Richmond 就提出了评价网络信息资源的 10 C 原则，即内容（Content）、可信度（Credibility）、批判性思考（Critical Thinking）、版权（Copyright）、引文（Citation）、连贯性（Continuity）、审查制度（Censorship）、可连续性（Connectivity）、可比性（Comparablity）和范围（Context）。

1997 年，美国南加州大学教授 Robert Harris 具体提出了 8 条标准：有无质量控制的证据，如专家编审或同仁评论；读者对象和目的；时间性；合理性；有无令人怀疑的迹象，如不实之词，观点矛盾等；客观性，作者的观点是受到控制还是得到自由表达；世界观；引证或书目。

1999 年，美国南加州大学教授 Robert Harris 又提出了 CARS 检索体系，主要由 4 个方面组成：可信度（Credibility），信息资源的提供者是否可信、信息资源的质量是否有保证；准确度（Accuracy），信息资源的准确度主要与真实性、时效性、全面性、适切性等要素有关；合理性（Accuracy），公平、客观、适度、一致的信息资源，才是真正合理的资源；相关支持（Support），信息出处的判断、相关资料的确证、外部一致性的核查。

美国乔治大学 Gemer L. Wilkinson 教授等在论文《评价标准和质量指示列表》中对不同学者发表的评价指标进行了汇总，在研究和分析网站信息资源特点的基础上，提出了网络

---

① 索传军,吴启琳.国内外网络信息资源评价研究进展.现代图书情报技术,2006(8):55-59,93.

信息资源评价的 11 个大类 125 个质量指标。这 11 个大类分别为：①可检索性和可用性；②信息资源的识别和验证；③作者身份鉴别；④作者的权威性；⑤信息结果和设计；⑥信息内容相关性和范围；⑦内容的正确性；⑧内容的准确性和公正性；⑨导航系统；⑩链接质量；⑪美观和效果。威尔金森还与其他人一起在 1997 年提出了 OASIS 评价体系，即客观性（Objective）、准确性（Accuracy）、来源（Source）、信息含量（Infomation）和范围（Span）。

董小英在其博士论文《网络环境下的信息资源管理》中总结出了网络信息资源评价的 9 项标准，即信息的准确性、信息发布者的权威性、提供信息的广度和深度、主页中的链接是否可靠和有效、版面设计质量、信息的时效性、读者对象、信息的独特性、主页的可操作性。

蒋颖则认为网上信息资源的评价标准可以包括信息质量（学术水平、可信度、时效性、内容的连续性）、范围（提供信息的广度和深度）、易用性（链接速度快、无空链）、稳定性和连续性等。

根据以上各家研究，要结合对于传统出版文献可利用的相关性、可靠性、先进性和适用性等评价方法，本书选取相关性、可靠性、先进性、适用性、时效性等五个主要指标重点讲解。对于传统出版文献可利用的相关性、可靠性、先进性和适用性也同样适用于网络信息资源，但是这些评价方法是基于传统出版文献多来自正式出版物的情况下应用的，而网络信息资源存在大量非正式出版的特点，故对网络信息资源的评价还需要结合时效性等评价方法进行。定性化评价鉴别信息常用的方法有外表鉴别和内容鉴别两类，评价筛选信息是对信息的外表特征及内容特征进行鉴别、判断和评价。

3.2.1 相关性评价筛选

视频

1. 相关性的含义

所谓相关就是科研过程中相同与变异的矛盾统一，从系统角度看，相关性（Relevance）是指信息检索系统针对用户的查询（Query）从文档集中检索出的文档与查询之间的一种匹配关系，体现的是用户真实信息需求与信息检索系统输出的文档之间的匹配关系，是信息资源与用户需求间的匹配，百度搜索中给出的定义相关度是用户输入的关键词和检索结果信息的匹配程度，相关度越高说明检索出来的内容和关键词越相近。而从用户的角度出发，由于用户对信息相关的判断会随着时间推移，用户对事物的认知程度加深以及关注的主题、任务和情景的不同而变化，故用户角度的相关性判断更加复杂、动态，因此，到目前为止，相关性没有统一的认知标准，因为相关性是一个模糊的、多维的、认知的及动态的复杂概念。随着相关理论以及检索技术的发展，相关性的理论不断变化。

2. 检索效果评价指标

相关性是信息检索最重要的指标，而对信息检索效果的评价实际上就是对相关性的评价，评价检索效果常用的指标有查全率（Recall Ratio）、查准率（Precision Ratio）、漏检率（Omission Ratio）、误检率（Fall-out Ratio）、新颖率（Novelty Ratio）、有效率（Availability Ratio）、检索速度（Time Ratio）、用户方便性、输出格式、检索结果相关排序、检索功能的进一步延展等，其中前 7 个指标是可以量化的指标，后面的指标是定性分析指标。

检索文献与信息需求的相关性是指从查全和查准两方面判断检索结果均符合拟定的信息需求，"相关文献"从广义角度来讲就是那些符合特定需求的文献或情报记录。

例如，用 R 表示查全率，用 P 表示查准率，用 O 表示漏检率，用 F 表示误检率，用 N 表示新颖率，用 A 表示有效率，用 T 表示检索速度，假设在对特定检索系统进行检索的过程中，检中的相关信息量为 a，系统中的相关信息总量为 b，检索出的信息总量（包括非相关信息）为 c，被用户实际利用的信息量为 d，检索过程所花费时间为 t。

1）查全率（R）和漏检率（O）

$$R=a/b \cdot 100\% = 检中的相关信息量/系统中的相关信息总量 \cdot 100\%$$

$$O = (1-a/b) \cdot 100$$

从计算公式可以看出，查全率和漏检率是互补关系。但是实际上由于现代检索系统的数据更新迅速，并大量采用关键词进行特征标引，作为用户不能确切清楚系统中相关信息的实际数量，因此，查全率和漏检率实际成为模糊指标。

2）查准率（P）和误检率（F）

$$P=a/c \cdot 100\% = 检中的相关信息量/检索出的信息总量 \cdot 100\%$$

$$F = (1-a/c) \cdot 100\%$$

从计算公式可以看出，查准率和误检率也是互补关系。

3）检索速度（T）、新颖率（N）与有效率（A）

$$T=a/t \cdot 100\% = 检索出的相关信息量/检索所花费时间 \cdot 100\%$$

$$N = \frac{检中的在单位时间内发布的最新相关信息量}{单位时间内发布的最新相关信息总量} \cdot 100\%$$

$$A=d/a \cdot 100\% = 用户实际利用的相关信息量/检索出的相关信息总量 \cdot 100\%$$

检索速度是衡量检索效率的一个重要指标，新颖率指获得最近一年或半年或一个月等单位时间内的最新信息量的比例。有效率指被检中的相关信息中与用户需求密切相关并被利用的信息量的比例。

4）查全率与查准率的平衡

显然从以上几个指标计算我们可以看到，我们对所需信息的满足程度是相对的，几个评价指标都同时达到 100% 是不可能的，如查全率越高，查准率就越低，反之，查准率越高，则查全率就越低。而且查全率和查准率是相对指标而不是评价结果的绝对指标，只有当两个检索系统以同样的条件进行对比分析时，才能分出哪一个高，哪一个低，用户有时是不会去作这种对比的，所以，对查询结果是否查全的判断也多进行定性分析，而不进行定量分析，如只能考查这些结果与已经知道的知识作对比，对比是否已经能使你对所研究的问题有了较全面的认识和了解；所需要的文献类型是否都已经查询到，需查询文献的时间范围内是否都有相关的结果；文献的加工程度是否已经能满足查询的需要；所要求的文献的语种和地区是否已经覆盖等。

对于查准率我们就可以用来作为定量分析检索结果的指标。利用相同的检索技术与字段组合，对比计算两个不同数据库的查准率，我们在进行二次检索时，可选择在查准率高的数据库中进行。

查准率和查全率结合起来描述了系统的检索成功率，在实际检索中，查全率和查准率往往成反比，要想做到查全，将扩大检索范围和放宽检索条件限制，其结果是会把很多不相关的文献检索出来，势必影响查准率。

虽然要想使查全率和查准率同时达到很高的标准，是非常不容易的，但也有办法尽量将二者关系协调起来，如在检索词的选定上，可以尽量使用规范主题词表选词检索，没有词表的数据库可以通过调整检索字段和运算符，让检索的结果尽量趋于完全满足用户的信息需求，这些行为实质上就是在调整检索策略，对检索过程的各个步骤进行优化，所以当检索结果显现太多和研究课题不相关的记录时，或者显现太少和研究课题相关的记录，或者没有和课题相关记录时，用户都应当重新思考出现这些情况的原因，在分析的基础上，根据具体信息检索需要，对检索的各环节进行优化，调整检索策略，合理调节查全率和查准率，才能保证取得最佳的检索效果。

3. 用户角度的相关性提问方法

从用户角度出发，相关性带有明显的主观色彩，不同的人对同一词所给出的相关性判断都会不同，故文献相关性判断也一直沿用"直觉性"和"经验性"的定性判断方法，相关性判定也就不是机械绝对的"相关"或"不相关"，而是对于相关性程度的渐近描述过程，存在着很大的相对性和模糊性。对于是否相关，从用户时间、情景角度出发，我们可以利用提问方法，通过提出一系列的问题进行审视、判断和筛选。

如检索到的结果是否与需求的主题相关，想找的方法、措施或手段是否能从结果中提取到；检索到的记录数量是否满足最初预定数量，是太多，是太少还是正好满足需求；关键词的位置和频率（在检索记录中，检索用词通常都被突出标明或高亮度彩色显示了）显示是否与预想相符；文献类型是否能满足需要，所需要的文献类型是否都已经查到；原定文献的时间范围内是否都有相关的结果；其他原定想要找到的适合条目是否未被包含；所要求的文献的语种和地区是否已经覆盖等。

从文献特征出发，影响信息用户相关性判断的特征包括参考文献、出版单位、出版时间、关键词、基金、篇幅、全文、题名、文献格式、文摘、语种、文献类型、来源期刊、作者和机构等 15 个要素[①]，这 15 个要素形成供分析判断的 15 个途径，如在进行相关性判断时，检索文献的题名、关键词均与信息需求确定的主题词为同一学科领域下的专业词汇时，即可判定该文献与信息需求较为相关。故从文献的这 15 个特征出发，通过逐一分析其与信息需求相关的程度，从而确定整个文献的相关程度。

由此，我们将用户角度的文献相关性匹配关系分为文档外部特征上的匹配关系和文档内容特征上的匹配关系，故相关性包含形式相关和内容相关两个部分，形式是否相关可以对文献类型、作者学科领域、文献来源、时间、查询结果的内容是否相关等进行提问，内容是否相关可以对研究问题、理论框架、概念操作化、检验方法、案例选择等某个或某些方面是否相似提出问题。

对于非文献信息相关性判断，可以从非文献信息的主题、内容、形式等方面的特征出发判定该非文献信息是否与需求相关。

4. 善于利用检索工具提供的相关性推荐

从系统的角度出发，为了提高相关性，会将信息资料进行分类和聚类，增加联想功能和歧义处理，强化相关性的反馈，提供基于用户群体的协同检索，以用户群体的主观相关性判断代替个体的主观相关性；故对于用户而言，我们可以将系统提供的相关性推荐功能

---

① 成颖.信息检索相关性判据及应用研究.北京:科学出版社,2011.

作为我们开展相关性筛选、判断的辅助方法。

（1）借助检索工具所提供的对结果实现"按相关性排序"的功能。

相关性排序指搜索词和页面的相关程度。相关性排序是按搜索的内容与文章的意思符合程序从高到低或者从低到高的顺序排列。相关性排序的相关判断仅仅通过链接、字体、位置等表面特征，不是对主题词和关键词的提取从语义上分析，得出搜索词和网页的相关程度，故需要结合用户主观相关性判断使用。例如，中国知网等信息服务平台、百度等搜索引擎工具均提供了对检索结果"按相关性排序"的功能。

（2）借助检索工具所提供的对结果文献、关键词的推荐功能。

搜索引擎、信息检索平台多通过增加联想功能对检索用词和检索结果进行自动相关或相似推荐，同时提供读者推荐功能，该功能"以用户群体的主观相关性判断代替个体的主观相关性"，也能够辅助我们开展个人检索信息的相关性筛选。关键词推荐一般称为 Query Suggesting 或 Query Expansion 或 Query Rewrite 或 Query Recommendation。

搜索引擎搜索框以下拉提示方式提供相关搜索推荐，结果页会有"相关搜索"。例如，在百度搜索页中输入"无人机"可得到无人机多少钱、无人机生产厂家、无人机采购、无人机英文等一组相关搜索提示，而在"无人机"的百度结果页面有相关飞行器、相关武器的相关搜索结果推荐。

例如，利用维普中文期刊服务平台检索"无人机"，系统自动推荐一组相关词，包括无人驾驶飞机、无人机系统、飞机、无人飞行器等；如输入"无人飞行器"时，系统会自动推荐一组相关词，包括 Unmanned Aerial Vehicle、无人机、UVA、无人驾驶飞行器、无人飞机等。

利用读秀学术搜索检索"无人机"可得到提示相关词无人机控制、无人机测控、无人机发动机、无人机市场、无人机、变形无人机、无人机系统及作战使用等一组相关搜索词推荐；得到系统自动推荐的无人侦察机、无人攻击机、无人靶机等一组下位词，以及俄罗斯、美国、飞机、以色列、美军、直升机等一组共现词的推荐，在检索结果页面可以获得相似文档推荐。

利用 CNKI 输入"无人机"可得到无人机驾驶、无人机遥感、无人驾驶汽车、无人机系统等一组相关词推荐列表；搜索"无人机"可得到微型无人机、民用无人机、多无人机、无人机平台、多架无人机、无人机系统、飞行控制系统、飞行控制、航路规划、遗传算法、无人机遥感、无人机编队、无人机控制、无人机导航等相关搜索推荐；而在结果页面选中一篇文献《基于仿鹰眼视觉的无人机自主空中加油》，同时可得到推荐的一组相似文献，包含《空中加油系统的建模与控制技术综述》等读者推荐的文献。

（3）了解搜索工具搜索相关性的决定因素，提高分析其结果相关性的能力。

对于不同的搜索工具而言，其相关性判断标准有差异。

如搜索引擎相关性判断，一是根据用户搜索的关键词出现频率判断，一个网站里面出现某个关键词的次数越多，就表示这个网站与这个关键词相关性越强，关键词出现的频率越高相关性越大；二是标题出现关键词，一个网站或者网页的标题是这个网站或网页的主题、中心思想，如果标题出现了关键词，则认为是紧密相关的；三是有权威网站关联链接，如一个权威网站导出一个链接到某个页面，认为那个页面与"家用电器"相关，那么搜索引擎根据这个链接就会认为这个页面里面的内容就是"家用电器"。百度总裁李彦宏总结出搜索引擎"三大定律",第一定律是相关性定律——基于词频统计,第二定律是人气质量定律——网页被链接次数多,依赖于超链接分析;第三定律为自信心定律——注重的是竞价拍卖,即竞价排名按点击率付费,推广信息出现在搜索结果中(一般是靠前的位置),如果没有被用户点击,则不收取推广费。从这里可以看出,了解一类工具其相关度排序标准有利于我们判断来自该工具的搜索结果的相关性。

对于电商平台而言,其搜索相关性标准又不相同。例如,淘宝网在判断相关性的时候,会首先考虑到产品类目,该指标在评价相关性时所占比例最大,这与淘宝的注重用户体验相符合;其次考虑数据库当中存放的历史排名数据;再次是标题的相关性;最后是地区特点[①]。

【互动阅读 3-1】　　文献(信息源)及其表征对判定相关性的影响
【互动阅读 3-2】　　文献间的联系
思考及讨论:阅读素材 3-1 和素材 3-2,分组讨论如何认识文献间的关联性。

3.2.2　可靠性评价筛选

视频

1. 可靠性含义

可靠性主要指内容的真实性,是指信息中涉及的事物是客观存在的,同时信息的各个要素都是真实的。从内容上进行真伪和质量高低的判断,从而借鉴、引用可靠的信息,剔除虚假和失真的信息。

2. 外表特征的评价判断

可靠性评价判断可以从信息的外表特征和内容特征两方面进行鉴别,外表特征判断包括信息来源、著者、出版类型、出版质量、外部评价等要素;内容特征判断包括对观点、方法、结论、事实和数据性信息等要素进行鉴别。

来源鉴别是对所收集的信息来源国家、地域、区域、机构、组织加以对比鉴定。一般地,网页主办者的声誉、网站及其建站机构的权威性与知名度影响信息的可靠性。一般来说,权威机构或者知名机构(人士)发布的信息在质量上比较可靠,尤其是政府机构、某领域内的著名学术团体、研究机构、行业协会、国际组织等发表的信息可信度较高,专业研究机构的出版资料比一般社团的资料可靠;官方来源比私人来源的资料可靠性大等。

信息著者鉴别是对信息的原创著者作必要的考证。一般是某领域内有名望的、著名的信息原创者,或有代表性的专家、学者、教授、工程师、研究者、社会知名人士,声誉与知名度较高的网络信息作者发布的文献信息可信度较高,同时能直接通过作者的 E-mail 地址、电话与作者取得联系的更能赢得用户的信任,其创作的作品可信度较高,也就是来自一个领域权威性著者的信息相较非权威著者的信息可靠些。

信息的出版类型鉴别是根据文献类型来判断其可靠程度。一般地,一是先鉴别是否是正式出版物,正式出版物相对非正式出版物可靠些,但是秘密或内部资料比公开资料的可靠性大;专业性图书期刊论文、原始档案资料、技术图纸、实验报告、标准文献、法律法

---

① 爱戴网.http://www.aidai.com.2017-03-20.

规、百科全书、年鉴的信息一般比较可靠；科技书刊比新闻小品的可靠性大；判断文献是否为最终成果，最终成果可靠性比阶段性成果大，如研究的最终报告比进展报告的可靠性大；二是网络信息资源除具有非正式发布形式的还有印刷形式的，有印刷形式的比没有印刷形式的可靠些，或者从载体上分析，多种网络资源具有多种纸质正式出版形式、电子形式，那么该信息相对没有纸质或不具有其他正式出版电子形式的网络信息更可靠些。总体上讲，正式出版信息比非正式、半正式出版信息的可靠性要强。

出版编写质量指通过判断出版编撰的水平来评价信息的质量。对文献信息而言一般由规模较大、出版行业地位较高、出版历史悠久的知识出版机构出版发行的文献其印刷质量较高，因其审稿编校的水平较高，故相对可靠些；对非正式出版的信息考量其编辑质量，如网页写作质量，标题是否明确、概括、全面；信息表述是否清晰、具有逻辑性；英文的拼写、语法是否正确；中文的书写是否有错别字、语句是否通顺等。

外部评价是根据外界对信息的反映、反馈和评价来判断。一般被社会肯定的理论、方法、技术，用于指导实践并有成效的理论、方针、政策，以及用于实际工作的科研成果，可被认为是可靠的信息。文献的外界评价可以通过文献引用次数侧面反映出来，一般引用率较高的文献其受到外界关注度较高，相对可靠；网络非文献信息资源可以通过链接次数、点击率、关注度、专业点评、大众点评等指标综合考量，如用户访问和点击率越高的网站，用户的评价就越高。

3. 内容特征的评价判断

信息内容判断是从内容上进行真伪和质量高低的判断，通过鉴别对于那些来源不可靠、立论荒谬、依据虚构的应予以剔除，不可靠的文献内容绝对不可引用或使用，只有内容可靠、科学的结果才能留下来利用。内容鉴别包括判断文献的观点是否鲜明、论据是否充分、论证是否严密、表述是否明确、是否有逻辑性、数学运算是否正确、图表是否规范等。

【互动阅读3-3】　识别微博虚假信息的技巧
思考及讨论：阅读素材，结合个人利用微博信息的感受，收集、讨论来自不同媒介信息的真假鉴别的方法有哪些。

3.2.3　先进性评价筛选

课件

1. 先进性的含义

先进性主要指信息相对原有研究、实践基础和原信息而言，观点新颖、超前，方法创新、领先，即具备新颖性、创造性或独特性。新颖指该信息所报道或反映的内容在某一领域原有基础上提出了新理论、新观点、新假设和新发现，或介绍了新的工艺、新的设计、新的材料、新的产品等；创造指对原有的理论、原理、方法或技术加以创造性地开发和利用；独特性指的是网络信息所反映的主题特别，具有与其他信息差异化的价值所在。新颖性和创造性是我们选择利用文献的重要评价指标，而网络信息的新颖性和独特性也是我们选择评价的重要标准，网络信息内容具有独特性，观点新颖，才能提升网络资源的价值，提高利用效率。

2. 外部特征的评价判断

可以对信息的时间、著者、出版形式、社会应用效果、信息计量、内容等特征进行判断。

时间特征判断，即从资料发表的时间来判断内容是否新颖。一般地，发表或出版的时间越近，可能越新颖。如正在进行的项目的实验小结、技术档案，刚获得学位的论文，最新出版的期刊论文、专利文献等，所揭示的信息相对先进。针对内容相近或者同一主题而言，新发表的或者刚修订过的文献具有较强的新颖性；网络信息创建或发布的日期以及最近的更新日期的信息具有一定的新颖性。

著者特征判断，主要判断信息是否来自具有专长学科或技术领先的国家、地区、机构或者个人，若作者是某学科最近的学术带头人或重点实验室的负责人、重大科研项目的主持人，其在该学科研究成果相对领先；或者判断原创作者是一个主题领域和范围内具有创建观点的提出者、倡导者、发起者、网络意见领袖等，其创建提出的信息在此主题领域和范围内具一定的先进性。

出版形式特征判断。一是根据文献类型的不同来区别其内容新颖性、创造性特征是否明显。例如，技术档案、科技报告、技术标准、专利文献比一般科技书刊的新颖性高些；专利的创造性、新颖性特征最为突出；科技报告的领先性特征也较为明显。二是网络信息资源除具有非正式发布形式的还有印刷形式，那么比没有印刷形式的先进些，或者从载体上分析，多种网络资源具有多种纸质正式出版形式、电子形式，那么该信息相对没有纸质或不具有其他正式出版电子形式的网络信息更先进些。总体上讲，正式出版信息比非正式、半正式出版信息的可靠性要强、先进些。

社会应用效果判断，是根据理论或者技术成果的社会应用情况及反馈情况判断，一方面是社会效益，另一方面是经济效果的取得。理论研究或调研方案若为政府、各行业采纳应用，取得一定的社会反响和经济效益，则认为该研究具备先进性；而一项技术的经济效果判断通常可利用质量、产量、成本、劳动生产率、利税等技术经济指标来衡量，经济效果好的一般较为先进。

文献计量判断可以利用文献数量变化和文献半衰期来判断文献是否新颖。对某一主题而言，文献数量会随着研究发展不同阶段的起伏变化而变化，在某一时期的文献数量可以从侧面反映文献是否新颖，如集中在当下热点研究阶段的文献相对前期的研究文献较新颖；同时，利用文献半衰期可以帮助确定文献的新颖程度，文献半衰期是指某学科被利用的文献总量中，一半文献失去利用效率所经历的时间，换言之，即指某学科（专业）现时尚在利用的全部文献中较新的一半是在多长一段时间内发表的，不同学科的文献有不同的半衰期，掌握本学科文献半衰期，即多利用处于文献半衰期内的文献，其相对另一半新颖些。

3. 内容特征的评价判断

内容特征判断是指内容上的先进性表现在理论性成果是否提出了新的假设、原理、结论或者应用方法；技术性产品可通过比较同类技术产品，是否提高了技术参数水平、改进了结构、增强了性能或者扩大了应用领域，即有新工艺、新设计、新材料、新产品等提出或生成等。

先进的信息可以保留，以借鉴、学习，而不先进的案例可作为反面的佐证资料记录、保留，正反两方面的资料都收集才更有利于进一步剖析成因，激发创新。

【互动阅读 3-4】　学术论文的创新性

思考及讨论：阅读素材，分组交流对学术论文的创新性评价可以从哪些方面开展，收集讨论不同类型文献的创新性评价标准。

3.2.4　适用性评价筛选

课件

1. 适用性的含义

适用性是指信息内容对于信息需求主体的可利用范围和程度，适用性判断包括对适用的范围、程度、对象、环境进行判断分析，包括对借鉴的是思路，或是观点，还是方法等进行判断。

2. 外表特征的评价判断

可以利用信息问题产生的背景与环境、受众面、自身与著者条件、信息写作形式、出版形式等外表特征进行判断，也可利用文摘、社会评价等方法对内容特征进行判断。

信息问题产生的背景与环境判断，是指信息问题的起因、背景、条件与信息需求的起因、背景与环境越类似，所检索获得信息的适用程度就越高，因任何一种理论、技术、方法、观点都带有时代和地域的局限性，故来自科学技术发展处于同一水平、同一发展阶段、自然条件相似、社会政治经济水平相近的国家或地区的研究及成果，其适用性较大；来自信息问题产生背景与环境、条件相似或同一水平、同一发展阶段、自然条件相似、社会政治经济水平相近的国家或地区的信息解决方案，其适用性较大。

受众面判断，是通过阅读信息的读者群体的职业、技术特征来体现，阅读某信息的读者人数越多，一般来说使用价值越大，读者的职业面越宽，说明该技术、方法、观点或问题解决方案的适用范围越广。

自身与信息原创者的条件判断，指分析信息原创者提出问题、开展研究、得出结论的原因与主观目的，开展试验、实践、论证的客观条件，结合自身的条件与信息需求，以及对信息的接受与吸收能力，判断是否适用。若信息原创者与自身需求信息的原因、目的和客观现实条件越类似，自身具备学习、借鉴的能力，则可借鉴的程度就越高，即适用程度就越高。

信息写作发布形式判断。目前文献发表中，以规范的文献标识码来代表特定的文献写作类型，以便于对文章按其内容进行归类、进行文献类型的统计、期刊评价、确定文献的检索范围、提高检索结果的适用性等，其中，文献标识 A 指理论与应用研究学术论文（包括综述报告），B 指实用性技术成果报告（科技）、理论学习与社会实践总结（社科），C 指业务指导与技术管理性文章（包括领导讲话、特约评论、专题讨论等），D 指一般动态性信息（通信、报道、会议活动、专访等），E 指文件、资料（包括历史资料、统计资料、机构、人物、书刊、知识介绍等），不属于上述各类的文章以及文摘、零讯、补白、广告、启事等不加文献标识码，中文文章的文献标识码以"文献标识码："或"[文献标识码]"作为标志，英文文章的文献标识码以"Document code:"作为标志。根据信息需求写作类型要求，通过识别文献标识码也可以帮助判断文献的适用性。网络信息发布的渠道多样化，对于不同的信息媒介发布的信息形式各有特点，如微博、微信、个人网站、消息类的信息写作方式均有差异，可以从形式特点是否满足来选择判断。

出版形式特征判断，即通过分析文献的出版机构、文献出版发表的时间来判断其与信息需求在学科主题、研究方向上是否相匹配。行业领域内的优秀、知名出版社出版的该学科领域的出版物与该学科研究相适宜，对跨学科研究的借鉴意义相对弱些；文献发表的时间不是判断适用与否的决定性因素，但时间久远的文献与梳理研究发展脉络的要求相适应，时间新近的文献与研究新颖性要求相适应，故在选取较新文献的同时也要顾及较早的文献，一般性研究近 5 年的研究文献较为适用，作背景与综述研究时文献年限则可以延长到早期，而对于研究主题领先国家的外文文献在中文文献年限的基础上增加 3～10 年也是适用的。

　　3. 内容特征的评价判断

　　内容特征判断包括文献信息的主题与范围、观点或假说、原理与设计、价值与目标、手段或方法、内容的广度和深度等的适用性判断。判断主题与范围是否与信息需求的主题相一致，或可作借鉴或跨学科研究借鉴；判断观点或假说、原理与设计是否有可借鉴之处；判断采用的手段和方法、介绍的技术和提供的工艺、材料、设备、原料、产品等是否合乎国情、自身研究基础与能力，判断其价值能否实现，目标是否与需求相符等；网站所提供的信息内容应具有足够的深度和广度以满足不同用户的需要，过于肤浅或过于深奥或不符合用户需求的信息都不合适。

　　内容特征判断可以借助阅读文摘、专家评论、社会反馈等途径来实现。尤其是一个领域知名社会人士、专家的推荐与建议，针对性强，有处于帮助作判断，同时，社会反馈既需要关注专业人员，也需要与身边的老师、朋友、同学交流以获取有益的建议或意见。

3.2.5　时效性评价筛选

　　1. 时效性的含义

　　信息的时效性是指信息发布的时间效度、信息的新旧程度，即与社会现实、科技前沿的接近程度。信息的时效性具有两个特点：一是只有在信息尚能反映客观实际的时间内，信息才是有用的；二是信息的作用和价值与所提供信息的间隔时间成反比，即提供信息的间隔时间越短，其作用与价值就越大；提供信息的间隔时间越长，其作用与价值就越小；当信息已经完全不能反映客观现实时，它应有的价值也随之消失。网络信息创建或发布的日期以及最近的更新日期、更新间隔周期等，都会影响人们的利用效能。

　　2. 外表特征评价判断

　　从更新形式上判断网站时效性。网络信息资源具有传播速度快、更新及时、时效性强的特点，故对于网站而言，从形式可考察其信息资源的更新与维护是否可以 24 小时随时进行，随时更新是网络资源相对于传统信息资源的优势。当然，也有许多站点长期不进行更新和维护，信息内容陈旧，信息时效性差。一个好的网站应当明确地说明其创建期和最近更新或修改日期，具有较高的更新频率，信息的内容及链接应当新颖。一般来说，网站更换信息的频率越高，它所提供的信息的时效性越强，利用价值就越大，反之亦然。

　　从更新形式上判断正式出版物时效性。对于正式出版文献而言，可以利用文献半衰期指标判断其时效性。文献半衰期指某学科（专业）现时尚在利用的全部文献中较新的一半是在多长一段时间内发表的，利用文献半衰期可以筛选出相对较新的一半时间范围内的文献，同时筛选出相对较旧的一半时间范围内的文献。

　　3. 内容特征评价判断

　　从内容上判断信息的时效性时，要注意信息内涵特征随时间的变化情况，包括以下几种情况。

（1）信息中涉及的事实本身的发生或变动是突发性的或者跃进性的，如某地发生严重自然灾害、重大事故等，对于这类信息时间越接近事件发生的时间越具时效性，如关于汶川地震的报道发布在发生当时及发生不远时间范围内的信息时效性明显，多年以后报道就不具备时效性了。

（2）事实本身的变化是渐进的，表现为一个过程，渐进式的事实，应在事情的变动中找到一个最新最近的时间点来判断时效性，如天气预报具有很强的时效性，对于这类信息需要根据需求找到最新时间点的信息来利用才具有时效性，过了该时间点可能信息本身就失去价值了，如明天去某旅游景点，那么出发前的天气预报具时效性有参考价值，而若你只能得到前一个月关于该旅游景点的天气预报，那么时效性就没有了，参考价值也就不大。

（3）有些信息所涉及的事件虽然是过去发生的，但最近才发现或披露出来，如密级信息刚解密、自然古迹刚发现等信息。

（4）预告一件事实的发生，所发布的信息主题是预测性、预计性、提前告知、通知性的信息。但是这类信息一旦过了预告的时间点预告信息就不具备时效性了，如 2007 年预告 2008 年奥运会的信息。

在对网络信息的时效性进行判断时，需要处理好时效性与适用性的关系以及时效性和可靠性的关系。

另外，网络信息内容的定性化评价还可以从科学性和客观性出发，判断信息的主题、观点或假说、原理与设计要具有科学性；信息发布采用的手段和方法、介绍的技术和提供的工艺、材料、设备、原料、产品等是否合乎自然发展规律和科学发展规律，支持网络信息观点的事实有可供核查事实的客观信息来源、事实数据和依据，同时，所提供的数据要符合经济、科学发展的客观实际。

还可以利用网络自动搜集和整理网站信息的评估工具，从客观量化角度对网站信息资源进行优选与评价。主要的定量化方法有链接关系分析、网络影响因子（Web Impact Factor，Web-IF）等定量方法，定量评价方法较为客观，但尚不成熟，没有形成系统化的量化方法，而定性评价方法易受主观因素影响，可靠性不强，因此将定性化的评价指标与定量化的评价方法结合形成综合评价指标体系还需要进一步的探究。

无论是运用外表特征进行鉴别的方法，还是运用对其内容特征进行鉴别的方法，在实际分析判断的过程中，并不需要相关性、可靠性、先进性、适用性、时效性五个方面完全同时满足时才可以被利用，往往是在一个方面，或一个方面下的某一个特征上具备了可用性就可以利用了，所以上述方法的采用是要根据特定需求灵活选择使用的，无论判断的方法选用是多或少，其使用的目标均在于帮助用户筛选出可以利用的信息或部分信息，为进一步整理、分析与创新信息做好准备。

【互动阅读 3-5】 魏则西事件

思考及讨论：1.利用评价筛选信息的相关性、可靠性、适用性、时效性等评价方法，分析魏则西在对相关网络医疗治病信息的检索、收集和利用过程中的行为，交流、讨论我们每个人应该如何提高评价鉴别信息的能力。

2.分组收集网络信息真假鉴别的典型案例和相关专题方法，交流、讨论如何提高评价鉴别信息真假的能力。

思 考 题

1. 什么是关键词？什么是主题词？外表检索途径和内容检索途径分别有哪些？
2. 常用的布尔逻辑检索技术、截词检索技术有哪几种？其作用分别是什么？
3. 常用运算符、高级操作符有哪些？其作用分别是什么？
4. 扩大、缩小检索结果范围的方法有哪些？
5. 什么是信息评价筛选？信息评价筛选的作用有哪些？
6. 相关性、可靠性、先进性、适用性和时效性评价方法各自的特点是什么？

互 动 题

1. 上网练习：选择你感兴趣的一个话题，或从本书对应的省精品资源共享课程网站的题库资源中选择一题作为检索问题，体验综合运用词间关系分析法、变换检索途径、运用高级检索技术、选取一定限定条件、调用运算符和高级限定语法等方面的技巧扩充和缩小检索范围的过程，总结、分享经验，提高检索技巧。

2. 以你身边获得的信息为例，利用相关性评价方法筛选判断是否可用。

3. 2 人分为一个小组，选择一个感兴趣的话题，或从本书对应精品课程网站的题库资源中选择一题展开网络查询，上网收集关于该话题的网络谣言的典型案例，练习利用可靠性评价方法筛选与判断，体会可靠性评价方法的应用，并交流分享。

4. 2 人分为一个小组，选择一个感兴趣的话题，或从本书对应精品课程网站的题库资源中选择一题展开网络查询，上网收集关于该话题的任意多条信息，练习从先进性、适用性等角度评价与筛选信息，获得值得推荐给大家分享的信息。

5. 2 人分为一个小组，选择一个感兴趣的话题，或从本书对应精品课程网站的题库资源中选择一题展开网络查询，上网收集关于该话题的任意信息，练习从时效性角度评价与筛选，获得值得推荐给大家分享的信息。

创新利用篇

第4章　保存管理信息

【学习目标】

◇了解云存储的内涵；

◇熟悉典型的云存储网盘应用；

◇掌握整理信息的类型与方法；

◇掌握综述的内涵、结构及写作方法；

◇掌握参考文献的引用格式及要求；

◇熟悉文献管理工具的功能及典型软件的应用；

◇熟悉笔记类管理工具的功能及典型软件的应用。

随着人类历史的发展、科技的进步、信息存储载体的不断变化，从龟甲、石头到竹木简、丝帛、纸张，再到磁存储、半导体和光存储，直到如今的网络存储阶段。人们对于存储空间的需求随着信息的海量增长而不断增加，从而推动信息存储技术的不断变化，信息存储的方式也在不断丰富。信息的存储是信息得以进一步综合、加工、积累和再生的基础，在人类和社会发展中有重要意义。信息的存储把人类主观认识世界的信息迁移到客观世界的存储介质中，促使人类文明能够得以保存并一代一代地传承下去，也使得人类社会得以共享知识，成为社会的人与人之间进行信息交流的重要媒介。作为一种新兴的网络存储技术——云存储是目前无论个人还是企业都需要掌握的一种保存信息的较好方式。

4.1　保存信息

课件

4.1.1　保存信息的工具类型

保存信息的目的是在使用的时候能够最快速和准确地查询到相关内容，方便利用，而且是快速地利用。有两种保存方式：一种是保存在本地硬盘，多通过下载保存，该方式的优点是较为安全，不受断网影响；另一种是保存在网络上，该方式的优点是只要能上网就能查看，不受携带限制，分享更为方便；但受到网络条件及速度影响。从保存网络信息的类型看，包括保存链接、保存文章、保存网页、保存图片等。

1. 典型应用：保存链接和网页的工具

在上网查找的过程中，我们有经常光顾、浏览的网站或网页，有认为重要的网站或网页，为此我们将这些常浏览和认为重要的链接保存起来以方便下一次需要时快速调用登录，以收藏信息为主的工具称为收藏类管理工具，目前主要形式有浏览器的收藏夹、社会化书签等工具。

1）浏览器收藏夹

浏览器收藏夹是指浏览器用以存储网址的一个功能，方便使用者不需要使用纸笔抄写或者快速记住网址并迅速链接至网页，浏览器收藏的链接一般在保存在"C:UsersAdministratorFavorites"目录下，该方法的优点是简单易用，支持多台计算机同步；缺点是大量书签管理较为困难。Internet Explorer、Firefox、Google Chrome、Safari 和 Opera 等浏览器皆有此功能。

2）社会化书签网站

社会化书签（Social Bookmark）是一种网页收藏工具，它将人们认为对其有用的网页收藏在网络上，用个性化的关键词对网页进行定义和描述，以与其他人共享。书签工具分为独立的工具和依附于其他网站的非独立工具两种形式。目前使用比较多的有 delicio.us、易集、OpenFav 等网站。

Delicious（https://del.icio.us）是标签类站点，一个帮助用户共享他们喜欢网站链接的网站，可以收藏、管理或分享自己的链接，加入社区功能，让更多人发现、分享、收藏更多更有趣的链接。Delicious 分成三部分，最左边是热门标签，中间是用户保存的链接、信息来源以及一些重要标签，而最右侧则是中间链接的快速预览页面，包括图片、原始链接和分享按钮。在 Delicious 上，用户可以在各种移动设备上跨平台使用 Delicious。其优点在于有较完善的书签工具，支持 Tags，摘要可以全部导出，很容易转换为数据库等其他各类系统。

易集（http://www.yijee.com）是一款轻便灵活的云端书签收藏夹，是多终端的网络收藏夹，可以在任意浏览器、平板电脑、iPhone 上使用它，并保持书签同步，永不丢失，随时随地访问喜爱的网站。易集设计简约、轻便、实用，可以按照自己的习惯自定义布局、分类、排序，定制个性化网络收藏夹和书签主页。自定义、时间、热度、列表多种不同视角查看网络收藏夹，查找更便捷；导入书签可以快速地将易集定制成为个性化的书签主页；导出功能则能让用户无后顾之忧；支持发现与分享网络收藏。通过快速注册易集账号或者使用第三方账号直接登录、将浏览器的收藏夹一次导入到易集、定制个性化书签主页等几个步骤就可以多终端访问了。

2. 典型应用：保存文章、网页和图片的工具

在利用网络资源的过程中我们还会遇到非常多个人认为很重要、值得收藏保存的文章、网页和图片等多种类型的信息资源，最方便、快捷的方式就是利用相应的工具来实现保存。目前能够提供个人收藏文章、网页和图片保存的工具类型包括社交类工具、笔记类工具、文献管理工具等。

社交类工具如 QQ 空间、微博平台等。QQ 空间（Qzone）是中国最大的社交网络，是 QQ 用户的网上家园，是腾讯集团的核心平台之一。在此空间可以上传、保存、分享照片，还可以写日志、写说说、听音乐、写心情、玩游戏、玩装扮、查看我的分享和好友分享等。微博即微型博客（MicroBlog）的简称，是博客的一种，是一种通过关注机制分享简短实时信息的广播式的社交网络平台。在微博平台上可发布文字、图片，分享视频等。微博最大

的特点就是发布信息快速，信息传播速度快。

文献管理工具、笔记类工具都具有保存文章、网页和图片的功能，同时两类工具还具有对信息的组织整理、管理、阅读与分享的功能，本书将在 4.3 节详细讲解。

4.1.2　云存储

1. 定义

云存储是在云计算（Cloud Computing）概念上延伸和发展出来的一个新的概念，是一种新兴的网络存储技术，是指通过集群应用、网络技术或分布式文件系统等功能，将网络中大量不同类型的存储设备通过应用软件集合起来协同工作，共同对外提供数据存储和业务访问功能的一个系统。云存储如同云状的广域网和互联网，对使用者来讲，不是指某一个具体的设备，而是指一个由许许多多个存储设备和服务器所构成的集合体。严格地讲，云存储不是存储，而是一种服务，提供的是将存储资源放到云上供人存取的一种服务，使用者可以在任何时间、任何地方，透过任何可联网的装置连接到云上方便地存取数据。

2. 类型

云存储包括公共云存储、内部云存储、混合云存储等几类。

公共云存储。公共云存储是指它可以低成本提供大量的文件存储。供应商可以保持每个客户的存储、应用都是独立的、私有的。其中个人云存储服务是公共云存储发展较为突出的代表，国内有代表性的有搜狐企业网盘、百度云盘、乐视云盘、移动彩云、金山快盘、坚果云、酷盘、115 网盘、华为网盘、360 云盘、新浪微盘、腾讯微云等；国外如 Dropbox 等。

公共云存储可以划出一部分用作私有云存储。私有云存储可以部署在企业数据中心或相同地点的设施上，可以由公司自己的 IT 部门管理，也可以由服务供应商管理。

内部云存储。内部云存储和私有云存储比较类似，位于企业防火墙内部。可以提供私有云的平台如 Eucalyptus、3A Cloud、Minicloud 安全办公私有云、联想网盘等。

混合云存储。混合云存储是把公共云和私有云/内部云结合在一起。从公共云上划出一部分容量配置一种私有或内部云可以帮助公司解决负载波动或高峰压力问题。

3. 功能

云存储可以将文件信息集中安全存储、集中管理。做到数据集中存储，流转集中控制，权限集中管理，安全集中保障。集中存储不仅能保障用户的数据安全，而且具有超大容量，可不限空间（PB 级数据量）；网络连通时自动与云端数据同步；企业私有云存储具有公共云无法比拟的访问速度优势。

提供协同办公。云存储技术提供了个人云、企业云、移动云、协同云等权限设置与管理功能，使得云协同信息安全性大幅提高，多样化的协同办公权限设置为协同提供可能，促使协同办公速度大幅提高，并能够提供协同历史数据查询功能。

能够提供完全私有信息管理空间。各个独立云空间由用户自己管理；云空间内容对管理员不可见；云空间大小可以任意指定；私有云存储安全性和稳定性比传统存储高得多。

数据安全性更高。公司管理层可对用户的操作进行安全监控与审查；安全监控与审查需要经审批或授权才可以执行，并且审查历史不可被删除；支持防复制、防泄露、防转发，全方位保障用户数据的安全等；对客户端请求采用多重安全验证技术，支持账号密码验证、

CA 验证、域用户验证等多种方式等均为数据安全性提供保障。

所以，与传统存储方式相比，云存储具备存储容量可弹性扩展、高并发读写性能、海量存储节点的可维护性高等特点，同时，云存储中的数据传输是加密的，安全性、可靠性强；云存储集群文件系统不受限于硬件存储节点的数量，可灵活地进行统一管理和共享，资源共享性强。

4.1.3　网盘

网盘又叫网络 U 盘、网络硬盘，是由互联网公司提供的在线存储服务，用户可以通过网盘实现存储、访问、备份、共享等文件管理功能。与传统闪存盘和移动硬盘相比，网盘不需要担心设备丢失问题，不管用户身在何处，只要用户接入互联网，就可以随意管理和编辑网盘里的文件。网盘是云存储技术最直接的表现，只要用户能够连接到互联网，就可以在任何时间、任何地方，透过任何可联网的装置连接上网方便地存取数据。

云存储与网盘的区别。从技术构架上讲，云存储应用了包括分布式文件系统、用户管理与身份验证、虚拟化等诸多技术手段；网盘的技术构架则相对简单，以用户管理为例，网络硬盘只是依靠数据库管理进行用户区分，而并没有实现单一账户下多权限的划分、多账户间协作等管控内容；从应用角度来看，网盘的作用更多的是存储数据，但是云存储服务提供商围绕服务打造出的是一个包含文件同步、工作协同、多应用汇聚的平台，而不仅仅是存储数据的功能。从本质上讲，网盘是针对一部分用户所提供的一种服务模式，云存储建立的是一系列服务体系，从这个层面可以说，网盘的功能仅是云存储的一部分。

最新应用的云计算存储技术为网盘行业带来了新的革命，传统的网盘将逐步被云存储取代。云存储适用于各大中小型企业与个人用户的数据资料存储、备份、归档等一系列需求。云存储最大的优势在于将单一的存储产品转换为数据存储与服务，在这个技术下，网盘行业在单一的存储服务基础上衍生出更多的增值服务。

4.1.4　典型应用

1. 搜狐企业网盘

企业网盘是基于云计算理念推出的企业数据网络存储和管理解决方案，利用互联网后台数据中心的海量计算和存储能力为企业提供数据汇总分发、存储备份和管理等服务。企业网盘是一个企业专用网盘系统，具有强大和简单易用的文档在线编辑预览、协同办公、文件共享、自动备份、历史资料归档等丰富功能。

搜狐企业网盘（https://pan.sohu.net/home）是国内专注提供企业数据高效存储和管理的企业网盘，是一款服务于企业大数据存储、分发和汇总的云产品。可以全面替代企业文件服务器和 FTP 服务器，降低 IT 管理成本。其功能包括：①在线管理文件，快速汇总分发，上传文件大小不设限；②高效分享与协作，共享文件实时更新，团队成员保持同步，还能通过链接向客户和合作伙伴快速分享文件；③轻松移动办公，支持 Web 端、PC 端、移动端多平台数据同步，实现数据无缝对接移动办公；④IT 管理控制。企业可自由分配员工的使用空间，可以自定义用户界面的 Logo 及访问域名，提供专属定制服务。

2. 百度网盘

百度网盘（http://pan.baidu.com/disk/home#list/path=%2F&vmode=grid）是百度 2012 年正式推出的一项免费云存储服务，百度网盘包含网盘、相册、通讯录等云服务。功能特点：①超大空间，提供 2T 永久免费容量；文件预览方面支持图片、音频、视频、文档、通讯录数据文件在线预览、分享；②视频播放，支持主流格式视频在线播放；③离线下载，Web版支持离线下载功能，下载过程中关闭浏览器、关闭计算机都不影响下载；④在线解压缩，在线解压 500MB 以内的压缩包，查看压缩包内文件，支持 50MB 以内的单文件保存至网盘或直接下载；⑤快速上传，Web 版支持最大 4GB 单文件上传，会员充值后，使用百度云管家可上传最大 20GB 单文件；⑥添加好友，给好友发送文本消息，查看与好友的分享记录等；⑦创建群组，在群组发消息、发文件以及对群组分享的文件进行转存/下载、删除群内成员分享的文件等。

【拓展资源 4-1】　更多云存储网盘

4.2　整　理　信　息

文献信息整理是连接信息检索与信息利用的中间过渡环节，通过整理文献形成的信息集合是对信息检索结果的初步组织，也为下一步通过信息分析开展对信息检索结果的创新组织打下了基础。文献整理的方法可以分为形式整理与内容整理，形式整理是将信息加以剪贴、摘录，按学科体系归类，使之系列化、有序化，主要通过分类和排序方法处理；内容整理是在对文献信息内容的系统阅读、鉴别和分析的基础上，对文献信息内容进行合并、归纳、汇总，内容整理是对信息内容的有效组织，常见的初步的内容整理方法有汇编和摘录，高级整理方法即改编重组信息，有综述、述评和报告。

4.2.1　整理信息的类型

视频

形式整理是对信息进行外部整理，对结果进行微分化，使所获得的信息，依据分析研究的需要，按照某种标准详细分类形成类别。如可按应用领域、观点、方法、技术、产品等分类将信息加以剪贴、摘录；或可按学科体系归类，或可按研究问题归类，或可按照年代、主题、机构、著者、文献类型等分别进行归类。形式整理有助于信息利用者从数量的角度对外表特征归类进行统计分析。

内容整理是在对文献信息内容的系统阅读、鉴别和分析的基础上，对文献信息内容进行合并、归纳、汇总，内容整理是对信息内容的有效组织，常见的初步的内容整理方法有汇编和摘要，高级的整理方法有综述、述评和报告。内容整理过程实际上就是对课题进行研究的过程。通过对资料由此及彼、由表及里的思考，就可能发现一些事物的内部联系和规律，从而可能提出一些有价值的问题。

内容整理包括对文献观点、数据、内容、图表进行整理。观点整理是列举不同观点、合并相同观点和归纳相近观点，形成对某一个问题研究情况的资料、对同一问题几种不同观点的资料、对某一问题研究最新的资料和成果等；数据整理是对数据统计、汇总；对内容进行综合，加以提炼整理；对图表进行编排；围绕研究课题编制专题索引等。

4.2.2 整理信息的方法及应用

1. 分类

分类是人类思维的基本形式，是人们认识事物、区别事物的一种思维方法。指依据事物的属性或特征对信息进行区分和聚类，并将区分的结果按照一定次序予以组织的活动。分类的目的在于将各个领域有关的信息（概念、事实、数据、信息记录、信息实体）按照一定的特征（内容、形式、功能、用途）分门别类地加以聚合或区分，以便于系统化地识别、检索、利用。

文献分类是指根据文献的学科属性或其他特征，将各种文献分门别类地、系统地加以组织和揭示的方法。可借助系统学科分类法实现，如中国图书馆图书分类法，简称中图法分为五大部类，"A 马、列、毛、邓，B 哲学、宗教，C 社会科学总论，D 政治、法律，E 军事，F 经济，G 文化、科学、教育、体育…，N 自然科学总论，T 工业技术……"等 22 个基本大类。学科分类法的优点是知识体系系统，反映知识全貌和其内在逻辑关系；规范、统一等；不足是结构庞大、操作复杂、缺乏多维性和灵活性。

网络分类是采用以主题为中心的方式来设类，以主题聚类为主，学科分散；多角度重复列类，增加检索途径；系统维护及时，随时增、删、改等；不足之处是类目之间缺少逻辑性。

兼顾主题与学科、属性特征结合的如 Yahoo 的基本分类体系，既有艺术与人文、教育、社会科学等来自学科体系的类别，也有结合互联网信息特点的商业与经济、计算机与互联网、政府、参考资料、休闲与运动、健康与医药等兼具二者优势的分类目录。

2. 归类

在掌握分类方法的基础上可以将资料归类。归类是将每一种文献归到与它内容性质或其他特征相同的一组文献中去。归类可以揭示每种文献的学科知识内容，把具有相同学科属性、研究对象、内容性质、形式体裁和读者用途等特征的文献分门别类地聚集在了一起，根据各类文献的分类层级形成的体系，有利于明确其在学科体系中的地位，以及与相关方向间文献的关系。而根据其他特征形成的宝塔式的信息集合也更有条理，方便进一步调用。

1）检索结果的多样化归类

如对于检索获取得到的结果可以按结果处理方式分为需要获取原文全文的文献、获取文摘的文献、需要引用的文献、需要利用引文继续查询的文献、继续获取作者或机构信息的文献等；按内容主题并结合"论点最相关的、相近的、作为论据的、作为方法借鉴的、研究背景相近的、最新颖的"等特征分类。除学科属性外，通常还会按照一定的主题标准进行分类，如对某一课题资料，可以按历史线索分类，可以按不同的观点分类，也可以按研究的问题的性质分类，还可以按子课题分类等。

如围绕研究课题可以归类编制专题索引等，可按背景材料（政策、发展概况）、主题材料、提供数据的材料等归类；可按照某种标准详细分类，如按应用领域、观点、方法、技术、产品等分类，在大类下还可将资料按照地区、年代等进一步分类归纳。

如对于基础科学类课题，可将所检索获取得到的信息按基本概念、研究对象、发展概况、研究方法、实验手段、应用前景、学术重要性等分类；对于方针政策类课题，可将所检索获取得到的信息按政策制定的要求和依据、政策制定的背景、内容和范围、社会影响力和效果、存在问题、对策措施等分类归类。

通过归类将与主题相关的信息内容集中，不相关信息作以记录备用或舍去；将论点与论据信息分别汇总，便于调用信息；将马上要使用的信息、以后可能用的信息分开，这样分类的同时可以作相关的记录，形成检索结果资料的汇编、检索资料笔记、文摘卡片、剪报、专题文档等，并附以简要说明，以备调用。

2）利用检索工具提供的分组聚类功能

数据库、搜索引擎等检索工具对结果的处理也多提供了分组聚类的功能。

中国知网可对检索结果按来源数据库、学科类别、研究层次、文献作者、作者单位、中文关键词、研究资助、基金、发表年度分组浏览；按学科类别分组浏览可快速找到不同学科对同一主题的文献；按基金分组浏览可快速找到基金资助的研究文献。

读秀学术搜索提供按年代筛选、专题筛选、人物、图书等不同文献类型、视频、课程课件、考试辅导、网页等聚类筛选功能；万方数据知识服务平台可对检索结果按出版状态、学科分类、论文类型、年份、按刊分类。

Science Direct 将热门文章归类，单击"查看热门文章"项便可获得。

3. 排序

为方便调用，同一主题或层级中的信息需要遵循一定的标准和规则排列，此方法称为排序方法。主要的排序方法有分类组织法、主题组织法、字顺组织法、号码组织法、时空组织法和超文本组织法。

（1）分类组织法。分类组织法简称分类法，是将知识信息单元按照学科系统或事务性质进行分类并加以排列的方法，是按照类别特征排列信息概念、信息记录和信息实体的方法。按不同的分类标准形成不同的体系，如按学科形成分类目录、分类索引，按区域分类形成行政划分，按行业形成产业划分，按时间年份形成分类统计报表等。

（2）主题组织法。主题组织法简称主题法，是以主题概念为检索标志，以字顺为基本序列来排检的方法，是按照信息概念、信息记录、信息实体的主题特征来组织排列信息的方法，如学术论文以及书刊中的主题目录、主题文档等。

（3）字顺组织法。字顺组织法简称字顺法，是按照揭示信息概念、信息记录和信息实体有关特征所使用的语词符号的音序或形序来组织排列信息的方法，如各种字典、词典、名录、题名目录等。中文字顺法分为形序、音序和号码 3 种排检方式。形序又分笔画笔顺及部首法。

（4）号码组织法。号码组织法简称号码法，是按照每个信息被赋予的号码次序或大小顺序排列的方法，如按科技报告号、标准文献号、专利号等顺序排列就是号码组织法。

（5）时空组织法。时空组织法是按照信息概念、信息记录、信息实体产生、存在、发生、发展的时间顺序、空间特征（地理位置、区域、行政区划）来组织排列信息的方法。例如，年鉴、大事记、历史年表等是按时间顺序组织的；国家、地区、城市、乡镇等常按地域组织。

（6）超文本组织法。利用点链的非线性方式组织信息的方法。点即节点，用于存储各种信息，链用于各节点（各知识单元）之间的关联。互联网信息多采用此组织方法。

数据库一般排序方式包括按照时间、相关度、下载量、被引次数排序，如中国知网按主题、发表时间、被引、下载排序。

4. 汇编

汇编是选取原始信息中的篇章、事实或数据等进行有机排列而形成的信息产品。汇编可以从组织机构、会议、社会热点、标准、方法等角度选取信息，如"深入学习实践科学发展观心得体会汇编"、"国际饮用水水质标准汇编"、"论文写法汇编"等；按事件发展阶段、专题、文种、地区、作者、形成时间等编排方法组织内容，形成文献、事实、数据等汇编形式，如剪报、文献选编、年鉴名录、手册、音像剪辑等，汇编的主题广泛，其中，数据汇编的表达方式灵活多样，有图表式、表格式和图表或表格结合文字叙述式等。

5. 摘要

摘要又称概要、内容提要。摘要是以提供文献内容梗概为目的，不加评论和补充解释，简明、确切地记述文献重要内容的短文。摘要是摘录要点，主要是通过摘录揭示文献的内容要点，不重要的或人所共知的内容一般不应摘录，其基本要素包括研究目的、研究工作的主要对象和范围、采用的手段和方法、得出的结果和重要的结论等，有时也包括具有情报价值的其他重要信息。

摘要按文献研究的类型可以形成一般摘要和实证摘要两种类型。一般摘要包括主题关键词、参考文献、资料来源（出处）、摘录引用的观点、语句等内容；实证摘要包括问题关键词、参考文献、资料来源（出处）、摘录引述的方法、试验对象、研究工具、研究发现、结果或结论等内容。

摘要按不同功能可以划分为报道性摘要、指示性摘要和报道-指示性摘要。报道性摘要是指明以"摘录要点"的形式报道出一次文献的作者的主要研究成果和比较完整的定量及定性的信息，相当于简介；指示性摘要是指明一次文献的论题及取得的成果的性质和水平的摘要，其目的是使读者对该研究的主要内容（作者做了什么工作）有一个轮廓性的了解；报道-指示性摘要是以报道性摘要的形式表述论文中价值最高的那部分内容，其余部分则以指示性摘要形式表达。

把摘录内容要点归纳组织起来，按分类、主题的方式加以整理，可以形成一篇逻辑性强、层次清晰的文摘短文。摘要通常可以利用纸质记录或电子文档的方式存储，以方便查找调用。

6. 综述

综述是对某一特定学科或专题在某一时期内的大量相关文献进行收集、整理、分析、研究而成的具有高度浓缩性、简明性和研究性的信息产品。它是通过对相关文献群进行分析研究而形成的关于学科或某专题的文献报告。从文献整理的角度讲，综述是科学研究深入开展的基础环节，是创新组织利用信息的重要步骤；同时，综述作为信息成果表达的一种方式，它又是一种科技论文体裁。

1）综述的内涵与特点

综述具有综合性、评价性、文献信息量大、强调客观事实等基本特点。

综合性。综述之"综"有综合之意，是要求对文献资料进行综合分析、归纳整理，使材料更精炼明确，更有逻辑层次。

评价性。综述之"述"有评价、评述之意，是要求对综合整理后的文献进行比较专门的、全面的、深入的、系统的、客观的评述。

文献信息量大。综述文献信息量大指一篇综述往往是作者在收集并综合分析、研究了几十篇甚至几百篇以上的文献资料基础上撰写而成的。

强调客观事实。综述强调对某专题大量的实际数据、资料的综合归纳整理，不是作者自己所从事的生产、研究、开发等工作的介绍和总结，故强调客观事实。

因此，文献综述的内容特点是内容的综合、语言的概括、信息的浓缩、评述的客观；文献综述的形式特点是参考文献数量多，标题一般直接反映其综述类型，如包含"综述"、"概述"、"述评"、"评述"、"进展"、"动态"，或是"现状、趋势和对策"、"分析与思考"等文字的标题，英文称为 Survey、Overview、Review 的一般是综述性文章。

2）综述的作用

综述可以帮助科研管理部门和科研人员了解某一专业或领域的国内外发展水平、趋势、存在的问题以及解决的办法，以确定科研的主攻方向，制定科研计划和规划，所以，综述是科研者立项选题、申报课题、学位论文开题必不可少的基础环节，是写作论文序言、毕业论文的必要组成部分，是写出高水平论文的重要基础。

同时，综述是可以较全面、系统地集中反映某专业和学科的历史沿革、当前状况、发展趋势的相关文献，以及集中相关发展脉络的文献，属于科学文献中的三次文献，故能够帮助用户通过阅读综述文献用较少时间和精力，就可以查找到所需要的尽可能多的相关文献信息，为科学研究提供科技文献方面的基础和素材。

此外，文献综述是一种写作科技论文的体裁，它可以称得上是一种"文献的文献"或者"论文的论文"，经深入探讨撰写形成的综述论文不仅能反映当前某一领域、学科或重要专题的最新进展、学术见解和建议的学术报告或论文，还能反映出有关问题的新动态、新趋势、新水平、新原理和新技术，是对某一方面问题的历史背景、前人工作、争论焦点、研究现状和发展前景等内容进行评论的学术性论文。

3）综述的类型

综述按综述方法不同可分为叙述性综述、事实性综述、评论性综述和预测性综述等类型。

叙述性综述是围绕某一问题或专题，广泛搜集相关的文献资料，对其内容进行简单分析、整理和综合，并以精炼、概括的语言对有关的理论、观点、数据、方法、发展概况等作综合、客观的描述的信息分析产品。其特点是提取并概括叙述了文献的主要内容及研究成果，不作深入分析，综述作者观念，一般不发表自我见解和评论，可为综合了解某一课题的研究现状、成果及发展趋势提供参考。

事实性综述是对某一文献中的事实资料进行系统的排比，并附以其他资料的一种综述，进行部分评价和解释。

评论性综述是在对某一问题或专题进行综合描述的基础上，从纵向或横向上作对比、分析和评论，提出自己的观点和见解，明确取舍的一种信息分析报告，评论性综述对某一课题文献进行了全面深入的分析研究，提出了论证和评价，加入了综述作者的自我见解和评论。由于评论性综述的主要特点是分析和评价，因此也有人将其称为分析性综述。

预测性综述又称为专题研究报告，是就某一专题进行反映与评价，并提出发展对策、趋势预测，一般是针对涉及国家经济、科研发展方向的重大课题的有关文献进行科学的分析综合，并着重对未来发展趋势进行预测，是一种现实性、政策性和针对性很强的情报分析研究成果，其最显著的特点是预测性。

4）综述编写的一般步骤

通过撰写综述，能提高研究人员归纳、分析、综合信息的能力，能为今后科学研究提供科技文献方面的基础和素材，有助于全面了解某一专业或领域的国内外发展水平、趋势、存在的问题以及解决的办法，帮助确定研究方向，制定科研计划，有助于提升科研能力。

文献综述的写作从选题开始，通过查阅文献资料，对查阅文献资料进行归纳、整理、分析等系列加工处理，并拟定提纲，撰写形成初稿，后经反复修改，定稿成文。5 个步骤的实施过程如下。

（1）选题与确定研究重点。确定选题是撰写文献综述的第一步，文献综述的选题一般有主动选题和被动选题两种方式。主动选题有通过日常研究活动来发现问题和线索进行选题，或者通过积累大量的文献资料，结合自己的研究成果和心得分析获得选题。被动选题主要指通过上级领导部门下达和外单位委托两种方式选题。

（2）文献资料的搜集、跟踪与积累。这是重要的步骤，需要根据研究的目的确定收集资料的学科主题、文献类型等，利用文献检索的相关方法，借助各类文献信息资源与工具，尽可能获取丰富、全面的资料。注意收集作者当时所处的社会、政治、经济等背景材料、政策文献、统计材料，国内外对有关该课题学术研究的最新动态、边缘学科的材料，相关研究的典型案例、经验总结、名人的相关论述等。

（3）分析、评价资料价值，进行筛选。可以通过对资料的适用性、全面性、真实性、新颖性、典型性进行鉴别、判断，从而筛选出所需要的信息。

（4）整理资料，使之系统化。经过阅读、归类序化、改编重组等整理工作，运用相关分析方法创新组织信息。

（5）撰写综述。在实施以上具体操作步骤并顺利完成的基础上，利用相关综述写作方法，遵循相关规范与要求撰写综述。写作步骤包括设计框架，明确中心内容、辅助内容和背景内容，对全文内容给出一个笼统的构架，形成文章的基本结构；接着拟定提纲。所谓提纲，就是按照一定的逻辑关系逐级展开的，由序号和文字组成的有层次的大小标题，是将框架的各部分内容具体化，理清各部分的详简程度、逻辑关系和脉络层次；紧接着就是细化大纲，即确定综述的二、三级标题或内容；开始撰写初稿，经对综述内容与形式的多次修改后，补全参考文献可定稿。

5）综述的结构及写作要求

文献综述的格式与一般研究性论文的格式有所不同，因为研究性论文注重研究的方法和结果，而文献综述要求向读者介绍与主题有关的详细资料、动态、进展、展望以及对以上方面的评述。因此，文献综述的格式相对多样，但总体来说，文献综述的结构一般包括标题、著者、摘要、关键词、正文、参考文献等几部分，其中正文部分又由前言、主体和总结组成。

（1）标题（Title）。综述性文章的标题应揭示主题内容、高度概括、突出重点，使人一看标题就可了解综述的大致内容，如结构动力分析中多点激励问题的研究综述、中国纳米科技研究现状分析与思考、三维 GIS 空间建模方法评述等。

（2）著者（Author）。著者署名要求和科技论文写作中的要求一样。

（3）摘要（Abstract）。摘要中文章内容不加注释和评论的简短陈述，具有独立性和完整性，故论文摘要的文字必须十分简练，内容亦需充分概括，字数一般不超过论文字数的

5%，包括写清楚从事这一研究的目的和重要性；研究的主要内容，完成了哪些工作；获得的基本结论和研究成果，突出论文的新见解，以及结论或结果的意义等内容。摘要应避免列举例证、研究过程，不用图表，不列化学结构式，也不要作自我评价等。

（4）关键词（Keyword）。关键词是标示文献的关键主题内容、未经规范处理的词。一篇论文可选取 3～5 个通用性比较强的词组作为关键词，避免使用分析、特性等普通词组，如《中国纳米科技研究现状分析与思考》的关键词有纳米科技、可持续发展；《我国建筑涂料产业技术发展趋势和对策研究》的关键词为建筑涂料等。

（5）正文（Body）。正文是综述文章的核心内容。正文将依次综述各个问题，在正文中按问题添加各级小标题，分别论述，可使正文的内容一目了然。标题前有段落标识号，标识号一般用阿拉伯数字表示，以"、"与标题分隔，如"一、""（一）""1、"；或者如"1""1.1""1.1.1"等。正文包括前言、主体和总结部分。

前言（Why）部分，主要是说明写作的目的，介绍有关的概念以及范围，扼要说明有关主题的现状或争论焦点，使读者对全文要叙述的问题有一个初步的轮廓。前言属于整篇论文的引论部分。写作内容包括研究的理由、写作的目的、研究的范围、历史及现状，阐述有关概念的定义、理论依据和实验基础、预期结果及其在相关领域里的地位、作用和意义。

主体（What）部分，综述的主体，其写法多样，没有固定的格式。可按年代顺序综述，也可按不同的问题进行综述，还可按不同的观点进行比较综述。不管用哪一种格式综述，都要将所搜集到的文献资料归纳、整理及分析比较，阐明有关主题的历史背景、现状和发展方向，以及对这些问题的评述。主体部分注意对有代表性、科学性和创造性的文献的引用和评述。

总结（How）部分，将全文主题进行扼要总结，与前言部分呼应，对所综述的主题提出个人见解。总结部分的内容一般包括研究结果说明了什么问题；对前人有关的看法作了哪些修正、补充、发展、证实或否定；研究的不足之处或遗留未予解决的问题，以及解决这些问题的可能的关键点和方向，表达自己的见解，提出尚待解决的问题。

（6）参考文献。参考文献应条目清楚、内容准确、亲自阅读、格式规范。标注引用文献是对作者的尊重，表明作者的文献拥有量和文献综合能力，指明引用资料出处，为读者深入探讨有关问题提供文献检索线索。

6）常用的参考文献标注方法

参考文献标注方法指正文中引用某参考文献的标注方法，常用的标注方法是顺序编码制，另一种是在外文版及翻译图书中用得较多的著者-出版年制。我国发布 GB/T 7714—2015《信息与文献参考文献著录规则》，规定采用顺序编码制和著者-出版年制两种为我国著录文后参考文献的国家标准。

顺序编码制。顺序编码制是指作者在论文中所引用的文献按它们在文中出现的先后顺序，用阿拉伯数字加方括号连续编码，视具体情况把序号作为上标或作为语句的组成部分进行标注，例如，在引用第 25 个文献的地方所加的标记为 [25]，或作为上标；在文后参考文献表中，各条文献按在论文中出现的文献序号顺序依次排列；注意正文中标注的编码位置应正确无误，并且正文中的编码要与正文后参考文献表中的序号一致；参考文献表中，文献的作者不超过 3 位时，全部列出；超过 3 位时，只列出前 3 位，后面加"等"字或相应的外文；作者姓名之间不用"和"或 and，而用"，"隔开；中国人和外国人的姓名一律采用姓前名后著录法。西文作者的名字部分可缩写，并省略缩写点"."。

著者-出版年制。参考文献的标注内容由著者姓氏与出版年构成，用圆括号将其括在一起组成标注文字。该标注文字置于被引用的著者姓名之后时，圆括号中可只标注出版年；如引用的资料只提及内容而未提及著者时，圆括号中标注内容需齐全，并要求在著者姓名与出版年之间加一空格。

一本书或一套书正文后所列参考文献一般应共同采用顺序编码制或著者-出版年制中的一种著录格式，不可混用。

7）参考文献著录格式

各类参考文献条目的著录格式及示例如下。

（1）期刊:[序号] 主要责任者.文献题名［J］.刊名，出版年份，卷号（期号）：起止页码.

例如: [1]郑广翠. 关于我国基层农业信息服务模式的几点思考[J]. 农业信息图书情报学刊，2005，17（12）：194-197.

（2）专著：[序号]主要责任者. 文献题名[M]. 出版地：出版者，出版年：起止页码.

例如：[2]胡昌平. 信息管理科学导论[M]. 北京：高等教育出版社，2001：115.

（3）论文集：[序号]主要责任者. 文献题名[A]. 论文集名[C]. 出版地：出版者，出版年：起止页码.

例如：[3]BEREZIN A B, PODBEREZNEY V L, CHERNOZUBOV V B. Investigations of heat transfer in a film horizontal tube evaporator for sea water//DELYANNIS A, DELYANNIS E. Proc. 6th Intern. Symp. Fresh Water from the Sea. Las Palmas, Spain: Chemical Institute of Spain, 1978: 97-104.

（4）学位论文：[序号]主要责任者. 文献题名[D]. 保存地：保存单位，年份.

例如：[4]李应博. 我国农业信息服务体系研究[D]. 北京：中国农业大学，2005.

（5）报告：[序号]主要责任者. 文献题名[R]. 报告地：报告会主办单位，年份.

例如：[5]冯西桥. 核反应堆压力容器的 LBB 分析[R]. 北京：清华大学核能技术设计研究院，1997.

（6）专利文献：[序号]专利所有者. 专利题名[P]. 专利国别：专利号，发布日期.

例如：[6]陈涛. 掌上阅读器的在线电子辞典[P] . 中国专利：1407468A，2003-04-02.

（7）国际、国家标准：[序号]标准代号，标准名称[S]. 出版地：出版者，出版年.

例如：[7] GB/T 2887—2000，电子计算机场地通用规范[S]. 北京：中国标准出版社，2000.

（8）报纸文章：[序号]主要责任者. 文献题名[N]. 报纸名，出版日期（版次）.

例如：[8]王春. 21 世纪：农业信息化离我们有多远[N]. 科技日报，2000-12-8（4）.

（9）电子文献：[序号]主要责任者. 电子文献题名[文献类型/载体类型]. 电子文献的出版或可获得地址[发表或更新的期/引用日期（任选）].

例如：[9] Online Computer Library Center, Inc. History of OCLC[EB/OL]. http://www. oclc.org/ about/history/default.htm[2000-01-08].

电子文献类型与载体类型标识基本格式为[文献类型标识/载体类型标识]

例如：［DB/OL］——联机网上数据（Database Online）；

　［DB/MT］——磁带数据库（Database on Magnetic Tape）；

　［M/CD］——光盘图书（Monograph on CD ROM）；

　［CP/DK］——磁盘软件（Computer Program on Disk）；

　［J/OL］——网上期刊（Serial Online）；

　［EB/OL］——网上电子公告（Electronic Bulletin Board Online）。

以纸张为载体的文献在引作参考文献时不必注明其载体类型。

8）综述正文的写作方法

文献综述的写作包含了该领域的研究意义、研究背景和发展脉络；目前的研究水平、存在问题及可能的原因；进一步的研究课题、发展方向概况；自己的见解和感想等内容。为了更好地达到写作的目的，综述正文需要对获得的材料进行组织，概括起来主要可以归纳为纵式写法、横式写法和综合法三种写法。

1）纵式写法

纵式写法又称顺序法，"纵"是"历史发展纵观"、知识范围的纵向扩展与缩小。它主要围绕某一专题，按时间先后顺序或专题本身发展过程或是知识范围宽窄，对其历史演变、目前状况、趋向预测作纵向描述，从而勾画出某一专题的来龙去脉和发展轨迹的写作方法。一是按照时间年代顺序组织，有人将此方法称为时间顺序法；二是可以按事物发展不同的历史阶段组织，有人将此方法称为阶段法；三是可以按事物的发生、发展从研究的原因、现状分析，提出问题、寻找方案解决问题的事物内在的联系组织；四是按主题知识的门类或内容由宽到窄，或由窄到宽纵向发展深入组织的方法，这种方法的实施需要有足够量的、不同深度的文献才适宜采用。

2）横式写法

横式写法的"横"是指"国际国内横览"、事物不同方面、不同问题或不同视角的展开、相关知识的横向铺开。它主要围绕某一专题，将不同的地域、不同观点、不同问题、不同视角的各家之言、各种方法等进行比较。其中，对某一专题在国际和国内的各派观点、各自成就等加以描述和比较称为国际国内横览法；按不同的观点将有关的观点、数据、方案一一列举说明，然后提出编者的分析、比较和评论的方法称为观点罗列法；按不同的问题进行综述，将有关课题的关键性问题抽取出来，以这些问题为提纲组织材料和观点称为问题分析法；从不同角度去写同一内容，该内容可被反复使用的方法称为交叉综述法；还有是按相关知识横向写作，此方法选择新颖性的余地小，花费时间多。

3）综合法

综合法是指在同一篇综述中采用纵横式相结合的写法，如在大篇幅综述时可同时采用观点列举和阶段法，或在写历史背景时采用纵式写法，写目前状况时采用横式写法，多种方法可根据写作需要灵活选择，无固定模式。

综述写作是一个不断提高的过程，需要在平时注重搜集和运用已有的知识；随时用笔记下他人的资料或自己的思想火花；善于与教师、同学以及其他人进行广泛交流和讨论；同时要具有怀疑、冒险、探索和批判精神，以不同的方法和角度看待问题，养成良好的文献阅读习惯、训练有素的信息检索与利用能力，反复模仿、练习与修改，长此以往，便能掌握综述写作方法与诀窍。

4.3　信息管理工具

随着网络获取的便利与信息资源的海量增长，获得文献信息已经不再是难题，获得文献信息后如何高效地整理和利用信息才是关键，能有效地管理文献信息是信息时代人们的现实需要，也是必须具备的能力。广义的信息管理过程包括保存、整理、阅读、组织、管理等环节，在没有计算机辅助的情况下，对文献信息的整理工作最早是由卡片加剪刀的摘抄手工完成的，经历资源管理器时代后，信息管理工具应运而生。目前已经进入到专业化的工具管理时代，传统整理方式已为专业的各类管理系统、平台和软件所替代，而且 Web 2.0 技术使各类工具呈现社会化特征，支持知识的交流与共享，工具的功能呈现一体化的特征，这些信息管理工具将保存文献信息和知识、整理、管理、分析、分享信息和知识的功能集成为一体，各种操作更加便捷；同时，随着网络与数据分析技术的发展，人们将不再仅仅局限于对信息的线性序化管理，而转向更加关注从知识单元角度分析、关联知识，故信息管理工具也将逐步走向知识管理工具，在保存和管理知识的同时，支持对知识的分析和挖掘，并以可视化的方式呈现出来，方便用户对知识进行更好的消化、吸收和再创新。

广义的信息、知识管理工具包括文献管理工具、笔记类工具、社会性网络工具、个人知识管理系统、信息分析工具、思维导图等，本节从狭义的信息管理角度出发，将对具有保存、整理、管理、分析信息和知识的功能集成为一体的工具进行重点讲解，将分析功能突出的社会网络工具归入"分享交流"部分讲解，将信息分析工具、思维导图工具归入分析和创新部分深入讲解。由此，本节重点讲解文献管理工具、笔记类工具和个人知识管理系统三类工具。

4.3.1　文献管理工具

文献管理工具是集检索收集、管理、组织、阅读笔记、分析和调用功能于一体的软件，它可以建立参考文献数据库，协助用户完成论文写作。文献管理软件使用户摆脱了文献手工整理烦琐、效率低下、容易出错的局面，使得用户更高效、准确、便捷地管理自己海量的文献数据，有助于提高论文写作的效率和质量。

文献管理软件是用于记录、组织、调阅引用文献的计算机程序，利用文献管理软件可以建立"个人图书馆"，从而帮助用户有效地组织、管理已获取的文献信息，并在今后的工作中能够便捷地利用这些信息。文献管理软件不仅管理已有文献，而且便于引用已有文献，提供文献的查重、检索、聚类和共享功能。

目前文献管理软件可分为单机版文献管理软件和 Web 版文献管理软件两种类型。常用的单机版文献管理软件有 CNKI E-Study、NoteExpress、EndNote、RefWorks、Reference Manager、NoteFirst、医学文献王，Web 版文献管理软件有 EndNote Web、Mendeley 等。

4.3.2　典型应用：CNKI E-Study

1. 简介

CNKI E-Study 是一款探究式的学习工具，是数字化学习与研究平台，是中国知网公司旗下的一个产品。它能帮助学习者展现知识的纵横联系，洞悉知识脉络，帮助有效管理学习资料、搭建便利的文献阅读和笔记管理平台，提供基于 Word 的各种写作辅助工具辅助写作与投稿。

2. 主要功能

概言之，CNKI E-Study 是集资料管理、检索工具、阅读工具、笔记素材、开题报告、下载、写作与投稿等功能于一体的学习支持平台，提供了包括一站式阅读和管理平台、文献检索和下载、深入研读、记录数字笔记实现知识管理、写作和排版、云同步等具有特色的文献存储、阅读、整理、管理与分享的功能。

（1）文献检索、下载和导入。支持 CNKI 学术总库检索、CNKI Scholar 检索等，将检索到的文献信息直接导入到学习单元中；根据用户设置的账号信息自动下载全文，不需要登录相应的数据库系统。支持如图 2-57 所示的 CNKI 检索结果的导出格式页面导出保存文本的导入。

（2）归类整理文献。帮助有效管理学习资料：通过将文献库中的学习资料按照不同的学习单元进行分类，并通过附件中的引证文献、参考文献和相关资料，理清知识脉络，帮助使用者构建知识地图，如图 4-1 所示，CNKI E-Study 管理阅读页面的左侧是学习单元的构建与组织。文献管理将搜集的文献按照一定结构组织起来，支持文献分类，添加、删除文献，为文献添加附注等操作。

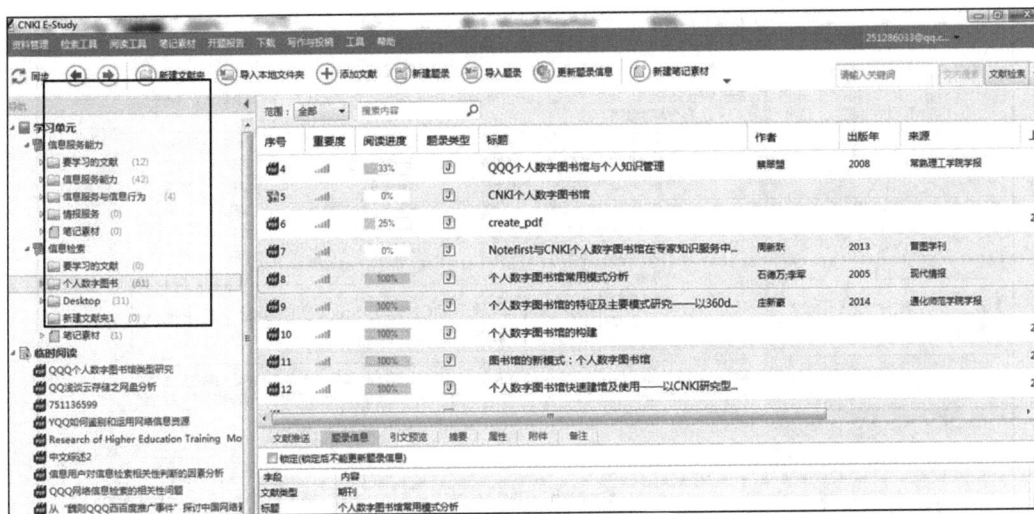

图 4-1　CNKI E-Study 管理阅读页面

（3）阅读笔记管理。E-Study 是一站式的阅读和管理平台，在 E-Study 平台上可以对多种格式的文献深入研读，包括对单篇文献阅读支持各类标记、划线、标红、高亮显示等，文献阅读支持连续、单页、对开、连续对开模式，支持两篇文献同时对比阅读，支持边学边查工具书，深入了解概念的准确定义；支持对学习过程中直接在文献全文上记录知识点、注释、问题和读后感等多种类型的笔记，并作多种形状的标注支持将文献内的有用信息记录笔记，并可随手记录读者的想法、问题和评论，系统、方便地记录读者的思想火花等。

（4）支持多格式文献管理。E-Study 提供多种格式文件的管理、阅读、记录笔记等功能的一站式服务。不仅支持常用的文献格式，如 KDH 文件（*.kdh）、PDF 文件（*.pdf）、NH 文件（*.nh）、CAJ 文件（*.caj）和 TEB 文件（*.teb），还可以将 Word 文件（*.doc*、docx*、dot*、docm*、rtf*、dotx）、PowerPoint 文件（*.ppt*、pptx）、Excel 文件（*.xls*、.xlsx）和文本文件（*.txt）自动转换为 PDF 文件格式，便于统一管理和记录笔记。

（5）写作、排版和投稿。基于 Word，E-Study 提供了各种辅助工具，帮助作者撰写论文，包括插入引文、编辑引文、编辑著录格式及布局格式等。撰写论文时，可以直接引用笔记中的内容，并自动生成笔记来源的参考文献；提供数千种期刊模板，可以直接打开预投稿期刊的模板进行论文撰写，并帮助作者解决批量参考文献格式修改困难的问题；支持数千种中外文期刊的在线投稿，撰写论文排版后，可快速进入该期刊的作者投稿系统进行论文投稿。

插入引文功能的实例。例如，安装 E-Study 后，在 Word 中将自动生成 E-Study 快捷工具条。第一步将光标移至 Word 文本中写有"光标处需要添加引用的参考文献"后；第二步单击嵌入 Word 中的 E-Study"插入引文"功能键；第三步在跳出的 E-Study 文献资源库中选中需要插入的引文，单击"确定"按钮（前三步见图 4-2）；第四步来自 E-Study 文献源库中选中的文献自动生成为规范的参考文献，光标处以上标标注，如图 4-3 所示。

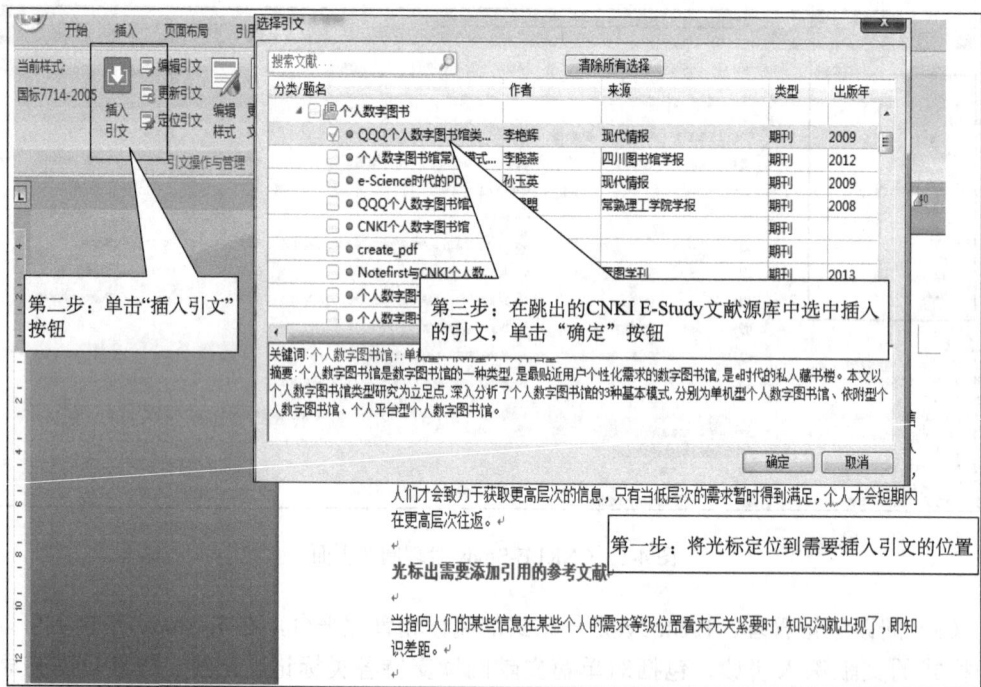

图 4-2　利用 CNKI E-Study 在 Word 中自动插入引文的步骤

（6）云同步。云同步功能支持学习单元数据（包括文献夹、题录、笔记等信息）和题录全文的云同步。使用 CNKI 个人账号登录即可在实现 PC 间学习单元同步。

韦尔效仿马斯洛（AbrahamMaslow）用需求等级结构来分析人们的信息需求，提出了一幅信息寻求行为等级图（hierarchy□of□information-seeking behavior）。韦尔认为，一个人在等级中的位置决定着他的信息寻求行为，而且只有在一个层次的信息需求得到满足之后，人们才会致力于获取更高层次的信息，只有当低层次的需求暂时得到满足，个人才会短期内在更高层次往返。

光标处需要添加引用的参考文献[1]

> 第四步：来自E-Study文献源库中选中的文献自动生成规范的参考文献，光标处以上标标注

当指向人们的某些信息在某些个人的需求等级位置看来无关紧要时，知识沟就出现了，即知识差距。

参考文献

[1] 李艳辉. QQQ 个人数字图书馆类型研究[J]. 现代情报, 2009, v.29;No.217(7): 94-96.

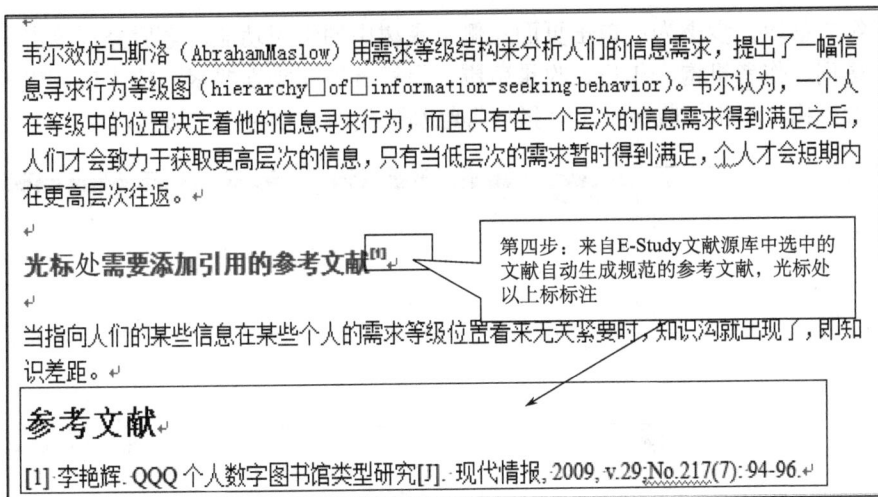

图 4-3　利用 CNKI E-Study 在 Word 中自动插入引文

4.3.3　典型应用：NoteExpress

1. 简介

NoteExpress 是较好的中文文献管理软件，对中英文环境支持好，提供检索收集、管理阅读笔记、组织、插入与格式化参考文献和分析等功能。

2. 功能

1）检索建库功能

建立参考文献数据库。将所积累的参考文献输入到软件所定义的数据库。支持检索数以百计的全球图书馆书库和电子数据库，集成了 Amazon、中国知网、万方、维普、ISI、Willy、ScienceDirect、ACS、OCLC、美国国会图书馆等，一次检索，永久保存。通过手工建立、文献数据库检索结果批量导入（数据库检索结果批量导入）、从在线数据库检索后直接导入（NE 界面上在线检索）三种方式新建。

2）管理功能

管理参考文献数据库。可以分门别类地管理百万级的电子文献题录和全文，功能包括对保存的题录信息进行查重、去重、标识、附件管理、虚拟文件夹、批量编辑、回收站、数据库的复制等。题录查重功能步骤为选中文件夹，单击"查重"命令，选中一条后右击，可选择从指定文件夹删除或从所有文件夹删除。

3）笔记功能

可以在阅读过程中记录笔记，并与相关参考文献链接起来，在写作过程中随时插入到文章相应位置。为题录添加笔记的步骤为：选中题录，单击"为题录新增笔记"项，书写笔记后单点击"保存"按钮，之后单击可阅读笔记，如图 4-4 所示。"综述"阅读方式提供题录作者、标题、来源、摘要字段内容、自动推送符合条件的文献、笔记功能；提供丰富的笔记功能，记录阅读文献时的思想火花，大大提高阅读效率，如图 4-5 所示。

4）组织功能

可以按照作者、关键词和作者机构组织将每一个作者、关键词和作者机构作为一个节

点展开组织文献库，步骤为：单击页面左侧目录树中的组织功能，之后分别单击作者、优先级、关键词、作者机构、年份、收录范围、星标等组织类别要素，按作者、优先级、关键词、作者机构、年份、收录范围、星标等组别聚类的文献将在右边显示。

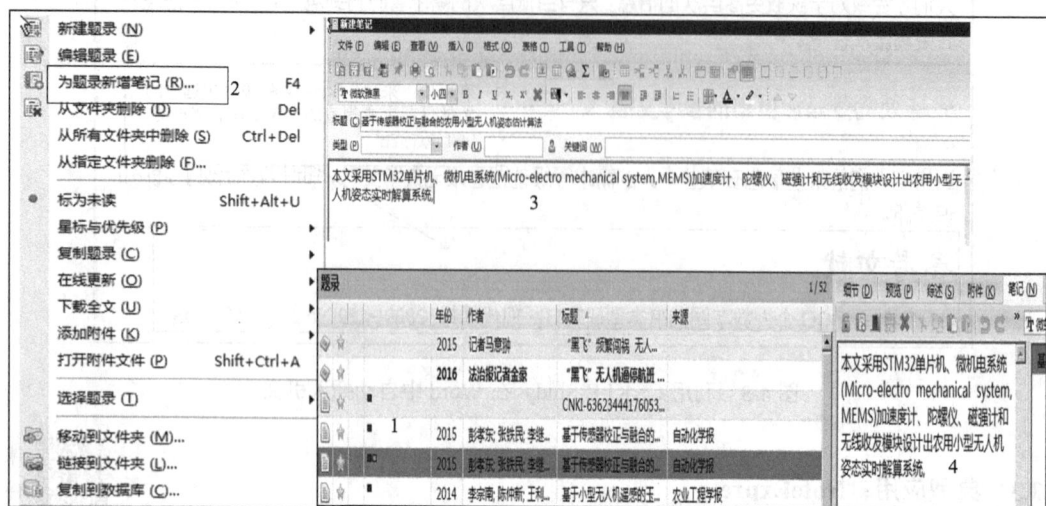

图 4-4　NoteExpress 题录添加笔记

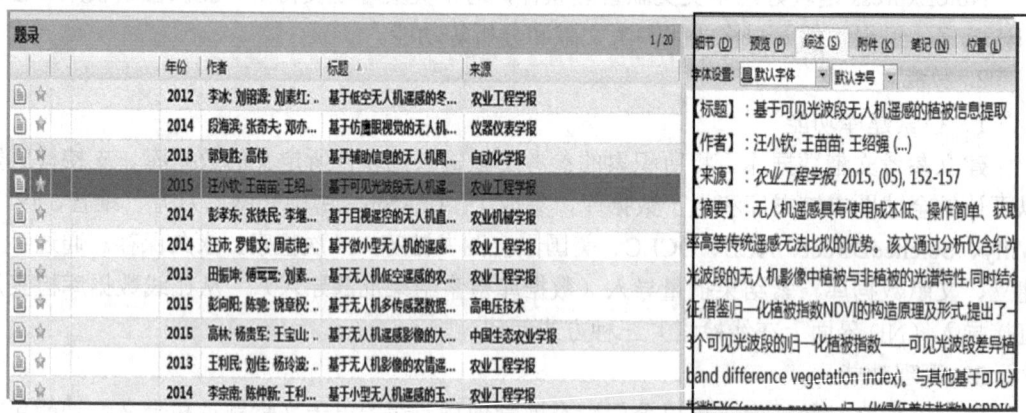

图 4-5　NoteExpress 综述阅读方式

5）格式化参考文献

格式化参考文献。按照不同的出版要求格式输出参考文献。软件内置 3000 种国内外学术期刊、学位论文的国际格式规范，可以在各种格式要求之间一键切换，并支持自定义编辑的文献格式。在论文写作时可以随时引用保存的文献题录，并自动生成符合要求的参考文献。

下载导入数据。与因特网图书馆目录检索系统、免费数据库链接，直接导入参考文献数据库中。Word 中插入引文的步骤为：光标停留在需要插入文中引文处，返回 NE 主程序，选中插入的引文，之后在 Word 中单击 NE 工具条中的"插入引文"按钮，自动生成文中引文以及文末参考文献索引，同时生成校对报告；Word 中 NoteExpress 的参考文献可以一键切换到其他格式的步骤：单击"格式化"按钮，选择所需要的样式后会自动生成所选样式的文中引文以及参考文献索引，如图 4-6 所示。

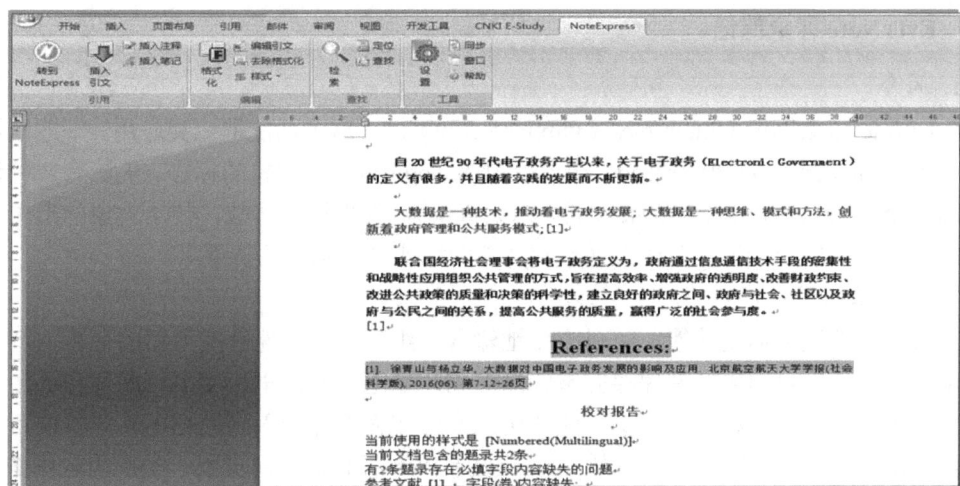

图 4-6　NoteExpress 在 Word 中插入引文结果示例

6）分析功能

对文献信息可进行所有字段的统计分析，帮助科研人员快速了解某一领域的重要专家、研究机构及研究热点。分析功能的步骤为：选中文件夹并右击，选择"文件夹信息统计"命令，可分别选择按作者、年份、标题、关键词、主题词、影响因子、主题、图片、基金等进行统计。

【拓展资源 4-2】　更多文献管理软件

4.3.4　笔记类管理工具

笔记类信息管理工具是在传统笔记理念的基础上运用相关技术开发建成，是专注于简单高效的个人记事工具，除了对个人记事记录和保存之外，这类工具还有对网络信息进行筛选和保存的功能。依托云存储，目前笔记类信息管理工具具有云端同步功能，成为云端笔记管理工具，可实现网页、手机客户端之间的信息同步，用户可随时随地进行查阅和编辑。

笔记类信息管理工具功能一般包括：保存功能，能导入各种类型的文件，保存网页、灵感笔记、重要文档、照片、便签等；在信息组织方面，既可建立数据库，也可建立文件夹来组织导入的信息；可对导入的文件自动建立索引，但组织笔记的形式也多是最简单的树状结构，或提供多个笔记之间的条目链接，互为参考功能；对导入的数据库记录具有编辑功能；具有网页抓取功能；具有检索功能，对检索结果中的文本可按相关度、字顺、时间等排序；有较好的隐私保护功能。有代表性的笔记类工具如 Evernote 印象笔记、Dropbox、Box.net、GoogleDocs、Cloud Drive（亚马逊）、iCloud（苹果）、为知笔记、麦库记事、有道云笔记等。

从个人知识管理的角度分析笔记类工具，笔记类工具不仅可以帮助使用者管理已经获得的知识，建构自己的知识体系，还能记录笔记，实现隐含知识的显性化，激发创新出新知识，因此，笔记类工具也是个人知识管理工具之一。

4.3.5　EverNote 印象笔记

1. 简介

EverNote 印象笔记（https://www.yinxiang.com）是一款多功能笔记类应用，下载地址是 https://www.yinxiang.com/download。印象笔记的 Logo 是一个大象的标志。美国有一种说法 An elephant never forgets（大象永远不会忘记事情），根据这个典故，使用大象的形象作为记忆的标志。大象的"折耳"让人联想到文档图标或是一本书的折叠页。

2. 功能及使用

具有强大的笔记捕捉功能，可以方便地输入、组织以及快速查找所需的记事内容；能够剪辑网页，用网页剪辑插件保存完整的网页到印象笔记账户里，文字、图片和链接全都可以保存下来；存储资料功能，支持任意格式文件作为附件插入到笔记中，并实现跨平台同步，方便不同平台之间的文件资料管理，支持 Web 版和移动网页版；支持团队协作，团队成员可共享笔记本功能，允许不同用户之间多人共享笔记本，同编辑一个笔记本，实现团队协作办公。其中，印象笔记最具特色的功能如下。

（1）印象笔记·图片搜索。图片搜索是印象笔记最具特色的功能，图片搜索可以搜索到图片内的印刷体中文和英文以及手写中英文，此搜索对文字版的 PDF 文件同样有效，这项功能也是印象笔记区别于国产云笔记软件的核心。图片搜索不是用图片来搜索，而是直接搜索图片中的文字，包括印刷体、中英文手写。如图 4-7 所示，对于利用百度文库搜索得到的文献"张占仓 循环经济的基本理论和方法"，利用保存功能将屏幕截图保存为图片；然后如图 4-8 所示，在印象笔记中检索图片中的文字"张占仓"可获得保存的图片。

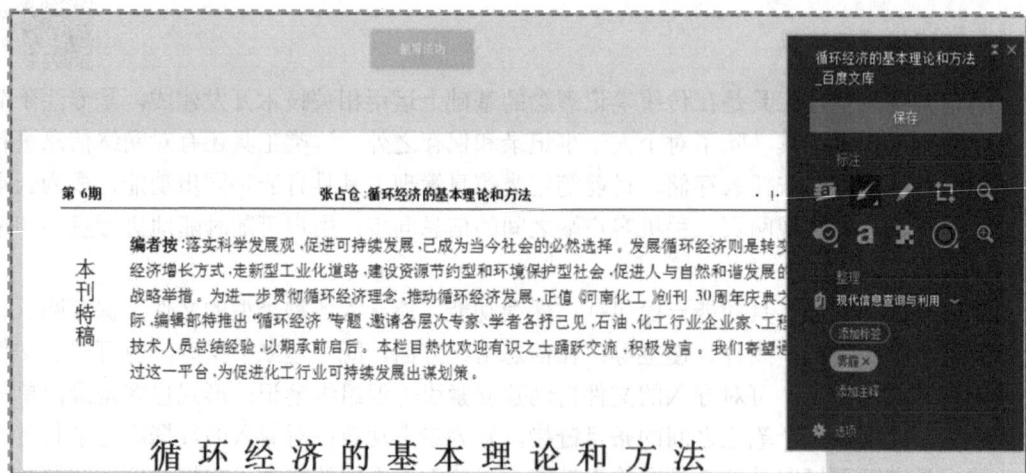

图 4-7　印象笔记将搜索结果截图保存

（2）印象笔记·剪藏。剪藏功能保证使用者能够看见什么，"剪"什么，能够帮助剪藏部分或全版网页上的文本、图像和链接；安装浏览器插件后，浏览器工具栏中将嵌入印象笔记·剪藏快捷键，单击可以快速保存、标注和分享网上一切内容，包括网页正文、图片、截屏和整个网页。一键保存网页，永久收藏内容，可以剪藏任意文章或网页，并能保存到指定笔记本，添加标签；可以用印象笔记同步到任意设备。如图 4-9 所示，对于百度百科搜索到的"1952 年伦敦烟雾事件"词条，单击浏览器工具栏中的"印象笔记·剪藏"快捷键，然后在弹出的保存页面单击"保存"按钮即可。

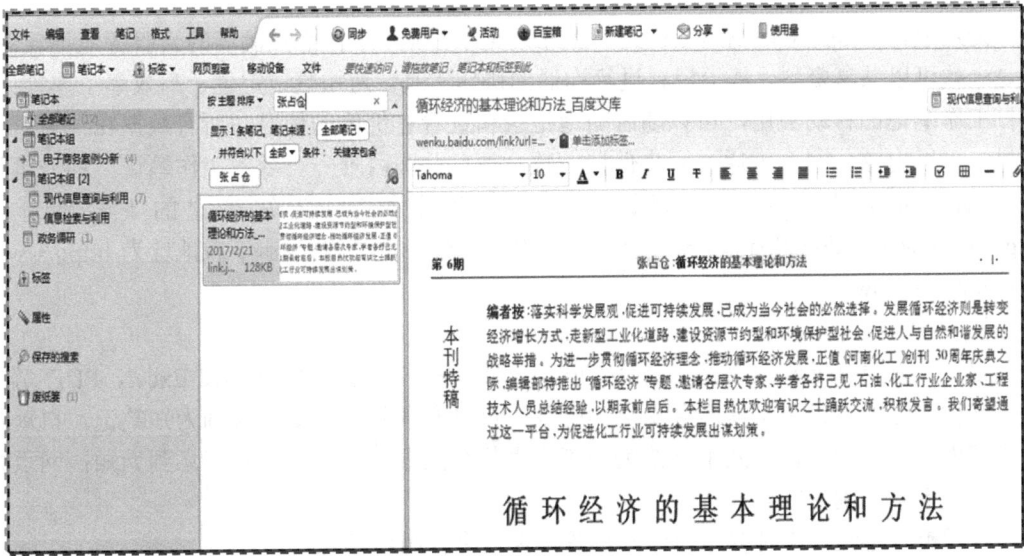

图 4-8 印象笔记中对图片中的文字检索

图 4-9 印象笔记·剪藏功能

此外，印象笔记·食记功能能够帮助记录钟爱的美食；印象笔记·人脉功能帮助建立个人人脉库，记录你遇到的每个人、遇到的地点和他们的面孔；印象笔记·墨笔功能是 iPad

平台上最独特易用的手写应用之一；印象笔记·圈点功能帮助在计算机或手机上的图片上，描个圆圈，作注释，画个箭头，标出精彩之处；印象笔记·悦读功能帮助瞬间去除一切与正文无关的内容，创造轻松愉快的阅读体验。

4.3.6　为知笔记

1. 简介

为知笔记（http://www.wiz.cn）是一款帮助记录生活、工作点点滴滴的云服务笔记软件，也是一款可以共享资料、基于资料进行沟通的协作工具。为知笔记定位于高效率工作笔记，主打工作笔记的移动应用，可以随时随地记录和查看有价值的信息。所有数据在计算机、手机、平板电脑、网页可通过同步保持一致，是目前国内唯一一款"工作笔记"的云笔记类产品。重点关注"工作笔记"和"团队协作"。为知笔记的下载地址为 http://www.wiz.cn/download.html，为知笔记的 Windows 版帮助手册下载地址为 http://www.wiz.cn/m/windows。

2. 功能

记录、收集有价值的信息；撰写笔记，记录点滴；直接导入 Word、Excel、PDF 等文件，文件内容在笔记正文显示并保存为附件；可以永久保存微博内容到为知笔记，自动收藏微博内容到为知笔记；发消息给为知笔记微信公众账号，自动保存消息到为知；网页内容可以一键分享到为知。

组织整理笔记。支持多级目录和标签，灵活多样组织笔记。

随时随地查看。为知笔记支持 Windows、Web、Mac、Android、iPhone、iPad 等多终端；一处记录信息，同步后在其他各个终端都可以随时查看。

共享。为知笔记可以通过邮件、短信、社交平台分享给朋友；团队可以共同构建资料库，共享资料文档、工作经验，分享创意；成员更新群组内容，保证其他团队成员时刻看到的都是最新笔记；团队成员可以共同编辑一篇笔记。

沟通。定向沟通：想通知相关团队成员及时查看笔记，可在标题里单击他的名字（@他）。评论笔记：可以对看到的团队笔记给予评论，作者会及时收到评论消息，团队成员也可以看到评论内容，根据笔记内容展开讨论。消息通知：只要别人单击了你的名（@你）、编辑了你的笔记或者评论了你的笔记，都会及时收到通知消息。

【拓展资源 4-3】　更多笔记类
信息管理工具

4.3.7　知识管理工具与平台

与信息管理工具相比较，知识管理工具是支持知识管理、实现建立知识体系并不断完善，进行知识的收集、消化吸收和创新的知识管理过程的信息系统，如个人知识管理系统一般构建起了可供个人利用的人际网络、媒体网络和 Internet 资源网络等网络，能方便用户对知识进行深入搜索研究，如 CNKI 个人服务社区平台等。知识管理工具与信息管理工具的不同点在于：第一，知识管理工具能为使用者提供理解信息的语境，以及各种信息之间的相互关系；第二，知识管理工具不仅面向显性知识，还面向隐性知识。

依据知识管理平台服务对象的不同可将其分为面向个人、面向组织两类，而面向个人的知识管理功能常常融合在组织知识管理平台之中，代表性的如中国知网的机构知识管理和协同创新平台 OKMS、蓝凌知识管理平台 KMS 等，个人知识管理工具也可独立运行，如中国知网个人数字图书馆和 360doc 个人图书馆等。

1. 典型资源：机构知识管理和协同创新平台 OKMS

中国知网的机构知识管理和协同创新平台 OKMS 构建了知识仓库、协同平台、个人知识管理中心、知识社区和学习培训平台等功能。其中功能模块的作用如下。

（1）知识仓库。集成全媒体、碎片化知识构建的知识仓库有助于组织沉淀知识资产，实现机构内外部各种知识资源的一站式发现和获取。

（2）协同平台。建立的协同平台适应不同机构协同流程，支持多媒体、多模式、多终端的实时协同研讨，支持基于 XML 多人网络实时协同共同完成文档的结构化、碎片化编辑创作，是集研究、学习、创新于一体的群体协同研究平台。

（3）个人知识管理中心。个人知识管理中心是一站式的个人工作平台，包括个人任务、记事本、消息、研究、在线直播、订阅、学习空间、知识提交、知识贡献等栏目，提供待办任务管理，促进个人移动化协同、随时随地的知识管理和知识获取，支持文字、图片、语音等消息，支持在线的文件传送，提供高效快捷的即时通信工具，支持点对点交流和多人群组交流，PC 端与移动端实时同步，离线消息移动端推送，支撑与研究和创新团队的协同交流。保证个人知识云存储、云管理，多终端同步，通过具有灵活可配的积分模型和个人知识贡献评价模型，多维度个人积分计算和评价，按部门和时间进行排行，提高个人的积极主动性，培养员工知识分享习惯。

（4）知识社区。知识社区如同组织内部的知乎或者百度知道，重点挖掘和沉淀员工的隐性知识，形成针对具体问题的知识库，提供员工业务交流和知识分享的空间。

（5）学习培训平台。包括直播课堂、在线学习、课程中心等功能，学习培训平台为全面提升员工素质、业务能力以及培养创新能力提供了有效途径。

机构知识管理和协同创新平台 OKMS 具有七大特色功能：①支持利用视频直播形式的协同研讨；②即时通信与业务工作场景无缝集成；③利用全方位个人评价模型支撑个人知识贡献评价；④支持研究过程中对实验过程的管理；⑤支持全过程追溯及全过程出版；⑥提供实用化的基于 XML 网络实时协同编辑；⑦提供网络云记事本及日程提醒等。

2. 典型资源：蓝凌知识管理平台 KMS

蓝凌知识管理平台 KMS 在结合互联网应用理念和 Web 2.0 应用技术的基础上，专门针对大中型企业、组织和政府事业部门的专项知识管理而提供的产品解决方案，该平台从建立知识仓库、知识地图、知识百科、知识问答、专家网络等方面构建特色，有助于实现涵盖显性与隐性知识的知识沉淀、分享、应用和创新的全生命周期管理，有助于建立专业多维的知识库、智能搜索、专家网络和互助，融合了 Web 2.0 的即时通信、SNS 等相关应用，个人知识中心是以用户为对象，通过关联机制抽取和用户相关的信息，包括用户资料、积分汇总及明细、知识、问答、知识地图、标签等信息。用户可以查看自己参与知识分享的详细记录，也可以查看其他用户的知识分享情况。同时通过个人知识中心，可以更方便地和企业其他用户进行沟通交流。同时全面实现知识仓库、学习、考试、知识社区的移动化应用，提供移动 APP、阿里钉钉、微信企业号多端应用入口。

3. 典型资源：协同知识管理办公平台

FORP（Flexible Operation Resource Planning），中文名称为柔性运营资源管理平台，是以知识管理为核心、工作流为驱动的人性化协同办公平台。它帮助个人将其知识系统地管理起来，并与团队知识管理完美结合，将知识管理融入日常工作、生活、学习中。

例如，Worktile（https://worktile.com）是新一代企业协作平台，是一款简单好用的团队协同、项目管理工具，致力于提高企业成员之间的沟通与协作效率，进而提升企业核心竞争力，包括企业信息管理、任务、日历、网盘、审批和考勤等应用，其免费版适合 10 人以下的小创业团队使用，专业版增加了更多的应用和完善的统计功能，适合更大规模的团队，企业版则在专业版之上增加了更加适用于企业协作的场景，如 CRM、请假管理、过自定义配置等功能，适合几百人的企业购买；旗舰版可以满足对内部系统整合以及二次开发有需求的企业。为了突出团队协作的功能，以项目为基本单元组织一切，成员协作、任务、讨论、文档、文件、事件缺一不可；通过活动流实现看不见的协同约束，以关注驱动智能沟通，依托于云平台而打造的 Worktile，在可靠性和安全性方面表现优异。面向个人知识管理的如中国知网的个人知识服务社区平台。

4. 典型资源：个人数字图书馆

借助个人数字图书馆可以实现个人知识管理。个人数字图书馆可以提供具有个性化的资源获取，可据个人信息、知识需求的分析对知识进行获取定位、推荐、推送；存储方面，个人数字图书馆不仅可以管理显性知识——文献，还能依托强大的整序功能和检索功能，依照知识、信息之间的统一性、交叉性和排他性，合理组织获得的知识，使之有序化，形成简便易用的个人"馆藏"，还可以保存个人阅读的笔记、标注、读后感等，即保存个人的隐性知识；同时可将获得的知识、信息与他人进行交流与共享，实现知识、信息的有效传播和传递，提高工作效率。目前可用的个人数字图书馆如中国知网个人数字图书馆和 360doc 个人图书馆等。

随着信息挖掘技术、大数据技术的发展，知识管理工具将不断完善以实现 Web 3.0 下的知识管理功能提升。

思 考 题

1. 云存储是存储吗？保存网络信息的工具有哪些？试举例说明。

2. 什么是归类？检索获得结果后可以利用哪些检索平台的功能归类信息？

3. 什么是综述？综述的类型有哪些？各有什么特点？综述正文的一般写作方法有哪些？

互 动 题

1. 上机操作练习：2 人分为一个小组，从本书对应精品课程网站的题库资源中选择一题，展开网络查询获得文献 30～50 篇，利用 CNKI E-Study、NoteExpress 文献信息管理工具的功能管理、整理、阅读、做笔记，比较各自的优缺点，总结练习收获。

2. 上机操作练习：2 人分为一个小组，从本书对应精品课程网站的题库资源中选择一题，展开网络查询获得信息 1～3 条，利用 EverNote 印象笔记、为知笔记、有道云笔记等笔记类管理工具剪藏、阅读、整理、记笔记，比较它们间的功能特点及差异，交流操作心得。

第 5 章　交流共享信息

【学习目标】

◇了解信息交流与信息共享的概念及作用；

◇了解网络信息交流共享的发展及渠道；

◇熟悉主要社交媒体的特点及应用；

◇了解网络环境下的学术交流变革特点；

◇熟悉网络学术信息交流共享的途径；

◇掌握学术社区论坛、学术博客、学术微信等的应用；

◇熟悉利用网络出版方式分享交流个人成果的途径；

◇熟悉利用在线出版、开放存取出版方式分享交流个人成果。

5.1　信息交流与信息共享

5.1.1　信息交流与共享的含义

视频

1. 信息交流的含义

信息交流也称信息传播，英文 Communication 源于拉丁文 commivni，意思为 "与他人建立共同意识"，较好地表达了信息交流共享的含义，信息交流是人类基本生存的需要。交流常与传播有关。"交" 即接触和贯通，"播" 即传扬和分布，"流" 和 "传" 即流布和传递，交流即通过传递使之贯通，传播即通过传递使之分布。交流的英文词汇主要有Communication、Exchange、Interflow、Interchange 等，它的核心意思包括交换、互通、沟通、通信、混合、交替等。

《大英百科全书》定义信息交流是 "用任何方法，彼此交换信息。即指一个人与另一个人之间以视觉、符号、电话、电报、收音机、电视或其他工具为媒介，所从事之交换消息的方法"。

狭义的信息交流指人与人之间通过符号传递信息、观念、态度、感情等现象。广义的信息交流指以任何方法或形式，在两个或两个以上的主体（如人、计算机、网络实体等）之间传递、交换或分享任何种类的信息的任何过程。

信息交流就是人们借助于共同的符号系统进行的信息的有效传递，是不同时间或不同空间上的认知主体（人或由人组成的机构、组织）之间相互交换信息的过程。信息交流的目的在于促进信息传播，达成共享，促进信息向知识的转化，提升信息价值。

2. 信息交流的要素与方式

信息交流的实现需要具备一定的条件与要素，根据香农的通信模型，这些要素主要包括信息发送者、信息接收者、交流通道、符号体系、知识信息库和条件等。信息发送者（Sender，S）是信息的初始来源，是信息传递链上的初始环节；信息接收者（Receiver，R）

是信息的最终接收者或利用者，是信息传递链上的最终环节；交流通道是传送和交换信息的媒介和工具；符号体系是传递信息的符号元素及其相互之间的联系与组织方式、规则；知识信息库是人脑知识信息的总称；支持条件包括保障信息交流得以实现的自然条件（如空气等）、技术条件（如通信技术、存储技术等）和社会条件（如法律、经济制度等）。

信息交流主要分为直接信息交流和间接信息交流，其中直接信息交流又称为非正式信息交流，主要是指信息发送者与信息接收者直接发生联系的交流，如个人接触、交谈、面谈、书信往来、参观访问、出席会议、演讲报告等方式；间接信息交流又称正式信息交流，是指信息发送者与信息接收者间接发生联系的交流。

人类社会信息交流的发展以所采用的交流媒介的发展为标记，经历了语言交流时代、文字交流时代、印刷交流时代、电子交流时代和网络交流时代五个阶段。

3. 信息共享

信息共享（Information Sharing）指在信息标准化和规范化的基础上，按照法律法规，依据信息系统的技术和传输技术，信息和信息产品在不同层次、不同部门信息系统间实现交流与共享的活动。

信息交流是人们对信息的共享，强调传受双方的参与性、主动性，体现交流活动的双向互动性。信息共享是信息交流的目的之一，信息的可共享性决定信息的价值会随着使用人数的增加而增加，故信息共享是充分利用信息的前提，尤其对于企业、组织而言，企业的很多知识只有被相关人员共享后才能得到充分利用。同时，信息共享是创新信息的重要手段，每个人的思维都有他自己的局限性，通过相互交流、共享，人们往往能产生思想的"火花"，创造出更新的信息。信息共享是互联网时代的特点之一，换言之，我们进入了网络信息共享时代，在这个信息共享的时代，无论任何人在任何角落，只要轻按鼠标，就能够让大家知道你身边正在发生的事情，也能分享世界正在发生的事情。

为什么要分享，田志刚这样描述：不在于你认识什么人，而在于什么人认识你，不在于什么人影响了你，而在于你影响了什么人[①]。故信息、知识的共享和传播，是为了让别人知道你知道的知识，并得到信息的反馈。

5.1.2　网络环境下的信息共享交流

网络交流时代实现了信息共享和信息交流的全球化。计算机和网络通信技术的发展为网络信息交流提供了技术基础。网络交流对于社会的影响是全方位的，1997年联合国教科文组织正式把互联网多媒体列为"第四媒体"，不同阶段产生的信息交流方式之间是共存的关系，随着传播技术的发展，各种信息交流方式融合的趋势日益明显。

1. 网络信息交流共享的发展

信息共享是信息交流的目标之一，人类知识的进步是在共享中得以不断提升的，互联网技术为我们共享信息资源搭建了一个良好的平台，信息共享的发展以信息传播交流的技术发展为基础，最初，互联网的信息共享依靠 E-mail 功能进行技术交流和知识共享，共享范围局限在计算机技术人员之间，共享传播范围较窄；1979年新闻组流行，资源共享空间扩大，共享群体包括掌握网络技术的人员和老网民，群体性共享传播初具规模，但不便于

① 田志刚.你的知识需要管理.沈阳:辽宁科学技术出版社,2010.

即时交流；1983 年基于个人计算机的第一版 BBS 系统诞生，意味着真正的互联网全民共享时代的来临，打破了 IT 精英的"共享特权"，网络虚拟社区为网络信息共享营造了一个良好的"部落环境"；而基于 Web 2.0 技术和内容管理系统的应用，使得大规模的网络资源内容整合、共享成为可能，专门性的网络信息共享平台建立起来，突出表现为科技文献的共享，Web 2.0 的本质就是互动，它让网民更多地参与信息产品的创造、传播和分享，但 Web 2.0 分享没有体现出网民的劳动价值；Web 3.0 时代，网络无处不在，人类无时不在网络，网络不再是人类生活的外在方面，它与人类生活融为一体，网络真正成为人类的生活空间，将朝着凸显广域的、广语的、广博的、跨区域、跨语种、跨行业的信息聚合共享价值发展，Web 3.0 时代凸显的就是网络的信息共享、网络传播和电子商务三大功能。

因此，网络信息传播技术的发展促使传统信息传播体系中的信息接收者从被动接收信息到主动创作信息，从单一获取信息到全面利用信息，从信息索取的孤立个体变为信息交流的聚合群体。这个变化不仅推进着网络信息总量的急剧扩张，而且推进着网络信息的更大范围的更加便利的交流与共享。

2. 网络信息交流共享的渠道

网络信息交流共享的特点在于其打破了时间、空间的限制，超越了年龄、资历、知识等的隔阂，人们可以平等地相互探讨感兴趣的问题，但也存在着交流信息无序、来源不可靠、交流过程不规范等缺点，同时存在信息不对称、信息鸿沟等不共享情况，此外，网络环境下信息用户既是信息消费者也是信息的创建者，信息传递工具多样化。

所以，网络环境下，用户既可以利用专门情报人员加工整理的传统文献信息资源和正规网站 Web 发布的、经专门人员加工整理的网络原创信息等渠道交流信息，还可以通过无须专职信息人员对内容进行加工整理的多种信息传播渠道开展交流与共享，换言之，网络环境下的信息用户既可以利用传统的媒介等传播工具，以传统的人际交流方式开展信息交流与共享，还可以借助多样化的网络新媒体、社交工具来进行信息交流与共享，如个体间交流可以借助电子邮件（E-mail）、即时消息（QQ、MSN）、个人网页、博客（Weblog、Blog）、聊天室、电子公告板（Bulletin Board System，BBS）、讨论组、邮件列表、视频会议等渠道交流与分享信息。

（1）利用 QQ、MSN 等工具软件：可以实现一对多进行在线视频或语音交流，这种方式是目前网络上非常流行的信息发布与交流的方式。

（2）电子公告板：通常会提供一些多人实时交谈、游戏服务、公布最新消息甚至提供各类免费软件。

（3）电子邮件：E-mail 是 Electronic Mail 的缩写，即电子邮件，是利用计算机网络交换的电子媒体信件，是一种非常方便的非实时性的联系方式，能够快捷有效地进行信息的发布。特点是速度快、传输费用低、使用方便、多媒体信件内容，但受到干扰和污染的电子邮件太多。

（4）邮件列表：电子邮件群和邮件列表（Listserv/Mailing List）是互联网上最早的社区形式之一，也是 Internet 上的一种重要工具，是一种通过电子邮件用于各种群体之间的专题信息交流的网络服务。它一般是按照专题组织的，目的是为从事同样工作或有共同志趣的人提供信息、开展讨论、相互交流。邮件列表的应用包括专题讨论组、发布信息、电子邮件邮购业务和网站信息订阅等。

（5）新闻组：新闻组（Usenet 或 News Group）像是一个可以离线浏览的 BBS，是个人向新闻服务器所投递邮件的集合。这些邮件大多具有共同主题，如电影新闻组、幽默笑话新闻组。具有交互性强、国际化、主题鲜明、不用实时在线等特点，不足是国内的新闻服务器数量很少。

（6）网络视频会议：是指利用视频摄像和显示设备，经过信号压缩及编程解码处理，通过网络的传输在两个或多个地点之间实现交互式的实时音视频通信。视频会议系统可分为点对点和多点系统两类。视频会议系统具有实时性、交互性、多媒体性和共享性等特点，产品有 MSN、Web Messenger、NetMeeting 等。

（7）网络电话：网络电话即人们通常所说的 IP 电话，它是利用因特网实现远程话音通信的一种方式。IP 电话可以分为 PC-PC、PC-Phone、Phone-Phone 三种方式。

个体间借助多样化的网络新媒体、社交工具进行信息交流与共享的特点，随着社交与媒体的融合而又呈现出基于社交媒体交流共享的特点。

5.1.3 基于社交媒体的信息交流共享

2016 年的《中国社交媒体影响报告》调查显示，已经有超过一半（51%）的中国城市居民成为社交媒体用户，那么什么是社交媒体呢？

1. 社交媒体的定义

社交媒体的内涵及特征。社交媒体（Social Media）指一系列建立在 Web 2.0 技术和意识形态基础上，允许用户自己创造生产内容（UGC）和交流的网络应用。社交媒体是允许人们撰写、分享、评价、讨论、相互沟通、分享的网站和技术平台，是社会化媒体与社交网络的结合体，它是一个"能互动"的媒体。与传统的社交形式、媒体传播方式相比，社交媒体更加便捷、及时、时尚、互动和个性化；社交媒体促使资料更新及时容易，使用目的手段多样，体现出平民性、参与性、对话性、社区化等明显特征。

社交媒体的形态。社交媒体的主要形式包括博客和微博客（Micro-blog）（如国外的 Twitter 等，国内的饭否网等）、移动客户端产品（微信息社交产品逐渐与位置服务（LBS 技术）等移动特性相结合，相继出现米聊、微信等）、百科（如国外的 Wiki 等，国内的百度百科、MBA 智库百科等）、网络社区及论坛（BBS，如国内的天涯、猫扑、西祠胡同等）、社交网络（SNS，如国外的 MySpace、Facebook 等，国内的开心网、校内网等）、图片视频分享（图片如国外的 Flickr 等播客（Podcast），视频如国外的 YouTube 等，国内的土豆网、优酷网）等①。

2. 社交媒体的作用

社交媒体的作用可以从对组织和对个体两方面来阐述。

1）社交媒体对于组织的作用

（1）社交媒体推动企业信息透明化。社交媒体比以往任何一次技术革新都更能够促进组织的协作精神，从而使得所有的公司和组织都能够处于公众的监督之下。

（2）社交媒体有助于企业提升产品质量，扩大个性化产品。社交媒体使得所有消费者有更多的机会针对产品或服务发表评论并提出批评，可以帮助监督产品与服务质量，优秀

---

① http://www.cnblogs.com/anytao.

的产品和服务能够获得更多的用户和粉丝的追捧；同时，通过社交媒体反馈的消费者个性化需求更能帮助定制生产和设计具有个性化特征的产品与服务，如星巴克、戴尔和宝洁都采取了这种模式。

（3）社交媒体是优秀的用户服务渠道。组织利用社交媒体开展用户服务更加方便、快捷，互动也更加充分，故社交媒体为组织开展用户管理与服务提供了更加互动、有效的途径。借助社交媒体企业可以为用户提供更多感兴趣的信息，以增强组织与用户的情感，建立长期友好的关系，有助于培育忠实、稳定的客源。

（4）为用户提供了平等、可控制的信息交流共享关系。社交媒体的平等、自主选择的特点可保证消费者自愿地、平等地与组织对话，控制、主宰自己与组织对话的内容、方式、程度与相互之间的关系等。

（5）社交媒体是组织塑造形象的重要途径。如果组织能够找到适合自己的社交媒体推广方法，那么组织将以更加广泛、快捷、互动的方式宣传品牌、塑造商业或社会服务形象，将从经济或社会效应两方面获得显著的收益。

2）社交媒体对于个体的作用

对于个体而言，社交媒体改变了人们搜索、交流和共享信息的方式，改变了个体间相互联系和合作的方式，改变了人们的生活习惯、消费方式、偏向爱好等。社交媒体可以帮助个体自主控制社交关系，可以按照个体愿望选择建立个人的虚拟社交圈；可以选择社交的范围、途径，可以主宰交流的内容和互动程度；借助社交媒体，个体的社交范围得以扩大，与人、组织交流、共享信息的方式得以拓展，借助社交媒体，个体不仅能够获得大量信息，还可以实现既是信息消费者，更是信息创建者、分享者的角色转换；同时，社交媒体还改变了普通公民政治参与的方式，政府各级部门、政府网站开通"两微一端"，利用社交媒体倾听民声。

正是因为社交媒体对于组织和个人的发展有着如此多的贡献，故得到了迅猛的应用与发展，据 CNNIC 报告[①]，2016 年各类社交媒体应用持续稳定发展，互联网平台实现泛社交化，一方面，综合性社交应用引入直播等服务带来用户和流量的增长；另一方面，针对不同场景、不同垂直人群、不同信息承载方式的细分社交平台进一步丰富，向创新、小众化方向发展。中国互联网发展状况统计调查显示，2016 年 6～12 月使用率最高的社交应用有微信朋友圈、QQ 空间、微博、豆瓣网、知乎、天涯社区、领英等，如图 5-1 所示。

3. 主要社交媒体介绍

微信朋友圈、QQ 空间、微博、豆瓣网、知乎、天涯社区、领英等目前主要社交媒体的特点如下。

（1）微信。微信是腾讯公司于 2011 年 1 月 21 日推出的一个为智能终端提供即时通信服务的免费应用程序。支持跨通信运营商、跨操作系统平台通过网络快速发送免费（需消耗少量网络流量）语音短信、视频、图片和文字，可以使用共享流媒体内容和基于位置的社交插件"摇一摇"、"漂流瓶"，以及"朋友圈"、公众平台等服务。用户可以通过"摇一摇"、"搜索号码"、"附近的人"以及扫描二维码方式添加好友和关注公众平台，同时可以

---

① 中国互联网发展研究报告.http://www.cnnic.net.cn[2017-04-10].

将内容分享给好友以及将看到的精彩内容分享到微信朋友圈。微信兼具了电子商务、P2P转账、账单支付以及共同基金投资的功能，形成了一个完整的社交媒体生态系统。

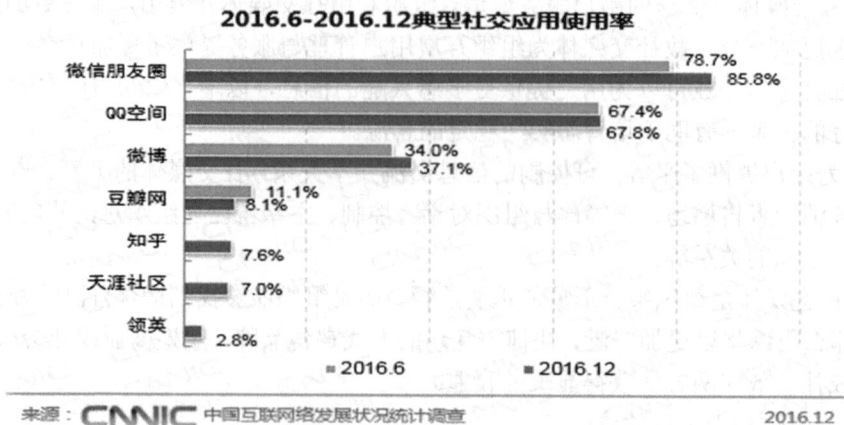

图 5-1　典型社交应用率（中国互联网发展状况统计调查）

（2）QQ 空间。腾讯 QQ 为中国最多人使用的即时通信软件和网络社区。2010 年 3 月，腾讯 QQ 同时在线用户数突破 1 亿，这是人类进入互联网时代以来，全世界首次单一应用同时在线人数突破 1 亿。QQ 空间（Qzone）是腾讯公司于 2005 年开发的一个个性空间，是 QQ 服务内容之一，包括说说、日志、分享、相册、视频、留言板、音乐盒、互动、个人档案等功能，另外还有应用中心，有许多第三方应用接入其中。著名的应用有 QQ 农场、QQ 牧场、QQ 餐厅、抢车位、洛克王国等。同时有大量装饰物品，如首页动画、皮肤、导航栏、漂浮物、花藤等，虽然有免费物品，但要想拥有所有装饰需要用 Q 币付费。针对 Qzone 用户腾讯推出了黄钻业务，黄钻可以独享 Qzone 装饰免费或折扣、大容量相册、个性域名申请等特权。QQ 空间具有博客的功能，可以书写日志、上传用户个人的图片、听音乐、写心情，通过多种方式展现自己的产品。QQ 空间是一个由其拥有者个人进行管理，好友之间可以相互访问的轻松记录、分享各种彼此感兴趣的内容的社区。

（3）博客与微博客。博客又译为网络日志、部落格或部落阁等，是以网络作为载体，简易、迅速、便捷地发布自己的心得，及时、有效、轻松地与他人进行交流，集丰富多彩的个性化展示于一体的综合性平台，是结合了文字、图像、其他博客或网站的链接及其他与主题相关的媒体，博客上的文章通常根据张贴时间以倒序方式由新到旧排列，主页模块包括访客、好友、留言、评论、分类等。博客可以专注于某一个专题，形成特定主题的博客，科学博客就是其中的一类。微博即微型博客，是博客的一种，是一种通过关注机制分享简短实时信息的广播式的社交网络平台，用户可以通过网页、WAP 页面、手机客户端、手机短信、彩信发布消息或上传图片和音视频，组建个人社区，提交信息实现即时分享。例如，新浪博客（http://blog.sina.com.cn）是全国最主流、最具人气的博客频道，拥有最耀眼的娱乐明星博客、最知性的名人博客、最动人的情感博客、最自我的草根博客。新浪微博（http://weibo.com）是提供微型博客服务类的社交网站，可理解为"微型博客"或者"一句话博客"，具有发布、转发、关注、评论、搜索、私信等功能。2016 年 11 月，新浪微博取消了发布器的 140 字限制，变为少于 2000 字都可以。

（4）豆瓣网。豆瓣网（https://www.douban.com）是一个鼓励个人参与的社会性工具，不同于供浏览的门户网站，在豆瓣网上，用户可以记录、分享，可以浏览自己添加的收藏，也可以在收藏时添加标签，用自己的方式组织个人的收藏；能看到豆瓣根据用户的喜好自动给出的推荐；可以选择喜好相同的成为友邻，想和别的用户就评论之外的话题进行交流，可以单击最上面的小组，加入或创建各种话题小组；网站有大量关于书籍、电影、音乐的评论，有关于吃、穿、住、用、行的讨论；所有的内容、分类、筛选、排序都由用户产生和决定等。豆瓣网的核心用户群是具有良好教育背景的都市青年，包括白领及大学生。豆瓣网提倡分享、互助和开放，宽容和理性地对待不同的看法、喜好和意见，尊重他人的隐私和个人空间。

（5）知乎。知乎（https://www.zhihu.com）是中文互联网最大的知识社交平台，是一个真实的网络问答社区，知乎以知识连接一切为使命，凭借认真、专业和友善的社区氛围和独特的产品机制，聚集了中国互联网上科技、商业、文化等领域里最具创造力的人群，将高质量的内容透过人的节点来规模化地生产和分享，构建高价值人际关系网络。知乎的初衷是帮助人们更好地分享彼此的知识、经验和见解，发表有用、有帮助、有质量的内容，不仅可以帮助他人，还会让自己获益。用户通过问答等交流方式建立信任和连接，打造和提升个人品牌价值，并发现、获得新机会。用户在社区内提出问题或解答，还可以跟踪其他用户、问题和话题，以便从关注人和关注事两个不同维度搜索发现内容。对于问题答案，用户可以给出答案或表达意见和投票，任何人都能编辑任何人的提问，是知乎的一大特点。"知乎 Live"是知乎推出的实时语音问答产品，通过主讲人对某个主题分享知识、经验或见解，听众可以实时提问并获得解答，可以便捷且高效地收获与交流。知乎周刊由知识讨论社区知乎上的用户创作产生，经知乎工作人员和志愿者团队合作制作完成。周刊从每日知乎社区产生的大量 UGC 中精选高质量内容进行组织、编辑、审校等工作，把优质的阅读内容提供给许多还没有了解知乎，或者由于种种条件制约无法长时间使用知乎社区的用户。

（6）天涯社区。天涯社区（http://www.tianya.cn）创建于 1999 年，以构建"全球华人网上家园"为愿景，致力于将天涯社区打造成中国最具影响力的综合性网络社区及原创与知识分享平台，以开放、包容、充满人文关怀的特色受到全球华人网民的推崇。经过 18 年的发展，天涯社区形成了由 Web 端"天涯社区"和移动端"天涯社区"、"天涯日报"等构成的产品平台结构。天涯社区提供论坛、部落、博客、问答、文学、相册、个人空间等服务，注册用户超过 1.2 亿，拥有大量高忠诚度、高质量用户群所产生的超强人气和互动原创内容，形成了独具天涯特色的网民文化，被誉为"中国互联网的通讯社"。据 Alexa 数据显示，天涯社区全球网站排名第 69，中文网站综合排名第 12，论坛综合排名第一。其中，天涯博客（blog.tianya.cn）是国内极具影响力的博客网站之一，天涯论坛是全球最大的中文论坛，拥有天涯杂谈、娱乐八卦、情感天地等人气栏目，以及关天茶舍、煮酒论史等高端人文论坛；天涯聚焦是天涯社区的内容聚合平台，包含社会、人文、经济、时髦、娱乐、体育、校园、人物等八个频道，聚合天涯社区最精华的内容。

（7）LinkedIn。LinkedIn（https://www.linkedin.com，中文名为领英）是全球最大的职业社交网站，是一家面向商业客户的社交网络（SNS），总部位于美国加利福尼亚州山景城，

2014年2月25日，LinkedIn简体中文版网站正式上线，并宣布中文名为"领英"。会员遍布200多个国家和地区，总数超过4亿人。致力于向全球职场人士提供沟通平台，并协助他们发挥所长，打造专属人脉。用户可以邀请他认识的人成为"关系"（Connections）圈的人，加入后可浏览会员资料、在招职位、行业消息、人脉圈动态，以及职业技能帮助的相关信息。其核心产品之一的职业身份为个人档案，可以便捷地制作、管理、分享在线职业档案，全面展现职场中的自己；核心产品之二的知识洞察可帮助关注行业信息、汲取人物观点、学习专业知识、提升职业技能、分享商业洞察；核心产品之三的商业机会帮助在领英寻找同学、同事、合作伙伴，搜索职位、公司信息，建立并拓展人脉网络，掌握行业资讯。2016年微软收购了LinkedIn公司的全部股权和净现金。

5.2　网络环境下的学术交流与共享

5.2.1　网络环境下的学术交流变革

科学信息交流过程是指从科学信息的发布者到信息用户之间各个环节的信息工作流程。苏联著名情报学家米哈依诺夫（A·И·Mikhailov）根据科学信息交流是否依靠科学文献而将其划分为"正式交流过程"和"非正式交流过程"，将借助于科技文献进行科学信息交流的过程称为正式交流过程，信息生产者与利用者之间直接进行的交流称为非正式交流过程[①]。

1. 传统学术交流模式

传统的学术交流作为科学研究生产、传递、组织、存储和服务的基础，往往是由出版商、发行商、文摘索引商、联机检索服务商、网络提供商和图书馆、情报所等严格有序地分工组成。其中，正式交流渠道占主导地位，非正式交流渠道处于从属地位。以印刷型科学文献为主要知识和信息承运者的科学交流属于传统的科学交流模式。

传统科学正式交流过程是以利用科学文献为基础的交流过程。"在正式交流过程中，图书馆、文献中心、出版中心等起着中介的重要作用，把广泛收集到的信息进行加工整理，使得信息有序化，通过提供各种信息服务搭建信息创造者与用户之间沟通的桥梁"[②]，该方式的优点是交流范围广，可靠性强，便于系统收藏和积累；不足之处在于信息内容相对滞后，有较高费用负担等。

传统科学非正式交流是不通过科学交流系统和情报服务，由信息用户自己来完成信息传递的交流过程，"它既可以通过个体间的面谈、书信展开，也可通过无形学院群体的研讨会、学术沙龙活动展开。这里，无形学院是由同一专业领域中具有相似研究兴趣和目标的研究人员自发形成的、进行情报交流的非正式团体"[③]。该方式的优点在于直接、反馈迅速、针对性强，可获得正式渠道得不到的许多即时信息（如灵感等），不足之处在于交流的可靠性较差，不易系统积累。

传统非正式交流是科学交流的最初形态和唯一形态，自1665年首家科技期刊 *Journal des Scavans*（《学者杂志》）诞生后，以期刊与图书等科技文献为基础的正式交流过程长期

① 米哈依诺夫.科学交流与情报学.北京:科学技术文献出版社,1980.
② 贾二鹏.Web 2.0对科学交流的影响及效果分析.情报探索,2009(7):40-42.
③ 邹儒楠,于建荣.浅析非正式交流的历史变迁.情报理论与实践,2010,33(2):13-16.

居于主导地位，非正式交流的主导地位逐渐被取代；而随着网络的兴起和普及，以非纸质载体（数字载体）为基础的非正式交流全面复兴，由此孕育了新的基于网络的科学交流模式。

2. 网络环境下学术交流的特点

在网络环境下，随着各种非文献载体和交流形式的出现，信息交流已经超越了正式交流与非正式交流的界限，传统的科学交流方式随着科学交流环境的变化发生了新的相应的变化，同原来主要建立在纸质载体基础之上的传统科学交流方式相比，网络环境下的学术交流渠道更加多元化，正式交流与非正式交流并存、传统媒体与新媒体并存、学术交流的反馈机制更加复杂、互动性增强等新的特点突出表现为以下几方面。

（1）形成了数字化的无纸交流模式。e-Science 突破了时间、物理空间、逻辑空间的障碍，利用高速网络实现各种资源物理上的连通，通过网格中间件实现各种资源逻辑上的集成，实现各种资源的虚拟化应用；电子图书、电子期刊等网络出版对传统正式出版文献形成极大冲击，由此孕育了基于网络的新的学术交流方式，即可以不经过印刷阶段直接进行全球科学信息交流，实现的是"无纸"途径的数字化交流，有学者将这种新的交流体系称为"科学信息交流'无纸'链模式"[①]。

（2）网络环境下，学术交流由原来线性的科学文献链变成了交互的学术交流网络，模糊了传统的"科学交流"学说中所谓正式交流和非正式交流之间的界限，以非纸质载体（数字载体）为基础的非正式交流过程的地位得到大幅度提升，学术交流非正式交流方式应用广泛。学术信息交流方式中的非正式信息交流方式主要包括电子邮件、实时通信工具、个人主页、博客播客、学术论坛、Wiki、网络社区论坛等，与正式交流互为补充，成为网络环境下学术交流不可或缺的重要方式。

（3）以数字化出版发行为手段的、以出版商为主导的学术信息资源体系和二次文献商、检索商、发行商、新兴的信息资源与服务集成商驱动的"全面信息服务机制"正在使传统的严格有序分工的学术信息交流体系出现根本性重组，学术出版模式变成了以作者和用户为中心，开放获取、数字出版等模式营建了一种自由传播、免费利用、开放共享的出版网络。

（4）基于社交媒体的学术交流特征明显。基于社交媒体的学术交流特征是基于社交媒体的信息交流在科学领域的实在呈现。网络形成了以 Blog、Podcast、Wiki、RSS、Usenet 等为载体的科学交流空间；"Web 2.0 为科学信息交流提供了新的方式、方法和渠道，基于 Web 2.0 的科学交流是基于用户创造内容、互动、分享理念的新的方式，该方式不仅具有传播范围广、持续时间长、信息发布传播周期短、容易组织和检索、信息内容丰富、形式多样等优点，而且借助于博客、维客、简易聚合（RSS）、Web 服务（Web Service）、民间分类标签（Tags）、社交网络（SNS）、社会性书签（Social Bookmark）等新型服务技术还具有实时动态、多向交互、成本低、效率高和自组织管理等特性"[②]，这类交流中，"信息在创造者与使用者之间的交流是通过网络直接进行的，是无'第三方'控制的直接交流，具有直接交流的特征，从广义的角度来讲，是传统非正式交流在网络中的延展"。学术信息搭乘

① 刘廷元.现代科学信息交流的体系与服务模式.图书情报工作,2005,49(8):59-62.

② 徐佳宁.基于 Web 2.0 的非正式科学交流过程及其特点.情报科学,2008,26(1):53-59.

社交媒体平台进行传播，对促进学术交流和知识共享产生了重要影响，社交媒体发展促进了学术信息交流体系的变革。

5.2.2　网络学术信息交流共享的途径

1. 利用学术交流多载体间的互动

社交媒体对学术交流的影响促使我们利用文献信息的方式在不断改进，表现为正式学术交流载体积极打通与社交媒体的互动，在文献信息检索结果页面，常常设置了"分享"功能，以方便将检索结果分享到各社交媒体上，扩大文献信息的影响力与利用率。如图 5-2（a）所示，在中国知网检索结果页面单击"分享"按钮，可以将相关检索结果分享到新浪微博、腾讯微博、人人网、开心网、豆瓣网、网易微博等；利用万方知识服务平台（图 5-2（b））检索，其检索结果可分享到新浪微博、腾讯微博、人人网、豆瓣网等。

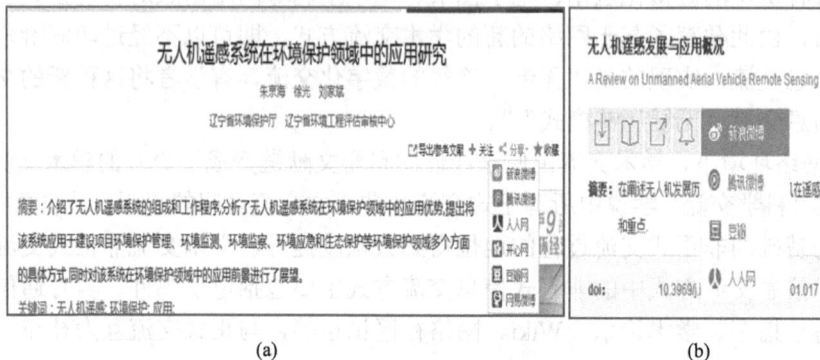

图 5-2　中国知网和万方知识服务平台检索结果社交媒体"分享"功能

2. 利用社交媒体

社交媒体发展促进了学术信息交流体系的变革，也为我们从社交媒体角度交流共享学术信息提供了更广泛的渠道，主要包括两种。

一种方式是我们可以直接利用基于社交媒体的非正式学术信息交流、共享的渠道实现学术交流与共享，这些渠道主要包括电子邮件、QQ、微信等实时通信工具、个人主页、博客播客、网络社区论坛等。从而形成了丰富的学者个人主页、学术博客、学术社区论坛、学术微信等可公开可获取的学术资源。

另一种方式是我们可以利用社区与资源相结合的信息交流共享空间，如百度知道与百度贴吧、百度百科相结合构成了国内用户规模最大的信息交流与共享平台，将社区功能与信息资源连接在一起，其有效的知识传播激励体现了以用户为中心的知识传播、共享理念，百度采取多种措施激励个人共享其资源来维系资源共享服务，从而保障了百度所营造的交流共享环境得以良性发展。

3. 利用网络出版

在科学信息交流成果的发布过程中，网络载体将与传统质载体长期并存，二者的功能各自不同，但几乎所有的纸质出版物都会优先以电子版的形式在网络上出版[①]。网络出版

① 方卿.基于载体的科学信息发布模型初探.情报杂志,2001,20(11):18-20.

（Online Publishing、e-Publishing、Net Publishing）也叫互联网出版，是伴随着因特网技术的发展而出现的一种新型的电子出版形式，是指互联网信息服务提供者将自己创作或他人创作的作品经过选择和编辑加工，登载在互联网上或者通过互联网发送到用户端，供公众浏览、阅读、使用或者下载的在线传播行为。网络出版为科学成果的发布展示、交流共享搭建了全新的平台，是我们在网络环境下交流共享学术信息的重要途径，而开放存取出版模式基于互联网的学术传播机制更是颠覆了传统的订阅出版模式，成为获取学术资源也是发布和交流共享学术资源的具有代表性的网络出版机制。

4. 利用网络直播

第 38 次《中国互联网络发展状况统计报告》显示，截至 2016 年 6 月，网络直播用户规模达到 3.25 亿，占网民总体的 45.8%。作为新兴互联网娱乐类应用，网络直播发展势头强劲。2015 年，国内的移动视频直播平台如雨后春笋般出现，以映客、花椒、易直播为代表的 APP 让直播变得无处不在，2016 年被业界人士誉为"中国网络直播元年"。"直播＋教育""直播＋旅游""直播＋电商"……为各行业带来了新的生机，"直播+教育"为学术交流提供了更多可能。

网络直播是可以同一时间透过网络系统在不同的交流平台观看视频。网络直播吸取和延续了互联网的优势，利用视讯方式进行网上现场直播，可以将产品展示、相关会议、背景介绍、方案测评、网上调查、对话访谈、在线培训等内容现场发布到互联网上，利用互联网的直观、快速、表现形式好、内容丰富、交互性强、地域不受限制、受众可划分等特点，加强活动现场的推广、共享的效果。现场直播完成后，还可以随时为读者继续提供重播、点播功能，有效延长了直播的时间和扩大了空间，发挥直播内容的最大价值。

从依托的平台讲，网络直播学术交流共享分为 PC 端和微信平台等。从网络直播学术信息的内容上讲，主要分为学术会议直播、学术讲座直播、专业课程直播、培训专题直播等。在拥有网络直播技术保障的前提下，我们利用网络直播也可实现与学术研究、学习相关的交流与共享。如基于微信平台的网络学术讲座互动直播，是针对有现场直播需求的用户，利用互联网（或专网）和先进的多媒体通信技术，通过在网上构建一个集音频、视频、桌面共享、文档共享、互动环节于一体的多功能网络直播平台，个人可以直接在线进行语音、视频、内容 PPT、互动提问等的全面交流与互动。国内外的学术会议也多采用网络现场直播方式，伴随着学术会议现场交流的发生、发展的进程同步制作和发布信息，二者都是具有双向流通过程的网络信息发布方式，都达到了扩大学术交流与共享范围的目的。因此，网络直播也是我们进行学术交流共享的重要途径。

5. 利用协作工具与平台

个人知识协作的基础理论是"六度分隔理论"（Six Degrees of Separation），即你和任何一个陌生人之间所间隔的人不会超过六个，也就是说，最多通过六个人你就能够认识任何一个陌生人，这就是六度空间理论，也叫小世界理论。六度空间理论表达了这样一个重要的思想：任何两个素不相识的人之间通过一定的联系方式总能够产生必然联系或关系，应用于网络社交，使得构建于信息技术与互联网之上的各类应用软件越来越人性化、社会化，从而诞生了支持协同工作、交流共享信息的工具。

信息、知识协作共享工具如基于 Wiki 平台。Wiki 是一种多人协作的写作工具。Wiki 站点可以由多人（甚至任何访问者）维护，每个人都可以发表自己的意见，或者对共同的主题进行扩展或者探讨。Wiki 也指一种超文本系统。这种超文本系统支持面向社群的协作式写作，同时包括一组支持这种写作的辅助工具，Wiki 是支持社群协作式写作的知识积累和共享平台。如维基百科、百度百科等百科类信息、知识撰写、累积与共享就是基于该平台建设的。

信息、知识协作共享还可以利用个人知识协作工具。如利用中国知网的个人知识服务社区平台，可以建立面向大专院校教师和学生的个人知识服务社区。建立的个人知识服务社区平台借鉴了社交网络的模式，把分散的校园信息、图书馆信息、个性化信息进行整合，形成个人服务与资源共享相结合的个人门户，提供推送服务，将文献信息资源中心、爱问中心-知识沉淀、讨论社区-学术圈、优化检索等功能融为一体，构建的是个性化的学术交流和文献共享平台，促进了校内科研人员之间、师生之间、学生之间信息、知识的自由交流与共享。

6. 利用图书馆信息共享空间

信息共享空间（Information Commons，IC）是指图书馆内一个以学生为中心，支持协作和小组学习的地方，包括物理、虚拟与文化共享三个层次。它为知识共享提供了一个良好的平台和环境，发生在信息共享空间的知识共享能促进知识的交流和融合，使知识在传递后得到反馈，从而对知识进行改进，创造出新的知识。

20 世纪 90 年代后期，美国大学图书馆为适应用户的学习和研究需要而建立的一种颇受读者欢迎的基础环境和新的服务模式。信息共享空间是一种经过特别设计的一站式服务中心和协同学习环境。作为一种全新的服务模式，信息共享空间综合使用方便的互联网、功能完善的计算机软硬件设施和内容丰富的信息资源（印刷型工具书、电子资源和多媒体资源等），在技能熟练的图书馆参考咨询馆员、计算机专家的共同支持下，为读者（包括个人、小组或学术团队）的学习、讨论和研究等活动提供一站式服务，提高读者的信息素养和艺术修养，促进读者学习、交流、协作和研究。

信息共享空间是一种新型的图书馆，一种创新的学习模式，一种共享的交流社区。配置计算机、网络、有线电视、投影仪等设施及常用的专业软件，打通了信息载体、内容、物理空间的界限，提供资源一站式服务。读者在享受最新的阅读体验的同时可以对空间进行多信息的交互和共享。

国外主要有美国、加拿大、澳大利亚、英国等的多家图书馆都建立了具有自己特色的IC，并且取得了成功。国内引入 IC 比较晚，2005 年在国内学术界才由一个陌生的新名词变得被很多学者关注。目前，我国复旦大学视觉艺术学院图文信息中心、中科院国家科学图书馆、清华大学图书馆、上海大学图书馆都建立了自己的 IC。如浙江大学图书馆的信息共享空间提供电子图书、数据库、公开课等资源、牌子办公自动化软件、多媒体制作软件、专业化工具应用软件，配置大屏幕、多屏计算机、打印机、复印机、扫描仪、非线性编辑设备、投影仪、摄像头等硬件，提供图书借阅服务、参考咨询服务、多媒体制作服务、学科导航服务、视听教育服务、信息交流服务等，IC 具有提供一站式信息服务、提高信息素养、推动研究与学习等特点，在国内外得到了用户的好评，也被公认为自由分享信息、公平获取信息的一种学习与交流模式。

5.2.3 典型资源：网络学术社区、论坛

1. 网络学术社区

社区是进行一定的社会活动，具有某种互动关系和共同文化维系力的人类群体及其活动区域。社区包括论坛、讨论组、聊天室、博客等形式在内的网上交流空间，同一主题的网络社区集中了具有共同兴趣的访问者，由于有众多用户的参与，网络学术社区不仅具备交流的功能，也成为一种营销场所。

学术社区是具有共同兴趣及需要（主要是研究、学习的需要）的人通过 Blog、Wiki、BBS、新闻群组、聊天室和 E-mail、贴吧、QQ 群等社会性软件，以对某一或某些专业领域的学术问题、科研活动、学术会议等进行讨论、共享为目的，通过网络互动来进行交流、学习和共享的群体。学术社区创设了一种自由、开放、平等的阅读环境，有利于用户之间进行知识的融合、共享、创造和转化，支持用户进行随意阅读和即时互动，也使得信息传播呈现出"点到点"、"多向多"的交互式传播特征，拓展了研究者的学术视野，学术社区自由、民主、开放的传播方式有效地补充了现实学术的不足[①]。学术网络社区具有个性化色彩浓厚、内容新颖及时、无私共享、思想自由开放、话题探讨互动性强、主题集中等特点。

2. 网络学术论坛

论坛又名 BBS，英文名为 Bulletin Board System（电子公告板）或者 Bulletin Board Service（公告板服务），是 Internet 上的一种电子信息服务系统。BBS 可发布信息或提出看法，交互性强，内容丰富，是网络社区的一种，比较而言，博客和微博注重个人经验的分享，而论坛则更加注重用户之间的交流。

网络学术论坛提供三方面的功能：一是论坛按不同的主题分为许多版块，用户可以阅读别人关于某个主题的看法，也可以将自己的想法毫无保留地贴到论坛中；二是支持用户进行随意阅读和即时互动，创设了一种自由、开放、平等的阅读环境，有利于用户之间进行知识的融合、共享、创造和转化；三是秉承自由、民主、开放的信息传播形式，有效地补充了现实学术交流的不足。

3. 学术社区论坛的类型

按照学术社区论坛的内容范围可将其分为综合性和专题性两类。综合性的一般以所有学科事件或专业性的知识为主题，如科学网（http://www.sciencenet.cn）等，专题性的是针对特定学科或面向某一主题或领域的学术社区，如专注于医学、药学、生命科学专业的丁香园。生命科学论坛（http://bbs.bioon.net）是医药生物专业科研人员、在校学生、医务人员查阅资料、探讨学术、交流经验的资深专业论坛。

根据社区论坛成员的名气和级别划分[②]，学术社区可分为名人学术社区和草根学术社区。名人学术社区指科学家之间或专业的科研人员之间的学术交流，包括科学家共同体、知识专家学术社区。草根学术社区目前是学术社区的主要队伍，如教师职业虚拟社区、研究生虚拟学术社区、小木虫论坛等均归属于这一类社区。

① 赵玉冬.基于网络学术论坛的学术信息交流研究.图书馆学研究,2010(19):40-43.
② 陈红勤,曹小莉.学术社区研究综述.科技广场,2010(8):235-237.

4. 学术社区论坛的功能

学术社区论坛的主要功能有：一是促进信息交流，促进专业知识的传播与交流，专业领域的学术问题讨论交流，以及学术会议等专业信息的发布等；二是提供科研经验交流，不仅包括写作与投稿、课题申报、项目管理的经验交流，还包括实验、研究方法、数据处理等的经验交流；三是提供检索知识与资源利用分享，学术社区一般都设有"文献互助"或"检索互助"版块，用于检索知识与技巧的分享，同时常常发布各种免费资源；四是促进学术交流和隐性知识的转化，激励知识创新。借助社区论坛，从事学术研究的多个群体间如科学家之间、学者之间、研究生之间、职业者之间、学术爱好者之间及时的网络交流，便于吸取集体智慧，激发思想火花，有效地发挥科学知识的创新效应。

5. 典型资源：科学网

科学网（http://www.sciencenet.cn）是全球最大的中文科学社区，一个以垂直化和专业化为特点的科学社区，一个华人科学家的精神家园。由中国科学院、中国工程院、国家自然科学基金委员会、中国科学技术协会主管，由具有五十年媒体经验的中国科学报社主办，旨在通过打造全球华人科学社区，汇聚思想的力量，以促进科技工作者的平等交流，促进科学知识传播，促进科学政策的公开透明，促进科学思想和科学方法发扬光大。

科学网已经成为全球最大的中文科教类新闻资讯集散中心，而且拥有全球最大的中文科教虚拟社区。从 2007 年上线以来，经过十年的发展，科学网用户总量达 280 万，遍布全球数十个国家和地区，用户所从事的工作涵盖了几乎全部科学研究及高等教育领域，而且大多数用户是从事科学研究的一线工作者，如图 5-3 所示，科学网提供新闻、博客、群组、院士、人才、会议、论文、基金等频道，近百万海内外科技界专家正在使用科学网的博客、论坛等服务。

图 5-3　科学网主页

6. 典型资源：Research Gate

Research Gate（https://www.researchgate.net）于 2008 年 5 月上线，是一个社交网络服务网站、全球化的线上社会，也是专业内容的共享基地。Research Gate 旨在推动全球范围内的科学合作，用户可以联系同行，了解研究动态，分享科研方法以及交流想法。创办人为 Ijad Madisch、Soeren Hofmayer 和 Horst Fickenscher。Research Gate 被称为 Facebook for Scientists，是全球最大的学者社交平台。

　　Research Gate 的注册会员已有 1200 万人，来自全球 192 个国家和地区，其中绝大部分都是科学家、研究员、大公司的技术人员，以及理工科专业的学生。网站已有 20 多个分类社区，其中最大的是生物和医药社区。

　　利用 Research Gate，科学家可以分享研究成果、学术著作，以及参加一些科研论坛或兴趣小组。可以建立自己的学术档案，上传自己的文章；追踪自己文章的引用，获得网站推荐（根据上传的文章）；可以用提问的功能去寻求答案，找相关领域的提问；能够跟踪相关权威人士的研究进展和过去的文章，查看 timeline、endorse（点赞）；可以索取文章全文。Research Gate 的免费学术资源库收录了 8 个全球大型学术数据库的论文摘要和学术会议等信息，包括 Pubmed、Citeseer、Arxiv 和 Nasa Library，能够下载 1000 多个数据库的论文全文。Research Gate 的图书资料平台主要功能是用语义检索引擎 SASE。Research Gate 提供开放存取自存档，科研人员可以使用上传文件功能以便分享已经出版的论文给学术界。

　　7. 典型资源：小木虫学术论坛

　　小木虫学术科研第一站（http://xmuchong.com，图 5-4），小木虫学术论坛（http://xmuchong.com/forum.php）秉承"为中国学术科研免费提供动力"的宗旨，已成为最具影响力的学术论坛之一。小木虫的会员主要是来自各大高校、科研院所的博硕士研究生、企业研发人员，小木虫论坛拥有良好的交流氛围及广阔的空间，小木虫学术论坛包括论坛公告、网络生活区、科研生活区、学术交流区、化学化工区、材料区、计算模拟区、生物医药、人文经济区、专业学科区、文献求助区、资源共享区等分论坛。

图 5-4　小木虫学术科研第一站主页

　　8. 典型资源：丁香园论坛

　　丁香园论坛（http://www.dxy.cn）于 2002 年 5 月正式成立，5 月正是丁香花盛开的季节，是专注于文献检索知识传播和生物医药学的网站，是中国最大的医疗领域连接者以及数字化领域专业服务提供商。丁香园连接医院、医生、科研人士、患者、生物医药企业和保险，覆盖千万大众用户，目前汇聚超过 550 万医学、药学和生命科学的专业工作者，其中包含 200 万医生用户，大部分集中在全国大中型城市、省会城市的三甲医院，超过 70% 的会员拥有硕士或博士学位。

【拓展资源 5-1】　更多学术社区论坛

　　丁香园论坛提供信息发布区、各医学分论坛专区、文献互助区等版块，如图 5-5 所示。成立 15 年以来，丁香园打造了国内最大的医疗学术论坛及产品，旗下有丁香人才、丁香会议、丁香通、丁香客、用药助手、PubMed 中文网、调查派等产品，其中用药助手、医学时间、丁香医生和丁香园等移动产品扫一扫图 5-6 的二维码即可安装。

图 5-5　丁香园论坛的分论坛

图 5-6　丁香园的移动产品

5.2.4　典型资源：微博学术信息与学术博客

1. 微博学术信息及交流

微博信息更新快速、公开获取的特点可以满足以最快的速度获取最新学术前沿信息的需求，因拥有大量学者及海量学术信息而成为新型的资源宝库，微博信息更新快，有利于最新学术前沿的传播，通过微博获取学术前沿信息比学术论坛快，比会议快，比期刊杂志快，更比学术著作快；微博学术信息可公开、平等地获取。此外，第三方应用让学术信息采集与分析自动化，如可利用微博获取前沿信息、挖掘热点，主要方法是利用软件对关键词进行微博采集和清洗，通过提取特征词配合共词分析找出领域的研究热点，通过社会网络分析找出该领域的学术领袖，最后，通过关注学术领袖、订阅热点关键字对最新学术动向进行跟踪。所以，微博学术信息具有内容丰富、更新快速、观点新颖、获取便捷等优点让越来越多的科研人员尝试使用学术博客作为信息交流与知识共享的非正式平台。研究图书馆协会（Association of Research Libraries，ARL）的调查报告指出，博客是目前广泛被使用的八种新型网络学术信息之一。

以博客为代表的新型交流媒介融合了信息交流和个人出版的双重功能，在学术领域被广泛应用并成为学术信息的快速交流方式，越来越多的科研实验室、团队和个体使用学术博客来报道成果、讨论问题或共享观点、进行在线合作、在线出版或创建学术身份等。

以学术信息发布者和使用者为主体，以微博为平台，由微博学术信息发布、学术信息需求、微博学术信息获取、结果评价、结果分析利用等行为组成的交流系统，我们称为微博学术信息交流①。

微博中的学术交流既带有普通微博交流的烙印，又呈现独特特点，包括：①微博学术交流门槛相对较高，需要专业背景，同一专业领域内的发布者和使用者相对固定；②针对某主题进行的深入学术讨论多借助学术微群集中讨论形式，例如，新浪微博中数据挖掘主题微群就有 70 余个；③微博学术交流平等有利于各层次学者的跨界交流。但是受到微博平台是非专业学术交流平台的局限，故很多功能尚不完善。

微博学术交流形式多样，主要有微博活动、微博应用、微博投票和博文 4 种形式，博文是主要形式，包括学术前沿、会议报告、专业招聘和专业求助等。

2. 学术博客及交流

学术博客是旨在发表学术思想，传播与交流学术观点以及共享学术知识、信息的博客，学术博客是传播交流的主要内容是学术知识的博客，一般由科研人员撰写的、以讨论学术相关问题为主的博客。学术博客一般以博主为中心，及时记录自身的学术观点，同时通过 RSS、回溯、评论和链接来实现自己同相关学术群体的知识交流②。学术博客具有传播学术信息、表达学术见解、维护更新、保存记忆、写作、交互、建立联系等功能。

学术博客交流方式主要包括撰写与更新博客、评论他人的博文、回复他人的评论、浏览和推荐等。学术博客通过博文实现的是一对多的广播式学术传播，而通过评论、链接、回访和引用等机制进行的又是一对一的学术交流。学术博客交流实时、动态、交互，且包含图片、音频、视频等丰富的信息内容，能让用户将观点或想法融入讨论过程和情景之中，如公开研究细节、寻求实验帮助等；学术博客交流具有学科差异③，管理综合与化学科学、生命科学、数理科学等学科人均博文发文量均高于总体平均值；学术博客社区确实具有"小世界"现象，存在核心博主和交流互动联系紧密的核心成员，对整个博客社区交流的贡献和影响较大④，学术博客交流在作者学术身份、学科差异、累积优势分布等方面与传统文献交流相类似，学术博客交流的个性化、对正式学术交流的补充性能促进科研人员间、科研人员与大众间的跨学科、跨边界知识交流与共享。

根据交流对象不同，学术博客交流可分为显性知识交流和隐性知识交流，前者主要指分享显性知识，如公开发表的文章、搜集的资料等，后者主要指分享隐性知识，如个人对学术的经历体验、观点看法、暂未发表的成果等。

3. 学术博客的类型

根据主题来划分，学术博客分为纯研究博客、有关科研生活的博客和混合型博客三类。纯研究博客是指涉及的主题与研究相关；有关科研生活的博客是指主题包括广泛的科研生活，如作研究的经历与体会、带领团队或指导学生的经验等，如科学网博客；混合型博客

① 盛宇.基于微博的学术信息交流机制研究——以新浪微博为例.图书情报工作,2012,56(14):62-66.

② 甘春梅,王伟军.学术博客的概念、类型与功能.信息资源管理学报, 2015(1):25-30.

③ Shema H，Barllan J, Thelwall M. Do blog citations correlate with a higher number of future citations?Research blogs as a potential source for alternative metrics.Journal of the Association for InformationTechnology,2014, 65(5):1018-1027.

④ 丁敬达,许鑫.学术博客交流特征及启示——基于交流主体、交流客体和交流方式的综合考察与实证分析.中国图书馆学报,2015,41(5):87-98.

是前两种类型博客的综合，既探讨有关研究的内容，也分享有关科研生活的感想。

按照组成博客的主体性质划分，学术博客分为个体博客、群体博客和机构博客。个体博客是由单个科研人员撰写与维持，其主体通常是高校教师、科研机构工作人员以及研究生等；群体博客通常由两个或以上的研究领域相同或相近的科研人员撰写并维持，其主体通常是在现实中已互相认识的科研人员（如大学教授）、研究群体或同一领域中任何对该博客感兴趣且愿意贡献的个体；机构博客通常与某一组织（如出版商、期刊等）相关联，由该组织予以维持，其作者可以是一个人或多个人。

4. 典型资源：学术博客

（1）已形成的学术博客虚拟社区，如国外的 Science Blogs、国内的科学网博客等。科学网博客（http://blog.sciencenet.cn/blog.php）频道用户采用实名制注册，并设有专门的网络编辑对博客及博文进行管理，是学术博客的典型代表，并按科学网博客设定的生命科学、医学科学、化学科学、工程材料、信息科学、地球科学、数理科学、管理综合等八个学科进行归类。科学网博主高级知识分子居多，呈现精英化、专业化的特点。

（2）个体博客主体通常是高校教师、科研机构工作人员以及研究生等。例如，月光博客（www.williamlong.info）创始人是龙威廉，网站创办时间是 2005 年 1 月，在 2008 年被新浪评为年度十大 IT 博客之一，2015 年出版了《网站财富》一书；IT 科技博客爱范儿（www.ifanr.com）创始人是王伟兴，致力于消费科技领域的产业评论、产品报道及社群连接，覆盖电信、媒体和科技产业链、产品评论、评测、报道等，特点是"原创内容+精心翻译挑选的外电资讯"，获 2009 年度搜狐优秀独立博客奖；马光远毕业于中国人民大学，独立经济学家，经济学博士，产业经济学博士后，现任民建中央经济委员会副主任，中央电视台财经频道评论员，是英国《金融时报》、《经济观察报》、《中国经营报》、《南方周末》、《南方都市报》等媒体的专栏作家和特约评论员。2009 年荣获南方人物周刊"时代骄子青年领袖"称号，其新浪博客为 http://blog.sina.com.cn/s/articlelist_1435160552_0_1.html。

（3）群体学术博客如竹帛斋竹主持的"新浪图林博客圈"由圈主竹帛斋主（程焕文）于 2006 年 10 月 4 日创建，集聚了图书馆领域内不少优秀博客的博文，博文涵盖了图书馆学术、图书馆事业、图书馆文化、图书馆生活、图书馆资讯等几个方面。

（4）机构博客如《中国科学报》官方微博（http://blog.sina.com.cn/u/2427364747）、《中国社会科学报》官方微博（http://photo.blog.sina.com.cn/ssiccass）、中国科学院研究生院管理学院的腾讯官方微博（http://t.qq.com/mscasac）和中国科学院研究生院管理学院新浪官方微博（http://weibo.com/mscas?is_hot=1）等。

5.2.5　典型资源：学术类微信、客户端

1. 微信

微信是腾讯公司于 2011 年 1 月 21 日推出的一个为智能终端提供即时通信服务的免费应用程序，支持跨通信运营商、跨操作系统平台通过网络快速发送免费（需消耗少量网络流量）语音短信、视频、图片和文字，同时可以使用通过共享流媒体内容的资料和基于位置的社交插件"摇一摇""漂流瓶""朋友圈""公众平台""语音记事本"等服务插件。

2. 学术类微信、APP 应用类型

按照学术类型微信公众号管理主体划分，学术类型微信、APP 应用可归纳为以下几类。

（1）微信公众号、客户端的主体为学术期刊、学术出版和信息服务机构，如人大数媒科技北京有限公司的壹学者（微信号：my1xuezhe）、CNKI 的全球学术快报（APP 客户端）、中国社会科学图书馆的社科智讯（微信号：nssd_org）、中国科学院文献情报中心的中国科讯（微信号：Sci-think）、"科学美国人"中文版《环球科学》运营的科研圈（微信号：keyanquan）、北京大学出版社外语编辑部的官方公众微信号北大外文学堂（微信号：pupwaiwen）等。

（2）微信公众号、客户端的主体为学术网站、社区、专业公司，如科学网（微信号：sciencenet-cas）、同方知网数字出版技术股份有限公司运营的 CNKI 同方知网（微信号：tfzw_cnki）、重庆维普资讯有限公司运营的维普信使（微信号：Messenger_VIP）等。

（3）主体是自由群体，这类自由群体学术类微信公众号如四位博士创建的学术中国（微信号：xueshuzhongguo）、海归学者发起的公益学术交流平台——知社学术圈（微信号：zhishexueshuquan）等。

3. 典型资源：壹学者

壹学者的微信号为 my1xuezhe，是人大报刊复印资料唯一移动端阅读平台。壹学者的主体是人大数媒科技北京有限公司。目前，"壹学者"包括个人版、机构版，涵盖微信号（my1xuezhe）、Android 客户端、iOS 客户端以及 PC 端四大产品形态，如扫一扫图 5-7 的壹学者微信二维码即可安装。

壹学者除为学者/学术提供论文库外，还为学者/学术机构提供学术图书馆、社交平台、科研工具等多场景应用服务，被不少学者和学术机构称为口袋学术、移动科研助手。其中，如图 5-8 所示的主要应用服务包括以下内容。

图 5-7　壹学者微信二维码

图 5-8　壹学者功能主页

（1）"文献检索"可以帮助跨库实现论文、图书、段落的精准检索，一键跟踪检索字段；"学术资讯"独家发布原创新锐观点，汇集全网的项目、会议、成果、趋势等最新动态。

（2）"人大复印库"涵盖人大复印报刊资料 1995 年以来 148 种学术期刊的全部数据，300 多万篇学术论文，以全文数据库、数字期刊库、报刊摘要库、报刊索引库、目录索引库、专题研究库六大库的形式呈现。用户可以对感兴趣的期刊添加跟踪，跟踪后，期刊更新时会有消息提醒。

（3）"学术图书馆"汇集人文社科领域的优质内容；资讯观点提供原创新锐观点独

家发。

（4）"学术文库"采用实名认证入驻制，可以定制个人资料库，为个人资料提供云端存储空间，已入驻的学者包括高校教师、学者、硕博士研究生、学术编辑等，认证用户可以上传文档、推广分享文档等。

（5）"期刊投稿"提供期刊导航浏览功能；"项目合作"提供找学者、找资金、招募中、进行中、已完成的管理。

（6）"学者社区"满足个性化社交需求，在互动社区可以开展热点评论、学术话题、科研难题、调研投票、沙龙活动交流，是学者间发布、交流和互动的空间；"名片"可以关注专业领域学者。

（7）"科研工具"包括文献检索、会议助手、调研助手、课题立项助手、著作出版推广、学术笔记等功能。其中，课题立项助手通过分析关键词的研究趋势、热点、空白点、学科分布、研究学者、参考文献，助力目标选题立项写作，会议服务按学科和位置推荐最新和最近的会议信息，关注会议，形成日历备忘录；参与讨论，追踪会议成果；著作出版提供在线推广著作，增加成果被检索、被引用概率；随手笔记帮助在开会、学习、阅读时，用图文、语音记录笔记，与内容超链接关联，云端存储等。

（8）个人中心提供我的名片、学术成果、实名认证等管理。

4. 典型资源：全球学术快报

全球学术快报是 CNKI 推出的为用户提供个性化综合服务的知识型移动端平台。基于 CNKI 网站，提供简约检索、个性化定制、及时推送、读者关注热点追踪、内容智能推荐、全文跨平台云同步；实现了检索、下载、管理、阅读；方便用户实时掌握最新科技前沿动态，获取最新会议项目信息。用户下载 APP（二维码下载见图 5-9、图 5-10）后可以进行文献检索下载、定制、实时获取最新快报资讯。

图 5-9　全球学术快报手机版下载　　　图 5-10　全球学术快报 IPAD 版下载

1）资源简介

完整收录中国期刊、博硕士论文、报纸、会议论文、年鉴、工具书、百科全书、专利、标准、科技成果及法律法规等各种资源。囊括中国 90%以上的知识信息资源，是目前资源类型完整、内容全面的国家知识资源保障体系。共计收录 3 亿多篇中外文文献，内容涵盖理、工、农、医和人文、社会科学以及经管等各个学科领域。与 400 多家国际出版社进行了版权合作，整合出版了数百个重要数据库，收录外文期刊 57000 余种，覆盖 JCR 期刊的

94%，Scopus 期刊的 80%；图书 100 多万种，会议论文 1600 多篇。爱思唯尔（Elsevier）、施普林格（Springer-Verlag）、威立（Wiley）、泰勒佛朗西斯（Taylor & Francis）、爱墨瑞得（Emerald）、剑桥大学出版社（Cambridge University Press）等国际知名的出版集团和学术出版社都已成为 CNKI 的合作伙伴。

2）检索及服务功能

（1）个性化定制功能。

提供我的图书馆、添加定制、快报播报、主题内容等栏目。"我的图书馆"是一个定制的过程，用户定制内容的添加、修改、查找、查看都可以在此模块进行。其中可定制的内容包括学科、期刊、作者、主题和热点定制，定制学科时可一键定制主题文献、项目、会议信息；添加定制时，单击"我的图书馆"页面右侧的"+"添加按钮，跳转到添加定制页面，目前可定制的内容包括学科、期刊、作者、主题、热点五大分类，不同的分类定制不同的内容，其中定制学科可一键定制主题文献、项目和会议信息；"快报播报"在用户定制完新的内容后，每次打开首页就可以看到定制的最新内容；"主题内容"用于查看主题下的详细文献信息，并能进行精确查找、分组。

（2）检索功能。

检索功能提供文献检索、出版物检索、高级检索等方式。其中，"文献检索"主要提供各种类型文献的搜索和下载阅读功能。用户在检索时会提供历史搜索记录和热门搜索词；并自动补全检索内容，方便用户更好地检索。"出版物检索"主要是对期刊、博硕士授予单位、会议论文集、工具书等的整刊查询，分为大图和列表两种展示方式。出版物的查询结果可以按首字母进行筛选。"高级检索"帮助对文献进行精细查找。

（3）资料库功能。

资料库提供全部文献、我的收藏等服务栏目。其中，"全部文献"是用户最终下载存放文献的地方，可同步到云端；"我的收藏"在文献详情页，单击"收藏"按钮后，文献就进入我的收藏列表。

（4）个人中心。

个人中心提供个人资料、我的评论、我的点赞、我的足迹、设置等服务栏目。

【拓展资源 5-2】　更多学术类微信

5.2.6　典型资源：网络出版

1. 网络出版的定义

网络出版（Online Publishing、e-Publishing、Net Publishing）是指互联网信息服务提供者将自己创作或他人创作的作品经过选择和编辑加工，登载在互联网上或者通过互联网发送到用户端，供公众浏览、阅读、使用或者下载的在线传播行为。中国政府对从事互联网出版的单位实施许可制度，归口主管单位为新闻出版总署。

根据网络出版发展的特点，网络出版可以分成网络学术出版、网络图书、网络杂志、网络报纸、网络文学、网络音像、网络游戏、网络教育、网络教育出版物、网络地图和手机出版等类别。

2. 网络出版物

2016 年 2 月 4 日，国家新闻出版广电总局、工业和信息化部令第 5 号公布《网络出版服务管理规定》。该规定分总则、网络出版服务许可、网络出版服务管理、监督管理、保障与奖励、法律责任、附则 7 章 61 条，自 2016 年 3 月 10 日起施行。本规定所称网络出版服务，是指通过信息网络向公众提供网络出版物。本规定所称网络出版物，是指通过信息网络向公众提供的具有编辑、制作、加工等出版特征的数字化作品，范围如下。

（1）文学、艺术、科学等领域内具有知识性、思想性的文字、图片、地图、游戏、动漫、音视频读物等原创数字化作品。

（2）与已出版的图书、报纸、期刊、音像制品、电子出版物等内容相一致的数字化作品。

（3）将上述作品通过选择、编排、汇集等方式形成的网络文献数据库等数字化作品。

（4）国家新闻出版广电总局认定的其他类型的数字化作品。

3. 泛网络出版

以数字化出版发行为手段的、以出版商为主导的学术信息资源体系和二次文献商、检索商、发行商、新兴的信息资源与服务集成商驱动的"全面信息服务机制"使传统的严格有序分工的学术出版体系发生改变，在经历桌面出版（Desktop Publishing）、网页出版（Web Publishing）之后，利用基于手机、移动客户端、社交媒体，每一个人、企业、组织或机构在任何时间、任何地点都可以通过 Internet 发布信息，他们发布每一个信息的过程就是一次出版的过程，每一个人既是出版者，也是出版物的消费者。从这个意义上讲，网络出版是 5W 出版，即任何人（Whoever），在任何地点（Wherever），在任何时间（Whenever），与任何人（Whomever），采取任何方式（Whatever）的出版，"出版"正在变得无所不在，也就是说，我们迎来了泛网络出版（Network Publishing）的新时代。

在泛网络出版时代条件下，一方面我们可以利用在线投稿方式发布、分享学术成果，另一方面开放存取出版模式提供了交流、共享学术成果的路径。

4. 典型资源：投稿平台

目前，集成的信息检索平台不仅能检索信息，还能为利用信息展示交流成果搭建平台，其设计提供的在线投稿服务就为学术论文投稿提供便捷。目前代表性的平台有 CNKI 中国学术期刊论文投稿平台、万方数据知识服务平台、维普、（Elsevier Editorial System, EES）等。

（1）CNKI 中国学术期刊论文投稿平台。CNKI 中国学术期刊论文投稿平台（http://www.cb.cnki.net）如图 5-11 所示，为寻找关注学科核心期刊、把握核心领域研究动向科研发文提供了渠道，该网站发布了多学科专辑期刊的征稿启事。作者可以通过"导航"选择不同专辑学科，查看本学科下重点期刊，寻找对口期刊，单击链接就可进入选中的期刊，通过在线注册投稿和预约优先出版。

（2）万方数据知识服务平台投稿栏目。万方数据知识服务平台投稿功能如图 5-12 所示，http://contribute.wanfangdata.com.cn，提供"检索征稿启事"，选中期刊显示相关的审稿周期、发稿周期及录用率等信息，提供"优先出版"。优先出版是期刊优先数字出版，也称 On-line First，是数字出版的一部分，即以数字出版方式提前出版将在传统印刷版期刊出版的定稿论文。优先出版分为整期优先出版和单篇优先出版，强调电子版本要优先于纸质期刊的出版。

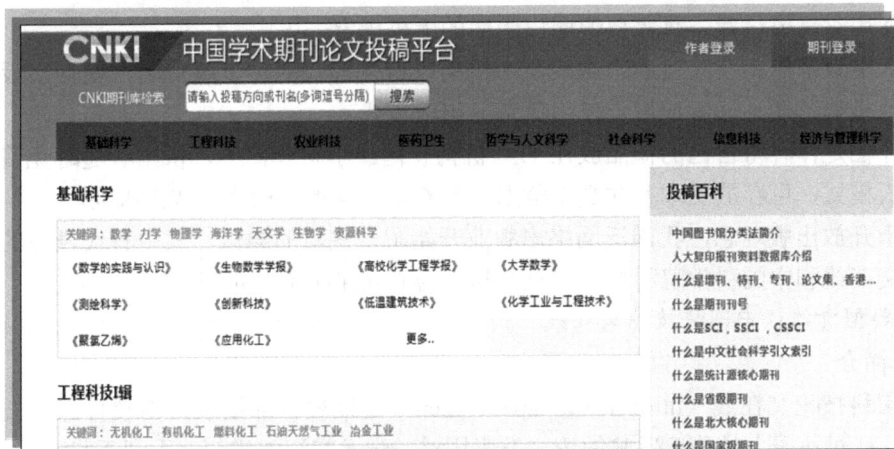

图 5-11　CNKI 中国学术期刊论文投稿平台页面

图 5-12　万方数据知识服务平台投稿功能

5. 开放存取出版模式

开放存取（Open Access，OA）于 20 世纪 90 年代末出现，是一种学术信息共享的自由理念和出版机制，是国际学术界、出版界、图书情报界利用互联网进行学术信息和科研成果自由传播、免费利用的行动。它打破了学术期刊的垄断，解决了科研人员不能随时随地获取、使用学术期刊的问题，是基于数字化网络化环境的一种全新的出版模式。开放存取出版将科学信息交流和利用过程中的发布、存储、检索和利用各环节集成一体，缩短出版时间和出版过程，或者在正式出版前已公开内容，这样使得最新的科学研究成果可以及时公开，大大提高信息交流速度，其采用独特的"作者付费，读者免费使用"的模式，促进科学信息交流和利用的开放性。

开放存取是我们免费获取学术信息的重要渠道，同时更为重要的是基于互联网的学术传播机制、学术出版机制。开放存取出版模式包括订阅出版、OA 出版和自存档等类型。

订阅出版的访问对象主要是期刊论文，出版前一般先进行同行评议来控制质量，读者访问和使用时需要付费，且需要遵照出版商的版权规定。

OA 出版是作者及其资助组织或所在机构以付费形式支付出版费用，期刊出版者同时寻求其他机构赞助，读者或用户使用免费的出版模式。

自存档是作者将自己的作品放在 OA 机构仓储或学科仓储中，供学者随时免费取用的一种出版模式，可存放文本和非文本数据，但 OA 自存档不构成正式出版物。

基于开放出版理念，我国泛网络出版业开始了一些新的尝试，其中有代表性的如中国科技论文在线和中国科学院科技论文预发布平台 ChinaXi 预发布平台。

6. 典型资源：中国科技论文在线

1）简介

中国科技论文在线（http://www.paper.edu.cn）是经教育部批准，由教育部科技发展中心主办，针对科研人员普遍反映的论文发表困难，学术交流渠道窄，不利于科研成果快速、高效地转化为现实生产力而创建的科技论文网站。中国科技论文在线利用现代信息技术手段，打破传统出版物的概念，免去传统的评审、修改、编辑、印刷等程序，给科研人员提供一个方便、快捷的交流平台。

2）出版方式

中国科技论文在线可为在本网站发表论文的作者提供该论文发表时间的证明，并允许作者同时向其他专业学术刊物投稿，以使科研人员新颖的学术观点、创新思想和技术成果能够尽快对外发布，并保护原创作者的知识产权。从出版角度来讲，中国科技论文在线提供了首发论文、优秀学者论文、自荐作者论文等几个主要栏目。

首发论文栏目。采用"先发布后评审"的方式，作者自愿投稿的文章，经基本学术、规范格式初审，并确认无政治错误问题、涉密问题、署名问题，并未在任何媒介发表，达到本站发布要求后，一般在 7 个工作日内发布，发布后作者可自愿选择请同行专家对论文学术水平进行评审，进一步完善课题研究，与同行学者展开讨论，为广大科学工作者提供一个快速发表和共享最新科技成果的平台。首发论文目前已收录近 4 万篇科技论文，涵盖43 个一级学科，已成长为一个大型学术论文数据库，内容丰富全面，同时具备快速检索和全文检索功能。如图 5-13 所示为首发论文浏览页面。

优秀学者及主要论著栏目。根据学术建树和学术影响力，从 15 个大的学科领域内遴选出优秀学者进行集中展示，以优秀学者个人学术专栏为主体，围绕其提供多种浏览和检索形式，并辅以"学者访谈"和"专题聚焦"两个独立版块，对学术界的热点人物、热点话题进行深入的跟踪报道。

学者自荐及主要论著栏目。学者自荐栏目是专为年轻学者打造的特色栏目，其目的是为致力于科学研究且已取得一定科研成绩的年轻学者免费建立个人学术专栏，为年轻学者展示、交流标志性成果和优秀论文提供一个便捷的网上平台，以提高年轻学者在学术界的影响力，促进学术交流与发展。凡具有博士以上学历的年轻科研人员或讲师以上职称的教师均可自荐或他荐成为自荐学者，所有学者用户可自行管理专栏，并与读者在线交流，同时可享有栏目定制等特色服务。

此外，还有科技期刊栏目，收录了由各大学主办的学报近几年发表的所有论文，并分别按照期刊名称、学科分类编排，方便科研人员查阅，以提高论文的引用率和期刊的影响因子，推动科技期刊上网工程；博士论坛栏目，与教育部学位与研究生司合作，自 2006 年起对全国博士生学术论坛进行报道，按年度分学科展示了全国博士生学术论坛上进行交流的论文，为博士生用于交流的论文提供了网上发布的平台等。

图 5-13 中国科技论文在线首发论文浏览页面

3）使用方法

中国科技论文在线将服务对象分为注册用户和非注册用户两类。非注册用户只能以访客的身份对本网站进行部分检索、浏览和下载。注册用户可以使用本网站的所有功能，享受更多便捷服务，包括投稿、评论、定制、添加私人标签，收藏站内外各类资讯，加入感兴趣的学术圈子等用户个性化功能，注册时请以个人常用电子邮箱作为用户名，并按要求如实填写个人信息，用户真实姓名注册后不可修改。

注册后可以在个人空间（图 5-14）中进行投稿，投稿前请下载本站论文模板，文章通过初审并编辑后即可发布在网上，届时，会看到文章已转入"已发论文"列表中，在这里可以再次上传论文修改稿，如文章被其他期刊收录，可以填写收录情况，还可以自行打印刊载证明及申请打印邮寄星级证明；个人可以对已发的论文、新闻发表评论，评论经审核后发表在网上，在个人空间中也可以看到其他用户对您发表论文的评论，及其他栏目对您发表评论的回复，可以直接在"在线评论"中回复别人的评论，同时可以对自己论文的评论做加精华、置顶等操作。在线提供了高级检索，按题目、关键字、作者和摘要在全库、在线发表论文库、优秀学者论文库、高校期刊论文库等数据库中进行检索；也可利用文字中的一句内容开展全文检索从而找到文章。

4）多维科技论文集成创作平台

中国科技论文在线开发了新型多维科技论文集成创作平台，为论文写作提供一个崭新的思路和模式。从多维科技论文创作平台网站的"下载中心"下载完整版（如果您的计算机尚未安装.NET Framework 2.0，则需下载完整版），主要包含论文创作、论文结构管理、格式转换、稿件管理、预览功能、素材库、网络资源、自动升级、个人工具箱、我的学术圈子、论文图书馆等功能。

图 5-14　中国科技论文在线个人空间栏目及功能

7. 典型资源：中国科学院科技论文预发布平台

1）简介

中国科学院科技论文预发布平台 ChinaXi（http://www.chinaxiv.org，图 5-15）是国内首个按国际通行模式规范运营的科技论文预发布平台，于 2016 年 6 月 13 日上线运行。中国科学院科技论文预发布平台面向全国科研人员，建设可靠、规范的自然科学领域的中国科

图 5-15　中国科学院科技论文预发布平台

研论文开放仓储库，接收中英文科学论文的预印本存缴和已发表科学论文的开放存档。构建中国科学院规范的支持快速交流发布的学术交流生态系统，支持中国高水平科研论文的快速预发布，有效支撑中国科学家的科研首发权。并将从物理学、计算机科学、生物学、天文学、数学、材料科学等重点领域逐步开放到更多领域，力争建成中国科技界广泛认可、在国际上有一定影响力、权威的新型学术交流平台。

　2）特色

ChinaXi 预发布平台的特色包括：一是营造了公开透明的科技成果交流共享空间，有助于科研人员公平竞争，促进我国科技水平的快速提升；二是保障优秀科研成果首发权的认定，有助于扩大我国科技工作者的国际影响力，促进原创成果的不断涌现；三是缩短了科技成果发布周期，有助于推动科技成果的快速流转和开放获取，促进科技成果的有效转化。

　3）服务功能

ChinaXi 预发布平台的服务功能在于保障学术自治，通过开放评论、同行评议等即时交互，形成新型学术自治，促进交流与合作；快速发布，快速存缴与公开发布；开放获取，无须订购服务，用户可根据学科类别浏览全部或最新文章，也可直接检索获取最新科研成果；稿件推荐，平台根据论文影响力将优先稿件推荐给合作期刊；帮助保障首发权，第一时间将论文放在公共发布平台进行公布，帮助作者保障首发权；便捷应用，嵌入文献情报服务聚合平台，对接 IR 机构知识库、iAuthor 中国科学家在线、arXiv.org 平台等。

　4）使用方式

直接打开 http://www.chinaxiv.org，单击右上角的"登录"按钮，登录后单击"科技文献检索服务"项，进入"文献情报嵌入式个性化服务"页面，再单击"科技论文预发布"按钮即可。在个人中心可查看"我的提交"、"我的论文"、"我的评论"等信息，并可以个性化定制"我的定制推送"内容。

【拓展资源 5-3】　投稿的个人准备　　　　　【拓展资源 5-4】　科技论文的审稿

思　考　题

1. 什么是信息交流？什么是信息共享？信息交流与信息共享的作用是什么？
2. 网络环境下，学术交流发生了哪些变革？网络学术交流的特点是什么？
3. 网络环境下学术信息交流共享的途径有哪些？
4. 什么是网络出版？什么是开放存取出版模式？开放存取出版的特点是什么？

互　动　题

1. 上网从多个角度收集您身边不同类型的信息资源，类型越丰富越好，并交流分享您眼中的信息长啥样。
2. 上机收集与练习：以您感兴趣的话题为例，2～4 人一个小组，利用 QQ、社区论坛、微博、博客、微信、知乎、豆瓣网、天涯社区、领英、人人网等社交媒体，练习利用这些途径获取、交流与分享信息。

　　3. 上机收集与练习：以您所在专业为关键词和话题，2~4人一个小组，搜索您所在专业的学术社区论坛、微博学术信息、学术博客、学术微信等社交媒体，练习利用这些途径获取学术信息，练习利用这些途径交流与分享学术信息，并与利用传统媒体交流分享信息的方式相比较。

第 6 章　分析创新信息

【学习目标】
　　◇了解信息分析的概念及作用；
　　◇熟悉文献信息分析方法类型及特点；
　　◇掌握文献信息分析方法、数据库分析功能、文献管理工具分析功能的应用；
　　◇掌握互联网数据分析多样化工具及应用；
　　◇了解创新信息的内涵与作用；
　　◇熟悉创新思维方法及特点；
　　◇熟悉文献分析中奥斯本检核表法的应用；
　　◇掌握思维导图工具的功能及应用。

　　信息分析又称为情报研究、情报调研、情报分析与综合等，它是指"情报工作者根据社会和用户的需要，围绕某一课题，有目的地搜集和占有资料，并通过整理、评价和筛选，运用分析、综合等手段，对有关信息进行系统概括的一种科学思维活动和再创造的活动"。从实际应用情况看，目前信息分析的方法主要来自逻辑学、管理学、图书情报学、统计学和预测学等。根据信息所依附的载体不同，本章重点讲解文献信息分析和互联网趋势分析。

6.1　文献信息分析

　　文献信息分析是指对获取的文献信息进行分析与综合的过程，文献信息分析方法是根据特定的需要，利用相关分析方法对文献信息进行定向选择和科学抽象的一种研究活动。
　　文献信息分析的方法归纳起来主要有两类，一类是定性分析方法，另一类是定量分析方法。定性分析（Qualitative Analysis）方法是对研究结果的"质"的分析，是运用分析与综合、比较与分类、归纳与演绎等逻辑学手段进行文献信息研究的方法。常用的文献定性分析方法有比较法、综合法、分析归纳法、演绎法等。定量分析（Quantitative Analysis）方法是指运用数学方法对研究对象的本质特征进行量化描述与分析的方法。定量分析是从量的角度进行量化分析，从量的关系上认识事物发展变化的规律。常用的文献定量分析方法有引文分析法、文献计量法、内容分析法等。但内容分析法引入我国的时间还比较短，理论体系有待完善，从应用的广度和深度来讲，本节重点讲解引文分析法、文献计量法。

6.1.1　比较分析方法

　　比较分析方法简称比较法，是确定事物之间差异点和共同点的逻辑方法，是分析综合、推理研究的基础，也是文献信息分析中常用的一种分析方法。通过比较方法获得的文献信息分析结果可以使用数字、表格、图形或者文字予以表述。

通过对比、分析找出研究对象的相同点和不同点的方法，比较法又可以分为纵向比较法和横向比较法两种。

1. 纵向比较法

纵向比较法是对同一事物或问题在不同时期、不同阶段的特点及其变化发展趋势进行比较的方法，比较的是同一事物或问题，或同一事物的某个方面在某时间点上的变化，如可对同类事物或问题解决的不同方案、技术、用途进行对比。即从对比分析中找出最佳方案、最优技术、最佳用途；可对同类事物或问题不同时期技术特征进行对比，即从对比分析中了解发展动向和趋势。

【应用实例 6-1】　比较法的应用

2. 横向比较法

横向比较法是对不同区域、不同视角的同类事物进行对比，也可以是不同类事物或问题的同一方面之间的比较，比较的是事物在不同空间、视角下的变化。通过对不同事物、不同视角进行类比，从而找出不同事物间、不同视角间的差距，取长补短。例如，对于"大学生就业问题及对策"这一问题有多个写作视角，有从择业、创业角度写作的"从自主择业到自主创业——大学生就业问题及其对策研究"；从多学科视角研究的"多学科视角下的大学生就业问题探析"；从生态学角度研究的"基于生态位视角的大学生就业问题探析"；从经济学角度研究的"经济学视域下的大学生就业问题"等。

6.1.2　归纳分析方法

归纳法又称归纳推理，是根据一类事物的部分对象具有某种性质，推出这类事物的所有对象都具有这种性质的推理。

文献归纳是把与研究课题有关的各种分散信息，如相关情况、数据、素材等，按特定的目的汇集、归纳形成系统、完整的信息集合。

文献归纳分析法就是从文献中的个别经验事实或知识素材分析寻找出一般性普遍特征，并总结出科学理论或假说的方法。归纳法可以先举事例再通过文献分析归纳结论，也可以先提出结论再分析文献例子加以证明，前者称为归纳法，后者称为例证法。

根据归纳对象所得到的不同特点，归纳法可分为完全归纳法和不完全归纳法。完全归纳法就是根据某类事物中每一个对象具有（或不具有）某种属性，从而概括出该类事物的全部对象都具有（或不具有）某种属性的归纳法；不完全归纳法就是根据某类事物的部分对象具有（或不具有）某种属性，从而推论出该类事物的全部对象都具有（或不具有）某种属性的归纳方法。

文献归纳法操作具体有简单综合归纳、分析综合归纳和系统综合归纳方法。简单综合归纳是把原理、观点、论点、方法、数据、结论等有关信息一一列举，进行综合归纳而成；分析综合归纳是把有关信息在进行对比、分析、推理的基础上归纳综合，并可得出一些新的认识或结论；系统综合归纳是一种范围广、纵横交错的综合方式。把获得的信息从纵的方面综合与之有关的历史沿革、现状和发展预测，从中得到启迪，为有关决策提供借鉴，从横的方面综合与之有关的相关学科领域、相关技术等。

归纳法又称归纳推理，同演绎推理相对，即由特殊到一般的推理。演绎法又称演绎推理，同归纳推理相对。演绎分析法是指人们以一定的反映客观规律的理论认识为依据，通过从认识的已知部分推知事物的未知部分的方法。与归纳法的逻辑思路正好相反，它是从一般性前提推出个别性结论的逻辑方法，它反映了论据与论点之间由一般到个别的逻辑关系。演绎推理有三段论、假言推理和选言推理等形式。

归纳是由个别现象概括出一般性知识的思维方法，演绎是从一般到个别的思维方法，互为补充，在一定条件下可以相互转化。

【应用实例 6-2】　归纳法的应用　　　　　【应用实例 6-3】　比较法和归纳法的综合应用

6.1.3　引文分析方法

1. 引文分析

通常一篇文献后附有多种参考文献，这些文献后所列的参考文献是基于与该文献主题相关的原则列出的，即与原文献具有同簇性；文献之间的引证和被引证关系揭示了文献之间存在的文献所属学科之间的内在联系。

所谓引文分析（Citation Analysis），就是利用各种数学及统计学的方法对各种分析对象的引用或被引用现象进行分析研究，以便揭示其数量特征和内在规律的一种文献计量分析方法。引文分析方法用于评价文献的质量、评价机构或著者的学术水平、预测某学科的发展趋势和确定核心期刊。

科学文献的相互关系突出地表现在文献的相互引用方面，由此，引文分析大致分为引文数量分析、引证关系网分析和引证主题分析三种基本类型。引文数量分析不仅可以揭示引用与被引用双方的相互联系，而且可以从定量的角度反映出主体之间的联系强度，主要用于评价期刊和论文等。引证关系网分析能够探明有关学科之间的亲缘关系和结构，划定某学科的作者集体，分析推测学科间的交叉、渗透和衍生趋势，还能对某一学科的产生背景、发展概貌、突破性成就、相互渗透和今后发展方向进行分析，从而揭示科学的动态结构和某些发展规律[①]。引证主题分析可以了解该主题有哪些交叉研究、相关研究，可以揭示学科主题的渗透或交叉研究情况，利于从多角度进行文献检索等。

2. 引文索引

引文索引（Citation Index）是为用户提供查找引文与被引文关系的检索工具。引文索引提供了一个从被引论文来检索引用它的全部论文的途径，引文索引也是获取引文信息的最快捷途径。通过检索引用文献，文献时间越查越旧，通过检索施引文献，文献时间越查越新，通过检索同时间跨学科引用文献，会得到不同学科文献间同一主题的研究状况，由此利用引文关系网可以得到一个学科主题的发展脉络，以及多学科研究该主题的情况。引文索引表现出独特的科学参考价值，在学术界占有重要地位。该特点使其不仅作为一部文献检索工具使用，而且成为科研评价的依据，许多国家和地区均以被 SCI、SSCI、A&HCI 收录及引证的论文情况来作为评价学术水平的一个重要指标。

---

① 邱均平.信息计量学:第九讲文献信息引证规律和引文分析法.情报理论与实践,2001,24(3):236-240.

引文索引为研究者通过对特定主题相关论文基于引文网络的检索与分析提供了便捷，目前最常用的引文分析工具如国外的主要有 SCI（科学引文索引）、SSCI（社会科学引文索引）、A&HCI（人文和艺术引文索引）和 JCR（期刊引证报告），国内主要有 CSCD（科学引文数据库）和 CSSCI（中国社会科学引文索引）；专业引文分析工具有 HistCite、CiteSpace 等。

3. 引文网络示例

数据库平台通过提供对检索结果的引文网络来提升用户对文献关系的分析，CNKI 中国知网、维普科技期刊等数据平台均提供这样的分析功能。

例如，CNKI 知识网络中的引文网络，针对节点文献可获得参考文献、引证文献、二级参考文献、二级引证文献、共引文献、同被引文献等详细的扩展信息，图 6-1 为"企业市场营销战略创新"的引文网络，其中参考文献 8 篇、引证文献 143 篇。

参考文献：反映本文研究工作的背景和依据。

引证文献：引用本文的文献，是本文研究工作的继续、应用、发展或评价。

二级参考文献：本文参考文献的参考文献，进一步反映本文研究工作的背景和依据。

二级引证文献：本文引证文献的引证文献，更进一步反映本文研究工作的继续、发展或评价。

共引文献：指两篇或多篇文献共同引用一篇或多篇文献，称这两篇或多篇引文间有共引关系，也称共引文献，揭示的是与本文有相同参考文献的文献，与本文有共同研究背景或依据。

同被引文献：指两篇或多篇文献共同被后来的一篇或多篇文献所引用，称这两篇或多篇引文间有同被引关系，揭示的是与本文同时被作为参考文献引用的文献，与本文共同作为进一步研究的基础。

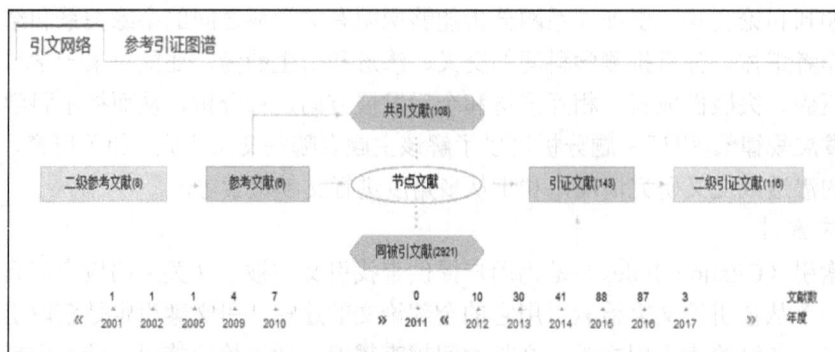

图 6-1 "企业市场营销战略创新"的引文网络

例如，利用 CNKI 检索篇名为"创新"的文献，按被引频次排序，选择前 50 篇后单击"计量可视化分析"项，得到图 6-2 所示的文献互引网络。通过文献互引网络得到聚类高频关键词为技术创新、协同创新、能力、创新、企业等。

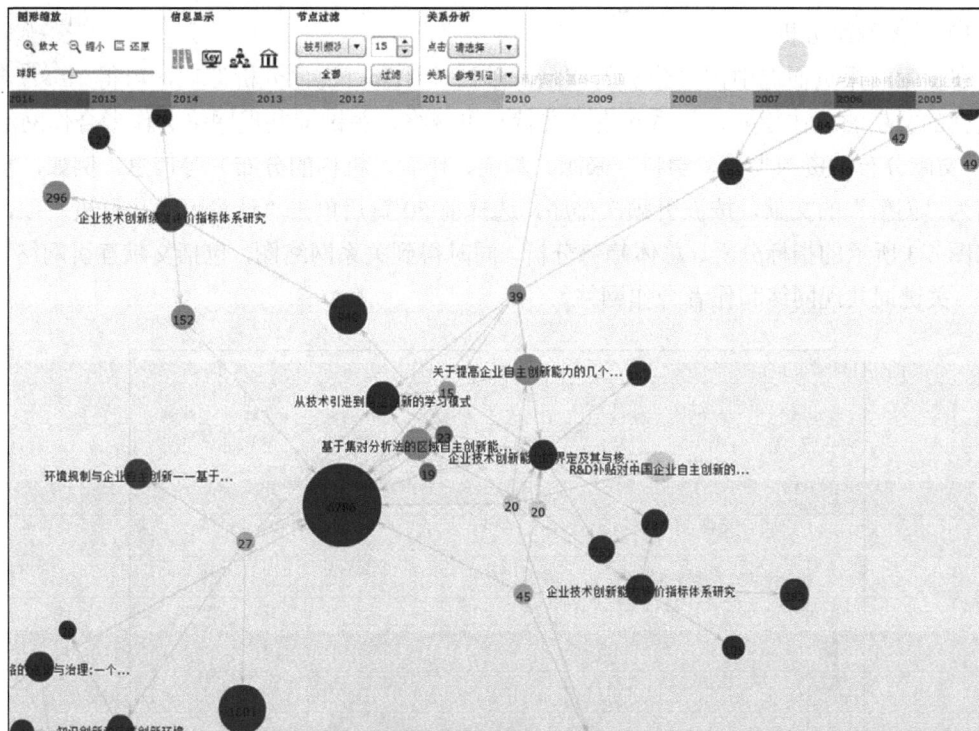

图 6-2　"计量可视化分析"的文献互引网络

6.1.4　文献计量法

　　文献计量法是利用统计学方法对特定研究领域的相关文献特征进行统计分析，用数据来描述或解释文献的数据特征和变化规律，从而达到情报研究的目的。

　　目前，文献计量向信息计量、网络计量发展，文献计量法中计量单位从一篇篇文献深化到文献中的各个知识单元，如文献计量的对象可包括科学术语、主题词、引证文献、被引证文献、文献数量、著者、学科分布、出版物、文献类型、地区分布等。其中，对学科的文献数量进行定量统计分析，可以追踪某一学科的科研情况及其动向；通过对一定范围内文献著者、著者机构的统计分析，可以研究科学家的活动规律，研究人才的著述特征，了解某个学科的学术带头人、核心著者等；结合来源论文的篇名、著者的单位和发表期刊的名称，对主题进行归类与统计，可以帮助科研人员了解目前此学科的发展情况，使他们能够把握将来科研的发展方向。目前对于文献的定量分析能够借助各种数据库的分析功能、文献管理软件分析功能，以及专业的分析软件来实现。

6.1.5　数据库分析：CNKI 与万方

　　1. CNKI 中国知网服务平台

　　CNKI 中国知网服务平台用于分析的功能有：计量可视化分析、学术趋势、指数检索和学科学术热点检索。

1）关系网络分析

在检索结果页面选中需要分析的文献，单击"计量可视化分析"项，可得到选择的文献的总体趋势、关系网络（文献互引网络、关键词共现网络、作者合作网络分析）、文献分布（资源类型、学科、来源、基金、作者、机构的分布）等信息。例如，检索篇名为"创新"的文献，按被引频次排序，选择前 50 篇后单击"计量可视化分析"项，得到如图 6-3 所示的指标分析、总体趋势分析，同时得到关系网络图，包括文献互引网络（图 6-2）、关键词共现网络和作者合作网络。

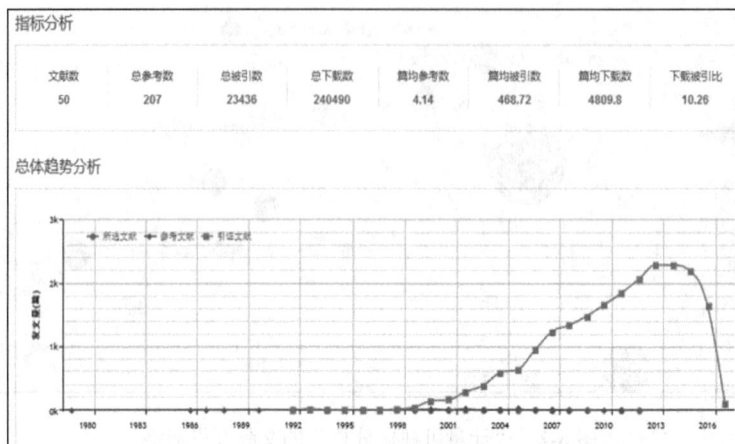

图 6-3　　"计量可视化分析"的指标分析、总体趋势分析结果

关系网络揭示了文献的共现现象，共现分析（Cooccurrence Analysis）是对文献中的相同或不同类型特征项共同出现的现象的分析，如多篇论文之间共同出现的主题（关键词）、共同出现的合作者、共同出现的合作机构以及论文与关键词、机构与作者共同出现等都属于共现分析的范畴，引文分析中两篇或两篇以上文献同时引证同一篇文献，或两篇文献同时被别的文献共同引证等多种复杂各异的网络或聚类关系就是论文共现关系（图 6-2）。两位作者共同出现在同一篇论文中，说明两位作者存在合作关系，共同出现的频次越高，说明两位作者合作的强度越高，关联程度越大；同样，一篇论文中共同出现的多个关键词在研究内容上具有相关性。共现分析是将各种信息载体中的共现信息定量化的分析方法，以揭示信息的内容关联和特征项所隐含的寓意。

关键词共现分析（Keywords Ococcurnece Analysis）。在文献计量学中，关键词的共词方法常用来确定该文献集所代表学科中各主题之间的关系[①]，其原理主要是对一组词两两统计它们在同一篇文献中出现的次数，对这些词进行聚类分析，从而达到挖掘隐含信息的目的，进而反映这些词所代表的学科和主题的结构变化[②]。某一主题领域内的关键词共现实际上会形成一个虚拟的关键词网络，通过对关键词网络的分析，可以发现隐

---

① 钟伟金,李佳.共词分析法研究（一）——共词分析的过程与方式.情报杂志,2008(05): 70-72.

② 冯璐,冷伏海.共词分析方法理论进展.中国图书馆学报,2006(02): 88-92；钟伟金, 李佳, 杨兴菊, 共词分析法研究(三)——共词聚类分析法的原理与特点. 情报杂志, 2008(07): 118-120.

藏在真实关系网背后的关系网络，它对于了解一个研究主题的成熟度、知识结构、研究的规模等状况非常重要，如利用 CNKI 检索篇名为"创新"的文献，按被引频次排序，选择前 50 篇后单击"计量可视化分析"项，在关系网络下得到的关键词共现分析结果如图 6-4 所示。

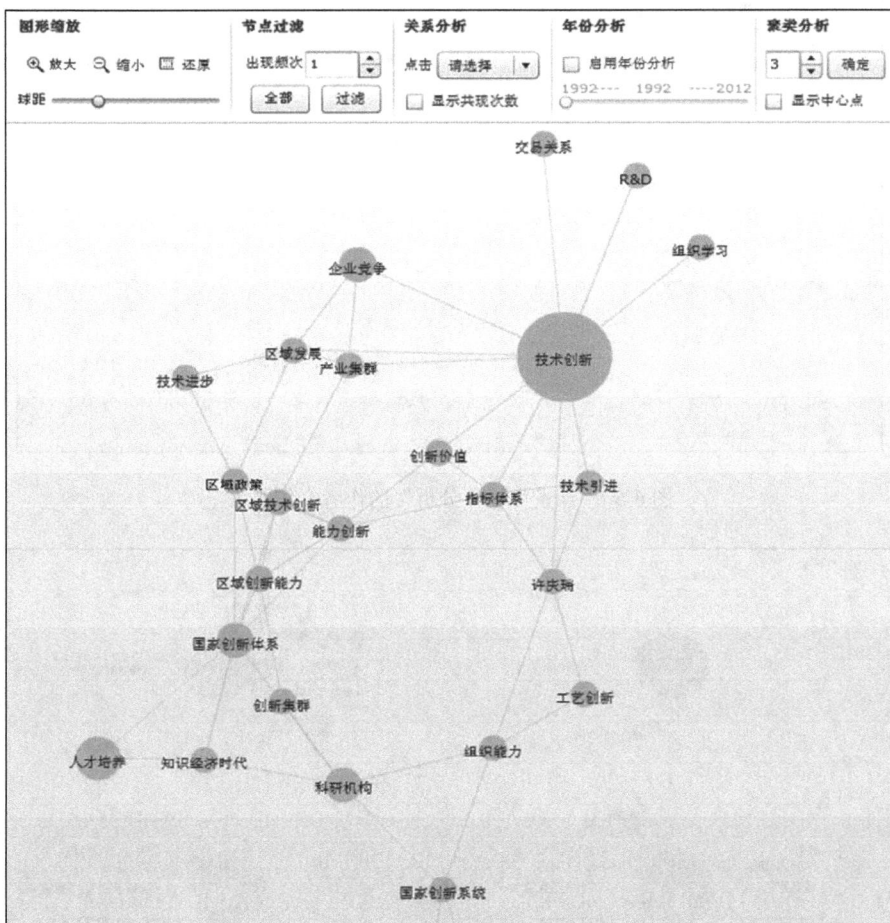

图 6-4 "计量可视化分析"的关键词共现网络

作者合作网络（Network of Author Cooperation）由多篇论文之间共同出现的合作者构成。例如，利用 CNKI 检索篇名为"创新"的文献，按被引频次排序，选择前 50 篇后单击"计量可视化分析"项，在关系网络下得到如图 6-5 所示的作者合作网络。

同时，通过"计量可视化分析"得到有关这 50 篇文献的资源类型、学科、来源、基金、作者、机构分布等情况，如图 6-6 所示。

2）高频关键词矩阵分析

关键词的共现分析是根据主题词在同一篇论文中共同出现的次数来表示主题词之间的联系，一般认为，如果两个主题词频繁在同一篇论文中同时出现，往往表明这两个主题词之间具有比较密切的联系，这就是共现分析的理论基础。矩阵中对角线上的数字代表该主题词出现的总次数，非对角线上的数字表示两个主题词共同出现的次数。在中国知网文献、期刊、博硕士学位论文、会议论文、报纸等类型检索结果页面可获得高频关键词共现矩阵分析图和反映按年度关键词演变情况的年度交叉分析。

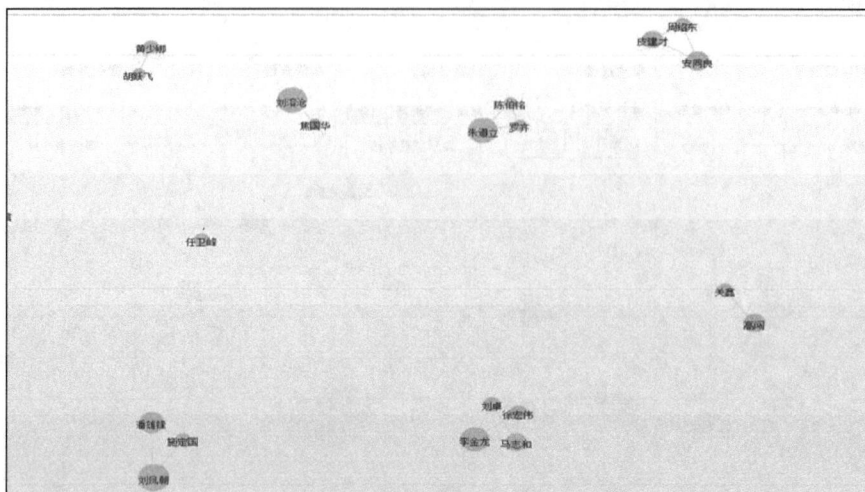

图 6-5 "计量可视化分析"的作者合作网络

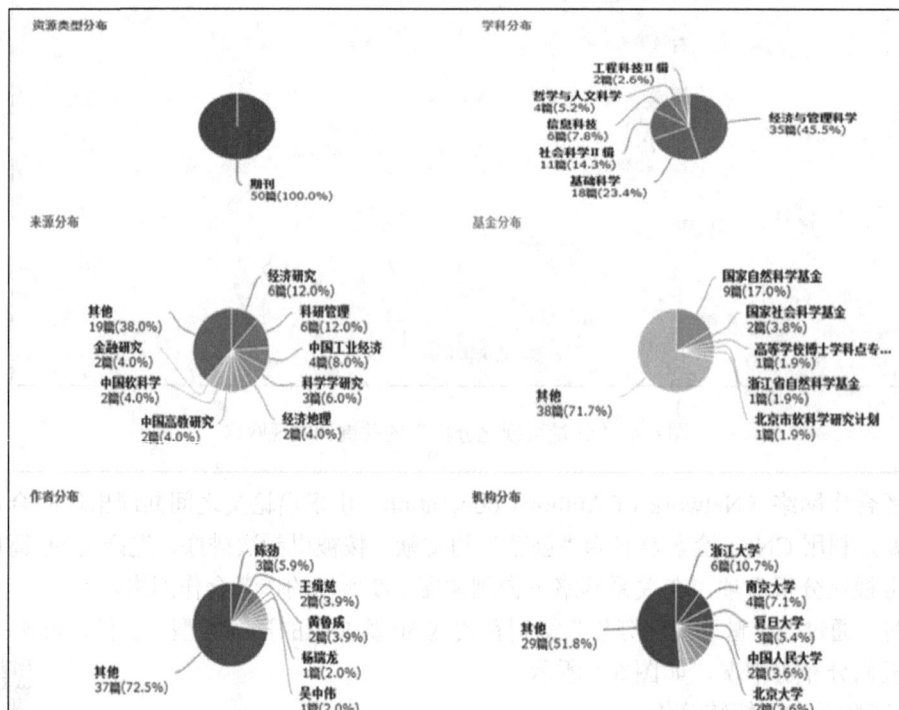

图 6-6 "计量可视化分析"的资源类型、学科、来源、基金、作者、机构分布分析结果

例如，检索篇名为"创新"的文献，按被引频次排序，在检索结果页面右侧单击"关键词"旁的图例链接，获得的关键词共现矩阵分析如图 6-7 所示，单击"年度交叉分析"

项，打开如图 6-8 所示的界面。此外，在检索结果页面右侧单击"资源类型"、"文献来源"
项还可分别获得资源类型可视化分析图和文献来源可视化分析图。

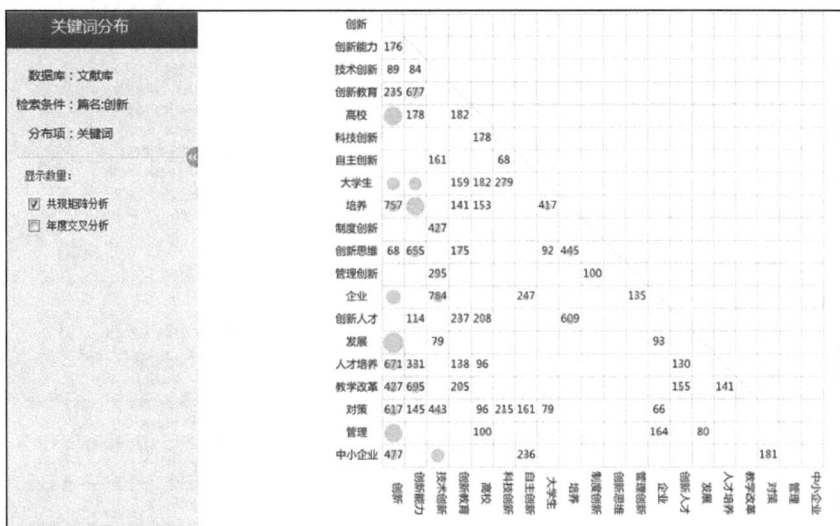

图 6-7 关键词"创新"共现矩阵

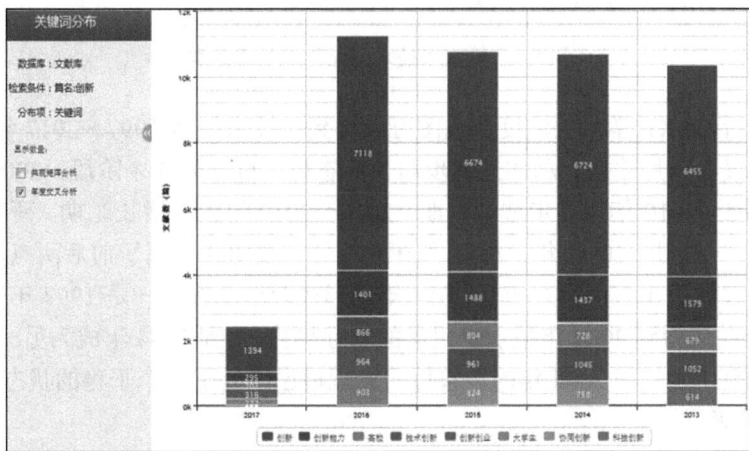

图 6-8 关键词"创新"的年度交叉分析

3）学术趋势

CNKI 学术趋势依托 CNKI 中国知识资源总库中的海量文献和千万用户的使用情况提
供的学术趋势分析服务。检索学术趋势的操作是：输入关键词可得到关于该关键词的学术
关注指数折线图、全部年份相关热门被引用文章、用户关注指数折线图、近一年相关热门
下载文章、关于检索词的相关搜索等信息，图中若有"▶"符号则说明标识点数值高于前
后两点，且与前一数值点相比增长率大于 30%。图 6-9 为检索"技术创新"的学术趋势结
果，得到有关"技术创新"的学术关注度（学术关注度显示的是包含此关键词的文献发文
量的统计趋势）、用户关注度（用户关注度显示的是包含此关键词的文献下载量的统计趋势）

的统计分布曲线图，以及相关热门被引文章（右上）和相关热门下载文章（右下）。

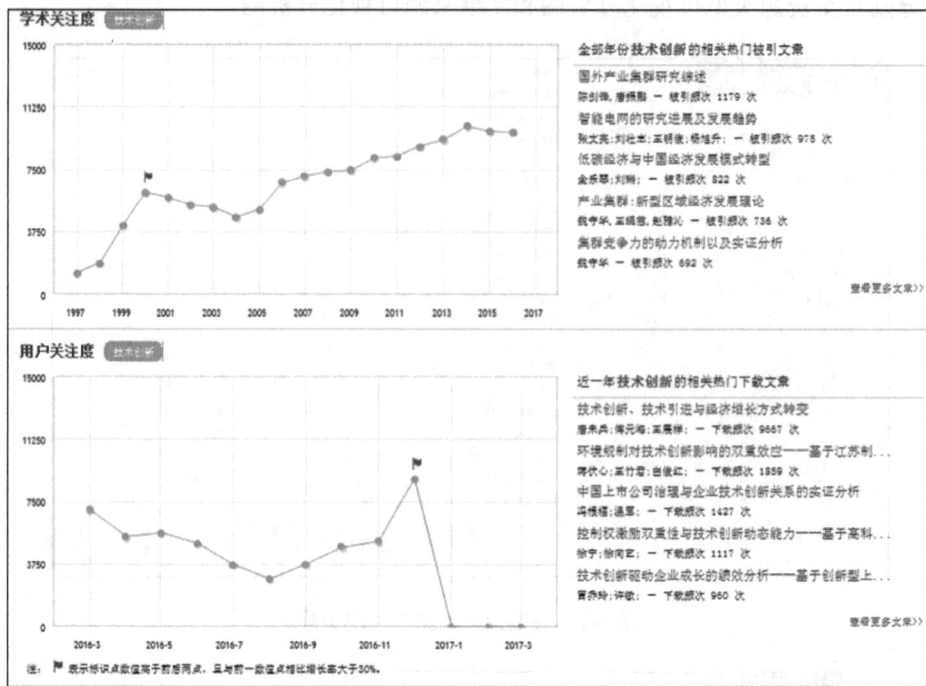

图 6-9　检索"技术创新"的学术趋势

如观察分析 CNKI 学术关注度曲线图可以得到：技术创新 1997～2017 年（2017 年为不完全统计，仅 3 个月数据）总体呈逐步增长的态势，可分为 3 个阶段，2000～2004 年为调整时期，2005～2010 年为逐步增量时期，2010～2017 年为新增长时期。研究形成了 2 个高峰研究时间，一个是 2000 年，标有"▶"符号，表明该年高于前后两点，且与前一数值点相比增长率大于 30%；第二个是 2014 年，形成两个低谷，一是 1997 年研究；二是在 2000 年的高峰关注后到 2004 年呈现出明显的下行趋势，直到 2004 年成为另一个研究低谷。但经过两次调整，尤其是 2004 年的调整后研究规模已经处于一个平稳的状态。

4）指数检索

中国知网的知识发现平台简称 KDN 检索平台，其提供了统一的检索界面，采取了一框式的检索方式，用户只需要在文本框中直接输入自然语言（或多个检索短语）即可检索，简单方便。一次检索找到中外文多种类型文献，其中，指数检索可用于文献现状分析。

指数检索操作是：在输入框中输入关键词，就会形成学术关注度、媒体关注度、学术传播度、用户关注度等统计分布曲线图，每个节点上还会显示当年的发文量及增长率，其中，学术关注度显示的是包含此关键词的文献发文量的统计趋势，媒体关注度显示的是包含此关键词的报纸发文量的统计趋势，学术传播度显示的是包含此关键词的文献被引量的统计趋势，用户关注度显示的是包含此关键词的文献下载量的统计趋势。

如图 6-10 所示为利用指数检索"技术创新"得到的结果，包括学术关注度、媒体关注度、学术传播度、用户关注度等统计分布曲线图，如单击学术关注度曲线 2016 年折点可得到"技术创新中文发文量为 42172，技术创新中文环比增长率为 6%，技术创新外文发文量为 37，技术创新外文环比增长率为 164%"。

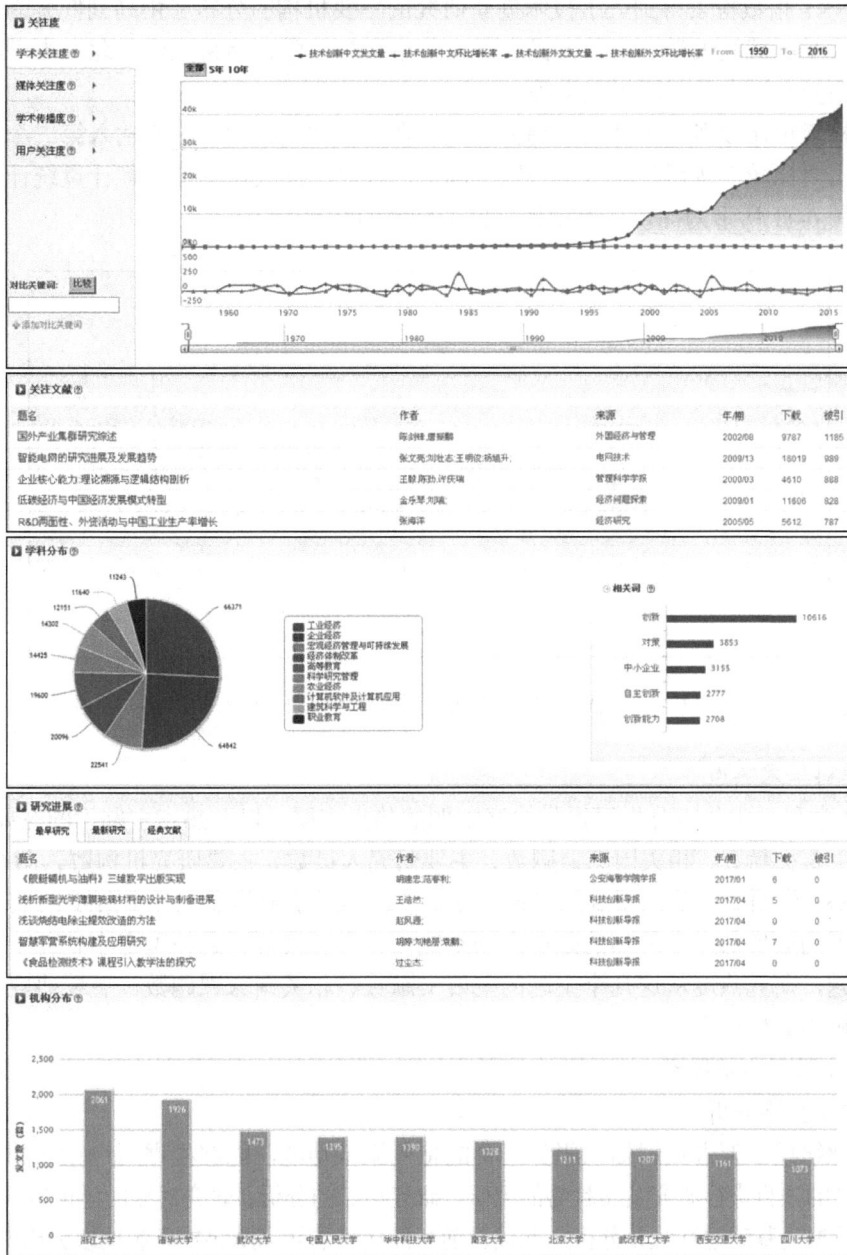

图 6-10　KDN 指数检索技术创新的结果

　　利用指数检索可获得相关词推荐。关于技术创新推荐的相关词有创新、对策、中小企业、创新能力、发展等。

　　图 6-10 的结果页面同时显示关注文献、最早研究、最新研究、经典文献、学科分布、机构分布等信息。如由 CNKI 指数检索得到的关于技术创新研究的学科分布（由高到低）主要是：企业经济、工业经济、宏观经济管理与可持续发展、高等教育、科学研究管理、

农业经济、计算机软件及计算机应用、建筑科学与工程、轻工业手工业等。

由 CNKI 指数检索得到关于技术创新研究的主要机构的分布（由高到低）为：浙江大学、清华大学、武汉大学、中国人民大学、华中科技大学、南京大学、北京大学、武汉理工大学、西安交通大学、四川大学等。

指数检索可比较多个关键词的趋势，通过在"对比关键词"框中输入第二个或更多检索词，单击"比较"按钮时就可得到以不同颜色代表不同关键词的文献计量统计分布曲线比较图。图 6-11 所示为比较技术创新、自主创新的结果。

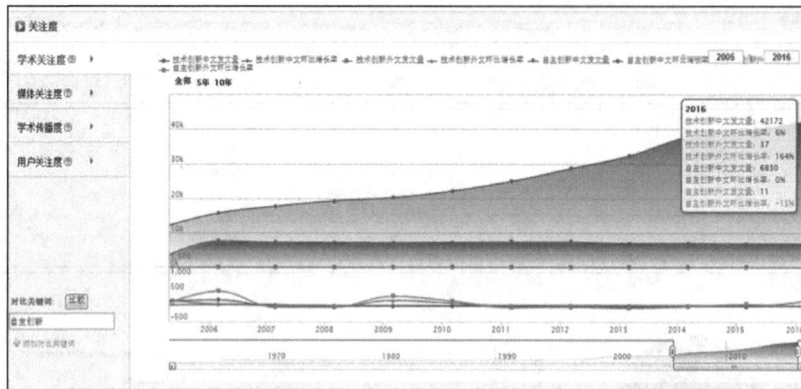

图 6-11　KDN 指数检索比较技术创新与自主创新的结果

5）学科学术热点

CNKI 学科学术热点分析可提供检索主题的热点主题，以及热点主题下的主要知识点、热度值、主要文献数、相关国家课题数、主要研究人员数、主要研究机构数。图 6-12 所示为利用 CNKI 学科学术热点得到的"技术创新"的学科学术热点。分析图 6-12 可知：相关技术创新下的研究热点中最热的是自主创新能力、产业集群、科技型中小企业、企业竞争情报等主题，研究热度从这几个主题的主要文献数、相关国家课题数、主要研究人员数和主要研究机构数体现出来。

2. 万方数据知识服务

1）知识脉络分析

知识脉络属于万方数据知识服务平台的特色服务功能，能够根据用户输入的关键词对所需要研究的项目进行研究发展趋势的调研、研究热点的分析、研究对象的举证等。服务以万方的海量数据为基础进行统计分析，通过目前所能提供的知识脉络检索和比较分析两项功能，体现知识点在不同时间的关注度，显示知识点随时间变化的演化关系，发现知识点之间的交叉、融合，以方便研究人员用数据说明问题，对知识进行整合，发现规律性的东西。

2）万方知识脉络分析示例

例如，利用知识脉络检索功能对"技术创新"进行检索得到图 6-13（提取结果部分截图与合成）的结果，不仅可获得文献计量统计分析图，还可获得每年相关的研究"热词"、经典文献（经典论文是指被引用次数较多、文章发表在核心期刊杂志上的具有较高学术价值的文献）、研究前沿文献和相关学者等信息。

图 6-12　CNKI 检索"技术创新"的学科学术热点

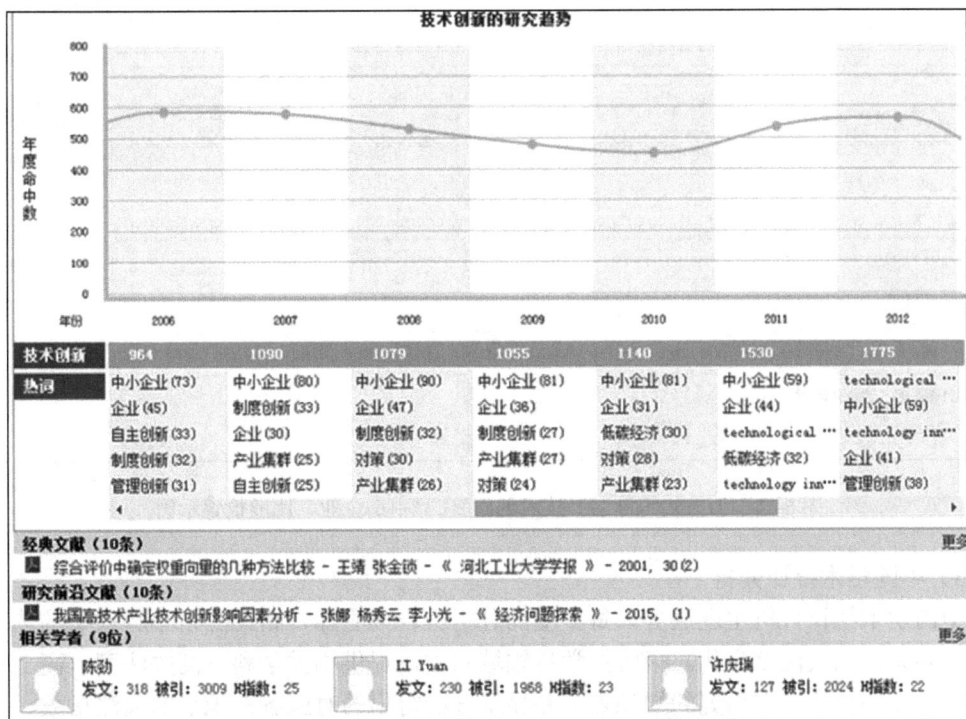

图 6-13　万方知识脉络技术创新检索示例

　　分析观察万方知识脉络呈现的"技术创新"图 6-13 可知：2006～2012 年整体波动不大，但是 2006 年和 2012 年为该时期的两个高峰点，同时可得到每年度关于技术创新研究的热词，如 2006 年为中小企业、企业、自主创新和制度创新，2007 年制度创新提升关注热度，产业集群为新关注主题，同时该主题在 2008 年、2009 年、2010 年持续得到很高的研究关注度，成为当年研究的热词。万方知识脉络得到"技术创新"研究的相关学者有：陈劲（发文 318，被引 3009，H 指数 25）、LI Yuan（发文 230，被引 1968，H 指数 23）、许庆瑞（发文 127，被引 2024，H 指数 22）。

　　H 指数（H-index，又称为 h 指数或 h 因子（H-factor）），是一种评价学术成就的新方法。h 代表"高引用次数"（High Citations），一名科研人员的 h 指数是指他至多有 h 篇论文分别被引用了至少 h 次。h 指数能够比较准确地反映一个人的学术成就。一个人的 h 指数越高，表明他的论文影响力越大。例如，某人的 h 指数是 25，这表示他已发表的论文中，每篇被引用了至少 25 次的论文总共有 25 篇。单每个学科的 H 指数差异较大，故一般用于同学科学者的比较。

　　例如，选择或输入"技术创新"和"中小企业"两个相关研究主题，运用"比较分析"功能便可得到两个检索词的比较分析曲线图，比较结果如图 6-14 所示。最多可以选择比较 8 个检索词。

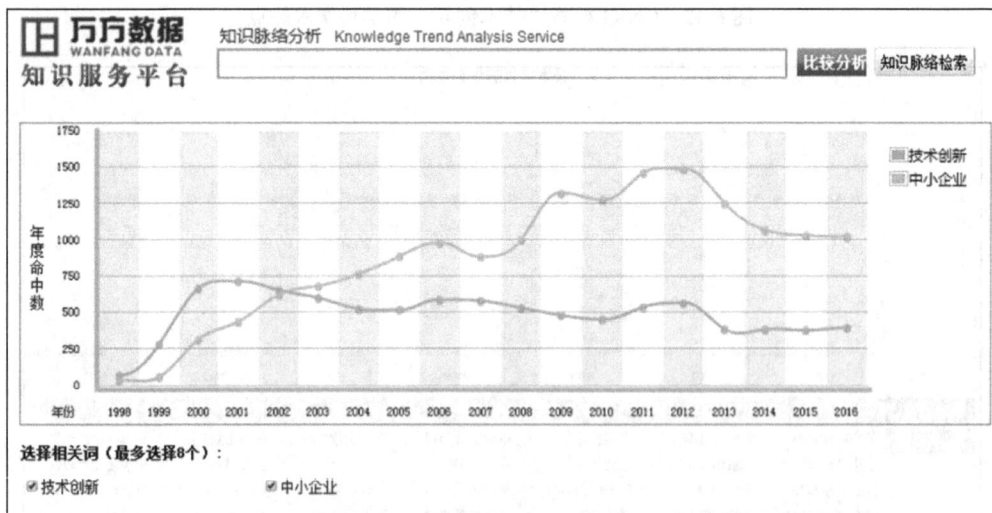

图 6-14　万方知识脉络"技术创新"、"中小企业"比较检索示例

3）中国学术统计分析

　　中国学术统计分析主题服务以每年度的分析报告为主体，帮助分析学科领域的热点、前沿及知识点的关注度变化。报告按学科领域归类，提供相关学科下高关注度、高上升趋势、高下降趋势和新兴研究的知识点，并显示分析得出的对应各知识点的关注指数、上升指数、下降指数和新兴指数，以及对应知识点的共现研究主题。中国学术统计分析入口在"服务"→"增值服务"→"学术统计分析"中。图 6-15 所示为 2011 年中国学术统计分析报告页面。

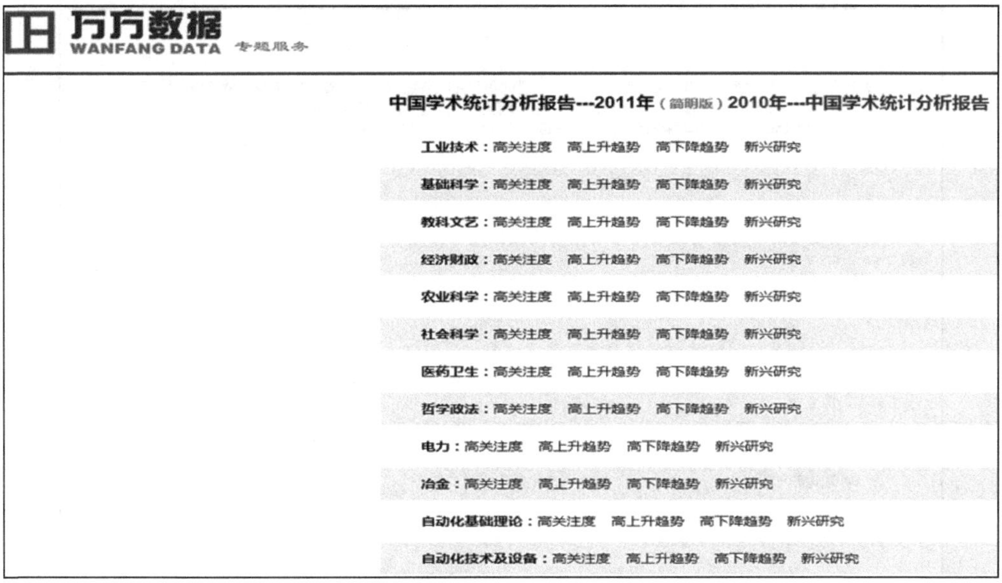

图 6-15 万方数据 2011 年中国学术统计分析报告页面

6.1.6 搜索引擎分析：百度学术

百度学术搜索的检索结果分析功能可以帮助文献计量角度作相关主题的学科发展态势分析，辅助开题。单击每条结果显示的关键词或单击结果右侧的"研究点分析"项，即可得到对该关键词的可视化分析结果。例如，利用百度学术搜索"无人机"得到图 2-39 所示结果，在此结果页面中选中"研究点分析"中的关键词"无人机"或选中第一条结果列表中的关键词"无人机"，即可得到图 6-16 的研究点分析页面，得到来自百度百科对该关键词的解释词条信息、研究走势、关联研究、学科渗透、相关学者、相关机构等分析链接，以及有关无人机的经典论文、最新发表、综述论文和学位论文信息；在图 6-16 中分别单击相关无人机的研究走势、关联研究、学科渗透、相关学者分析链接，得到图 6-17 的相关无人机的研究走势、关联研究、学科渗透、相关学者的计量可视化分析图（单击得到的是独立的四张图，此处为了对比讲解，图 6-17 中的四张图是合成在一起的）。

6.1.7 文献管理软件分析：NoteExpress 和 EndNote

文献管理软件主要用于对文献进行分类、排序、检索、笔记整理等管理功能，以及对参考文献进行编排，其提供的分析功能有利于在管理文献的同时提高对收集文献概貌的了解，可为深入分析提供参考。例如，NoteExpress 的"文件夹信息统计"和 EndNote 的 Subject Bibliography 可以实现对收集文献的简单分析。

1. NoteExpress 分析

NoteExpress 对文献信息可进行所有字段的统计分析，这些字段包括作者、年份、第二作者、出版地点、出版社、期刊、被引用次数、引用参考文献数、引用文献、关键词、主

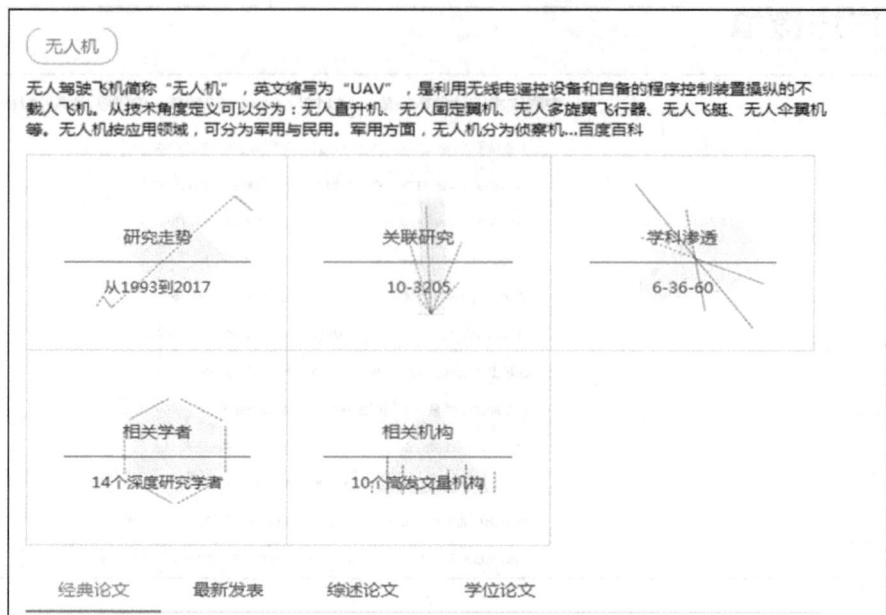

图 6-16   百度学术搜索结果研究点分析示例 1

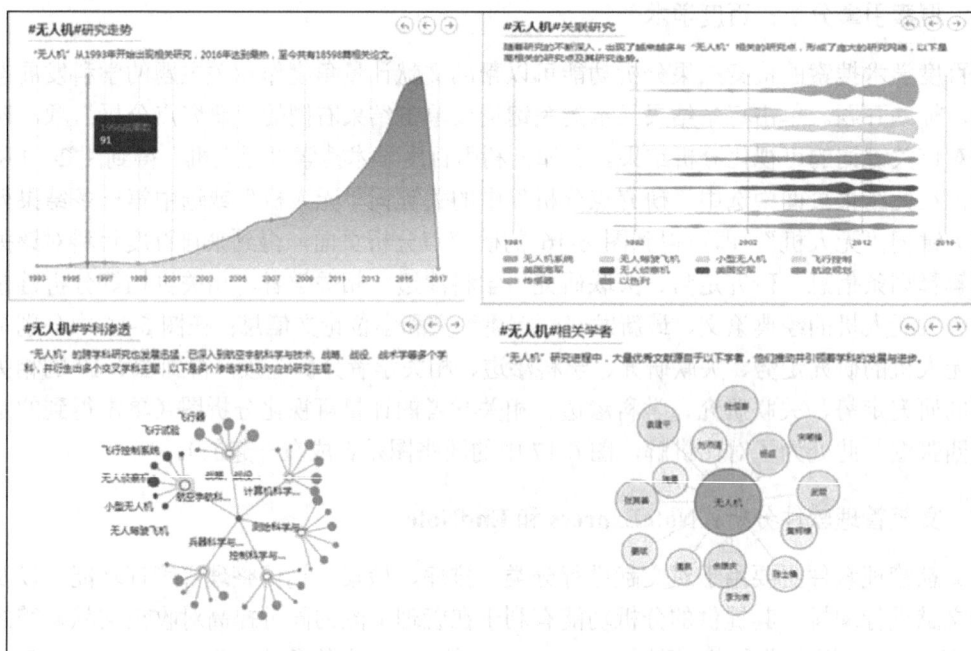

图 6-17   百度学术搜索结果研究点分析示例 2

题词、主题、类型、基金、图片、作者机构、作者地址、语言、国别等。其中，提供按照期刊进行分析帮助找到某个研究论文合适的发表途径，按照作者进行分析帮助找到某个研究领域的主要研究人员，按照年份进行分析帮助找到某个研究领域的研究进展，按照关键词进行分析帮助找到某个研究领域的研究热点。分析结果能导出为 txt 和 csv 等多种格式，便于形成精准的报告。

使用方法：选中需要分析的文件集合并右击，在快捷菜单中选择"文件夹信息统计"命令，如图 6-18 所示，选中由技术创新高被引前 200 个文献组成的文件夹"技术创新"并右击，在快捷菜单中选中"文件夹信息统计"命令，在跳出的"文件夹信息统计"功能中分别选择"关键词""期刊"进行分析，得到图 6-19 所示的统计结果。

图 6-18　NoteExpress"文件夹信息统计"功能

利用 NoteExpress"文件夹信息统计"功能对技术创新高被引文献从关键词角度分析得到图 6-19（左）的高频词有：技术创新、技术创新能力、技术创新绩效、指标体系、环境规制、企业技术创新能力、评价、企业、高技术产业、评价指标、波特假说、技术创新效率、创新绩效、风险投资、数据包络分析、技术能力、实证研究、创新能力、创新效率等。

利用 NoteExpress"文件夹信息统计"功能的期刊分析统计得到发表高被引技术创新的期刊如图 6-19（右）所示是：科研管理、科学学研究、中国软科学、科学学与科学技术管理、中国工业经济、科技进步与对策、数量经济技术经济研究、研究与发展管理等。

2. EndNote 分析

EndNote 具备一定的统计分析功能。一是可以利用 Subject Bibliography 对所收集的文献进行基于字段的统计分析。可统计的字段包括参考文献类型、作者、题名、年份、关键词、出版商、日期等，通过关键词分析可以发现领域内的研究热点；通过出版年代分析可以找到研究趋势。二是可以关联外部文献分析软件分析 EndNote Library 文献，如 Tools-data Visualization 可关联到 Refviz 等软件。

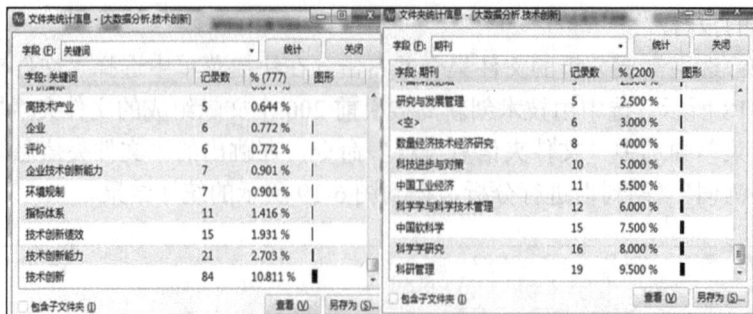

图 6-19　NoteExpress 技术创新的关键词、期刊分析结果

　　如图 6-20 所示，选择 Tools→Subject Bibliography，在 Subject　Fields 对话框中选择 Author、Year 选项，单击 OK 按钮，便得到如图 6-20 所示的结果，统计结果按字母和时间顺序排列。

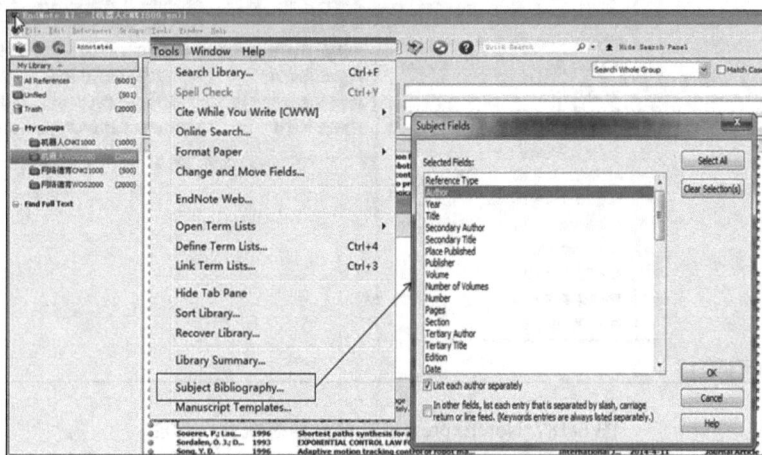

图 6-20　EndNote 的分析功能

6.2　互联网数据分析

　　全球知名咨询公司麦肯锡这样定义数据："数据，已经渗透到当今每一个行业和业务职能领域，成为重要的生产因素。人们对于海量数据的挖掘和运用，预示着新一波生产率增长和消费者盈余浪潮的到来。"维克托·迈尔·舍恩伯格在《大数据时代》一书中说："在大数据时代已经到来的时候要用大数据思维去发掘大数据的潜在价值。"从人类文明出现到 2003 年，人类总共产生了 5EB 的数据，但是当前的人类两天内就创造出了相同的数据量，全球 90% 的数据都是在过去两年中生成的，到 2020 年全球数据使用量将大概需要 376 亿个 1TB 的硬盘进行存储①。因此在互联网成为我们生活的一部分、产生的全球数据总量呈

---

① 浅析大数据与云计算物联网等热点的关系.http://www.hzzyzyzy.com.

指数级增长的当下，如何利用每天产生的巨量数据资源，发掘数据的价值将其转化成为决策的资本是数据时代的生存法则，而对于数据价值的挖掘可以借助数据分析及其相应的工具实现。

数据分析（Data Analysis）是指用运用统计方法和分析工具对大量数据进行分析，挖掘出其潜在规律及价值，为经营决策提供科学严谨的理性依据。数据分析将数学原理和计算机技术进行有机结合，在实际应用中，数据分析能够利用大量非结构化数据，挖掘出隐藏信息，总结其内在规律，从而帮助理性决策。

互联网数据分析工具就是基于数据分析的思维与方法，挖掘互联网产生的大量的消费、利用数据所隐藏的信息，总结其内在规律，从而帮助组织或个人更加高效地利用互联网工具。根据产生数据源头的差异，可以将互联网数据分析分为用户数据分析、网站数据分析、行业数据分析等。

从用户互联网行为数据依托的不同平台出发，有以百度海量网民行为数据为基础的百度指数、以微博用户行为数据为基础的微指数、以微信用户行为数据为基础的微信指数，以阿里电商数据为核心的阿里指数、基于网络数据的新浪微舆情，以及专注互联网研究的第三方咨询公司的艾瑞咨询和网站分析工具百度统计等。此外还有专利分析工具、数据可视化工具等。

6.2.1　搜索分析：百度指数

1. 简介

百度指数（http://index.baidu.com）是以百度海量网民行为数据为基础的数据分享平台，可以研究关键词搜索趋势，洞察网民需求变化，监测媒体舆情趋势，定位数字消费者特征；还可以从行业的角度分析市场特点。百度指数可得到关于搜索关键词的搜索指数、需求图谱、舆情洞察和人群画像等分析结果。

2. 功能及使用方法

百度搜索指数是以网民在百度的搜索量为数据基础，以关键词为统计对象，科学分析并计算出各个关键词在百度网页搜索中搜索频次的加权和。在多个关键词当中，用逗号将不同的关键词隔开，可以实现关键词数据的比较查询，最多支持 5 个关键词的比较检索；利用加号将不同的关键词相连接，可以实现不同关键词数据相加，最多支持 3 个关键词的累加检索。

例如，在百度指数中输入"大数据"可得到关于大数据的搜索指数、需求图谱、舆情洞察和人群画像。

（1）搜索指数。根据搜索来源不同，搜索指数分为 PC 搜索指数和移动搜索指数，分别得到 PC 趋势和移动趋势。图 6-21 所示为搜索"大数据"的整体趋势，还可以在此页面单击查看关于大数据的 PC 趋势和移动趋势。

（2）需求图谱。单击需求图谱得到图 6-22 的最近一周的需求分布。需求图谱的需求分布是综合计算关键词与相关词的相关程度，以及相关词自身的搜索需求大小得出。相关词距圆心的距离表示相关词相关性强度；相关词自身大小表示相关词自身搜索指数大小，红色代表搜索指数上升，绿色代表搜索指数下降。同时可得到关于"大数据"的相关词分类，如图 6-23 所示，其中来源相关词的作用在于说明用户在搜索中心词之前还有哪些搜索

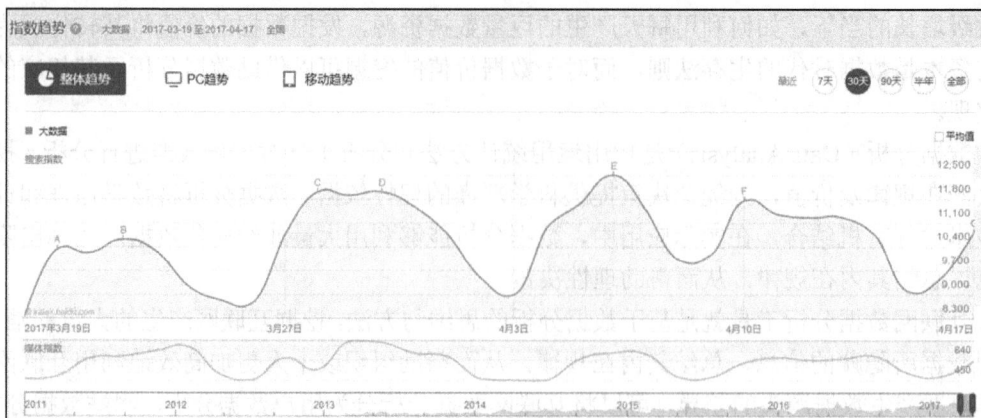

图 6-21 "大数据"百度指数整体趋势图

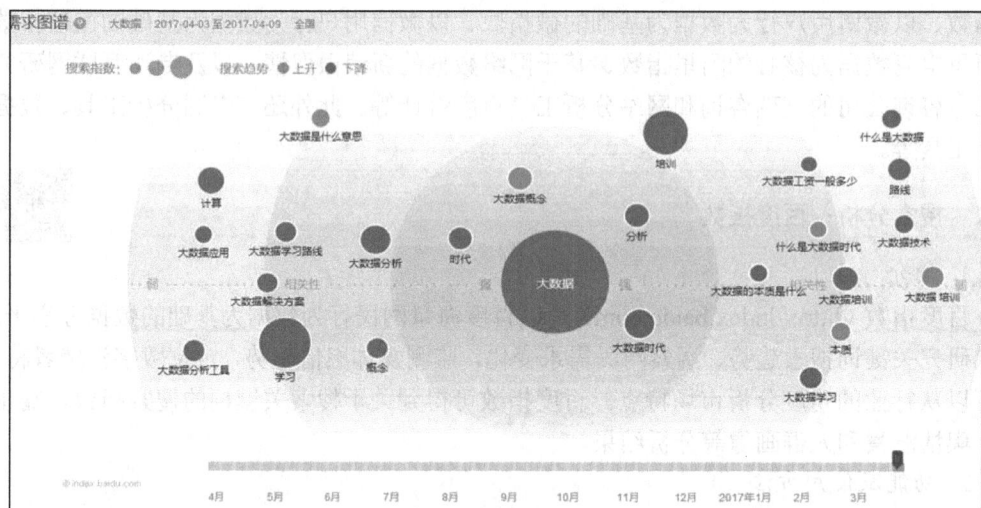

图 6-22 "大数据"百度指数需求图谱的需求分布图

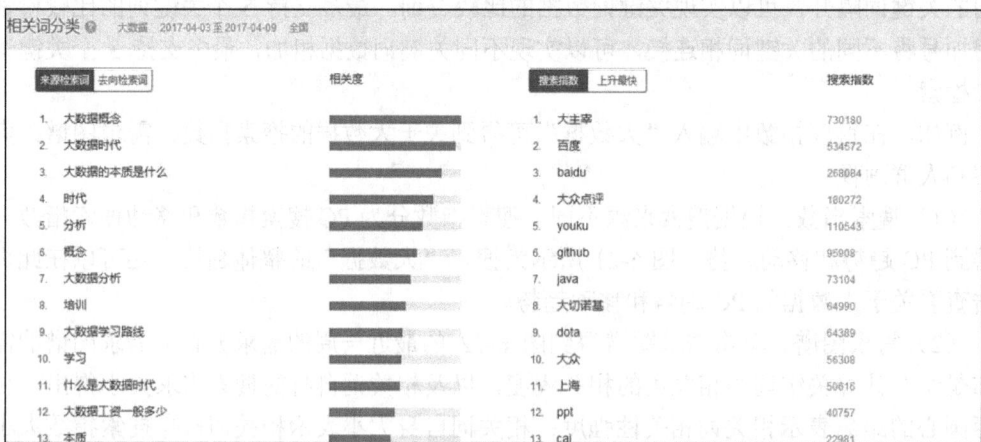

图 6-23 "大数据"百度指数需求图谱的相关词分类图

需求，其算法是过滤出中心词上一步搜索行为来源的相关词，按相关程度排序得出；去向相关词的作用在于反映用户在搜索中心词之后还有哪些搜索需求，算法是过滤出关键词下一步搜索行为来源的相关词，按相关程度排序得出。搜索指数的作用是反映中心词所有相关词中搜索指数热门的关键词，算法是通过计算中心词的所有相关词的搜索指数排序得出；上升最快的作用是反映中心词所有相关词中搜索指数变化率上升速度的排名，算法是通过计算中心词的所有相关词的搜索指数，在指定时间窗内的环比变化率排序得出。

（3）舆情洞察。舆情洞察提供新闻监测和百度知道热门问题统计。新闻监测是根据自定义时间段查询关键词媒体指数，同时可查看该时段内的 TOP 10 热门新闻。采用新闻标题包含关键词的统计标准，提供新闻原文地址跳转；百度知道是根据自定义时间段查询关键词相关百度知道热门问题。采用问题标题包含关键词的统计标准，百度知道问题的热门程度由问题浏览量决定。提供百度知道问题原文地址跳转。

（4）人群画像。人群画像是对关键词的人群属性进行聚类分析，给出性别比例、年龄分布、兴趣分布等社会属性信息。

此外，百度指数还提供了数说专题、品牌表现和我的指数等功能。

（5）数说专题。数说专题是基于搜索指数相关数据，按照专题筛选出与某个行业或者话题相关的关键词进行聚类分析，给出更为详细的行业或者话题数据，如行业搜索趋势、行业细分市场、行业人群属性、该类话题搜索热点等。

（6）品牌表现的数据来源是百度指数专业版度，其作用是总体盘点指定行业中所有品牌的搜索热度的变化。

（7）我的指数。我的指数包括我收藏的指数、我创建的新词和我的购买记录。①我收藏的指数是将经常查看的关键词放入"我收藏的指数"，供用户随时查看趋势。最多可以收藏 50 个关键词。②我创建的新词可以将百度指数未收录的关键词加入百度指数，加词后第二天系统将更新数据。关键词一经添加，即被视为消费完毕，无法删除或更改。关键词服务到期后，需再次

【拓展资源 6-1】　更多指数分析工具

添加。③我的购买记录可以查看创建新词服务购买情况，可在创建新词权限有效期内新增关键词，过期无效。

6.2.2　微博分析：微指数

1. 简介

微指数（http://data.weibo.com/index）是新浪微博的数据分析工具。微指数是基于海量用户行为数据、博文数据，采用科学计算方法统计得出的反映不同事件领域发展状况的指数产品。微指数通过关键词的热议度，以及行业/类别的平均影响力来反映微博舆情或账号的发展走势，展现行业影响力趋势、关键词热议趋势及地域分布状况，帮助用户了解其关注事件在微博的发展趋势。

2. 功能及使用

微指数分为热词指数和影响力指数两大模块。

热词指数是基于关键词每日的微博热议度，以关键词为统计对象，科学分析并计算出各个关键词在新浪微博平台中的长期热议趋势，并以曲线图的形式展现的指标；热议度是

基于关键词的提及频率，考虑到反垃圾机制及舆情口碑后，综合得出的指数指标；热词指数的主要功能有热词趋势、实时趋势、地域解读、属性分析等。

例如，打开微指数可以看到搜索框，下面有推荐的热闹事件的数据，在搜索框里输入关键词，如输入"人民的名义"，可得到该关键词热词趋势，如图6-24所示，可以看到"人民的名义"在一个月、三个月、半年以来的微博热议整体趋势，热议指数趋势图上，在2017年4月13日的热议指数达到了270428条，同时可以看到一个月、三个月、半年以来的该词PC&移动趋势图。在图中我们单击任意拐点，便可进入当天热议这个词的相关精彩微博；实时趋势展现的是这个词的搜索数据，是此时此刻最新的微博搜索数据；地域解读是根据地图上地域的颜色深浅来反映地域热度，如关于"人民的名义"的地域热度最高的是北京、广东等地，用户热议度最高的也是北京、广东等地；属性分析主要是对用户群体性别、年龄、标签、星座的分析。此外，输入多个词可对多个词进行趋势对比分析，如输入"人民的名义""达康书记""陆毅"得到这三个热词的整体趋势对比图，如图6-25所示。

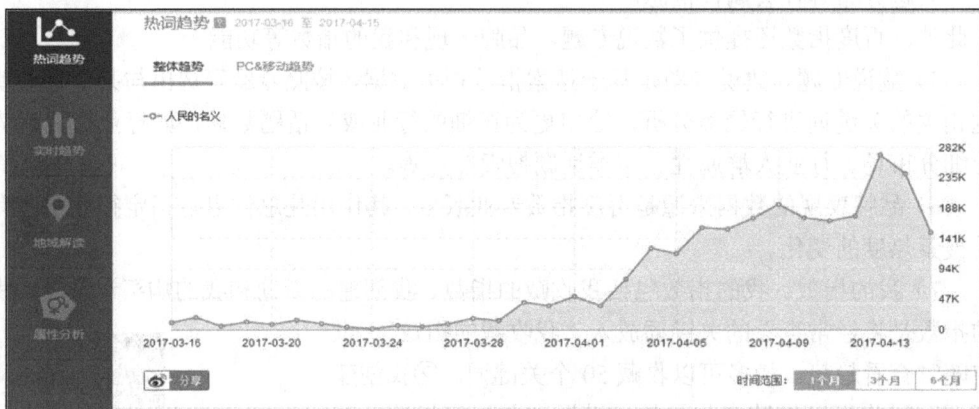

图6-24 "人民的名义"的微指数热词整体趋势

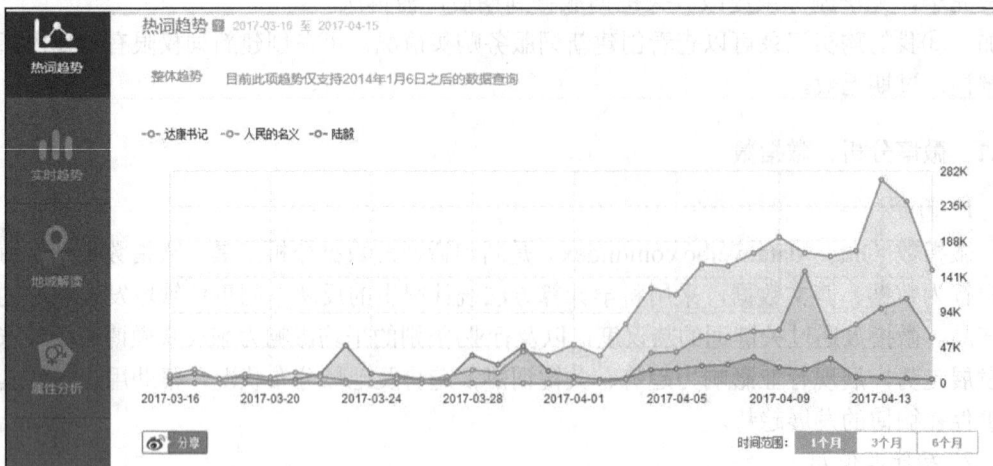

图6-25 "人民的名义""达康书记"与"陆毅"的微指数热词整体趋势对比图

在微数据的界面下方的微博数据中心的"推荐栏"可以看到微数据和微报告。

单击微数据可以看到微博影响力和影响力的趋势分析。影响力指数包括政务指数、媒体指数、网站指数、名人指数四个模块。政务指数是基于微博影响力数据，包括政府、公安、交通、医疗、司法、市政、工商税务等这些类别行业在微博平台的整体发展运营指标；媒体指数就是报纸、杂志、电视、电台等媒体类微博影响力分析；网站指数包括文化教育、潮流时尚、行业资讯、休闲娱乐、医疗健康等行业网站的微博影响力指数分析；名人指数是指在新浪微博中的名人用户的微博影响力分析。

单击微报告可以查看各行各业的微博数据报告。

【互动阅读6-1】　《人民的名义》到底有多火？

思考及讨论：1.对互联网用户数据的分析有哪些用途？

2.收集互联网用户数据助力开展互联网营销、舆情引控，提升电子政务、电子商务的案例并讨论。

6.2.3　微信分析：微信指数

1. 简介

微信指数是微信官方提供的基于微信大数据分析的移动端指数。2017 年 3 月 23 日晚，微信官方推出了"微信指数"功能。微信指数的计算范围包含且只包含微信搜索、公众号文章及朋友圈公开转发的文章。微信指数可以对关键词搜索的趋势进行展示，还可以深度挖掘舆情信息、市场需求等多方面的数据特征。

2. 使用方法及功能

使用方法：第一步，打开微信，在顶部搜索框内输入"微信指数"四个关键字；第二步，单击"微信指数"进入主页面，再单击其中的搜索框，输入关键词得出的数据。也可以在微信客户端最上方的搜索窗口输入"关键词微信指数"或"微信指数关键词"，然后单击下方"搜一搜"按钮，也可获得某一词语的指数变化情况。

功能体现在以下几方面。一是可以帮助捕捉热词趋势。微信指数整合了微信上的搜索和浏览行为数据，基于对海量数据的分析，以天为单位进行更新，可以形成当日、7 日、30 日以及 90 日的关键词动态指数变化情况，方便看到某个词语在一段时间内的热度趋势和最新指数动态，单击指数变化曲线中的某个点即可获得曲线上任一日的指数情况。图 6-26 所示为搜索"外卖"90 日的热度变化。二是帮助监测舆情动向，形成研究结果。微信指数可以提供社会舆情的监测，帮助实时了解互联网用户当前最为关注的社会问题、热点事件、舆论焦点等，方便政府、企业对舆情进行研究，从而形成有效的舆情应对方案。三是帮助洞察用户兴

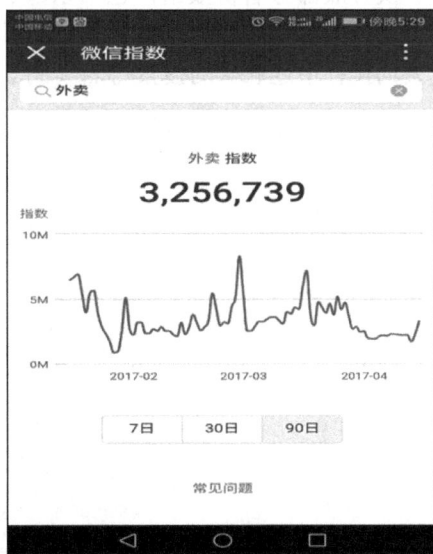

图 6-26　微信指数显示"外卖"90 日热度变化

趣，助力精准营销。微信指数提供的关键词的热度变化可以间接获取用户的兴趣点及变化情况，如日常消费、娱乐、出行等，从而对品牌企业的精准营销和投放形成决策依据，也能对品牌投放效果形成有效监测、跟踪和反馈。目前微信指数收录了大部分中文词汇和一部分常见的英文词汇，存在一部分词汇暂时未收录的情况，例如，搜索"外卖"有结果但搜索"美食外卖"则显示为暂未收录该词，词汇量正在持续扩充中，同时，该功能只在手机上使用方便，故目前微信指数还是一个尚未成熟的功能，尚需要进一步优化完善。

6.2.4　电商分析：阿里指数

1. 简介

阿里指数，https://alizs.taobao.com，2012 年 11 月 26 日正式上线。阿里指数是了解电子商务平台市场动向的数据分析平台，是阿里巴巴集团出品的基于大数据研究的社会化数据展示平台，根据阿里巴巴网站每日运营的基本数据包括每天网站浏览量、每天浏览的人次、每天新增供求产品数、新增公司数和产品数这 5 项指标统计计算得出。即基于阿里大数据，面向媒体、机构和社会大众提供地域和行业角度指数化的数据分析、数字新闻说明、社会热点专题发现，媒体、市场研究员以及其他希望了解阿里巴巴大数据的人可以通过阿里指数获取以阿里电商数据为核心的分析报告及相关地区与市场信息。

2. 功能及使用

阿里指数分为区域指数、行业指数、数字新闻、专题观察等模块。截至本书定稿时，已上线的是区域指数、行业指数模块。数字新闻、专题观察模块尚未推出，不过阿里将在后续推出，值得期待。

（1）区域指数。区域指数包括部分省份买家和卖家两个维度的交易数据、类目数据、搜索词数据、人群数据。区域指数从地区角度解读交易发展、贸易往来、商品概况、人群特征。通过区域指数可以了解一个地方的交易概况，发现它与其他地区之间贸易往来的热度及热门交易类目，找到当地人群关注的商品类目或者关键词，探索交易的人群特征。免费版仅开放部分省份数据，包括东部的浙江、中部的安徽、南部的广东、西南的四川、有地方特色的海南。图 6-27 是阿里指数的区域指数下的交易热度图，图 6-28 是区域指数下的搜索词排行中连衣裙的搜索排名（图 6-28（左））及搜索词趋势图（图 6-28（右））。

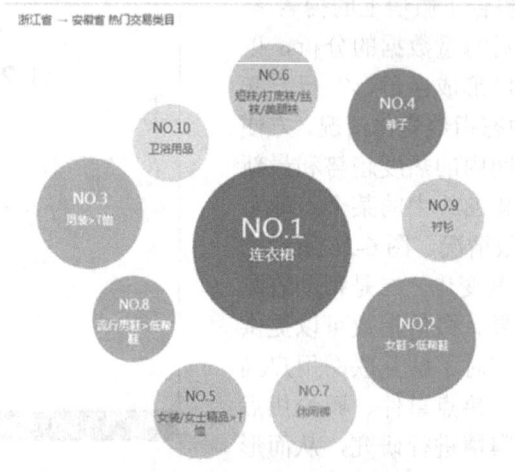

图 6-27　阿里指数的区域指数中交易热度图

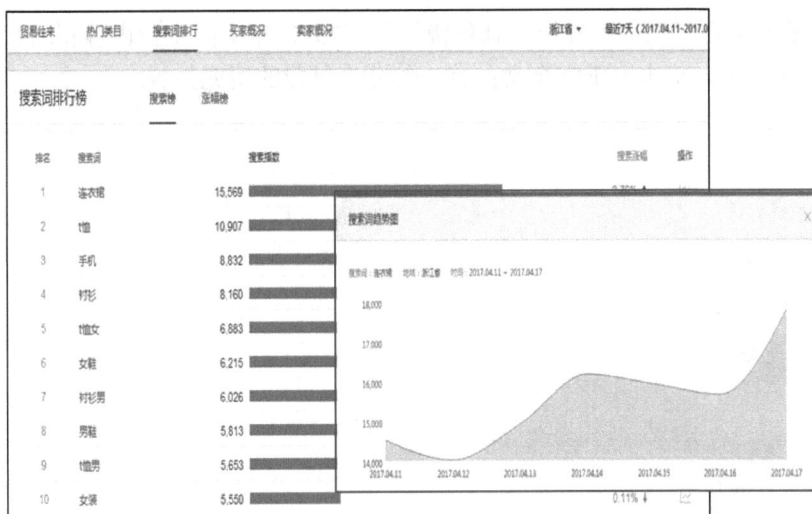

图 6-28　阿里指数的区域指数中搜索词排名及搜索词趋势图

（2）行业指数。行业指数从行业角度解读交易发展、地区发展、商品概况、人群特征。通过行业指数可以了解一个行业的现状，获悉它在特定地区的发展态势，发现热门商品，知晓行业下卖家及买家群体概况。包括淘系部分二级类目下交易数据、搜索词数据、人群数据。免费版仅开放部分二级类目数据，包括衣（女装、男装）、食（零食/坚果/特产）、行（户外/登山/野营/旅行用品）、用（3C 数码配件），供体验产品功能，了解衣食行用相关行业特色。在数据统计口径上，跟地域相关的数据指标通过 IP 地址或物流地址解析；提供最近 7 天数据的查看功能。

（3）数字新闻。以数字、图表为原料，提供图文并茂的新闻解读，例如，通过大数据解读高温天大家都在买什么、做什么。

（4）专题观察。将大家普遍关心的话题以专题报告等形式呈现，如新年年货、近期热门电影等，提供基于主题的深度数据探索与发现。

6.2.5　咨询公司分析：艾瑞咨询

1. 简介

艾瑞咨询：http://www.iresearch.com.cn，成立于 2002 年，是最早涉及互联网研究的第三方机构，累计发布数千份互联网行业研究报告，为上千家企业提供定制化的研究咨询服务，成为中国互联网企业 IPO 首选的第三方研究机构。2015 年艾瑞咨询在海外建立研究中心，建立中国与世界优秀企业的链接。2003 年发布网络广告监测分析平台；2006 年推出 PC 用户行为数据平台；2012 年推出移动用户行为数据平台；2013 年推出用户行为大数据平台。

2. 功能及使用

艾瑞核心产品包括行业产业研究、专项研究咨询、数据监测等。

行业产业研究已经累计出版超过 1500 份互联网研究报告，涵盖互联网、移动互联网、电子商务、互联网金融、网络营销、网络服务等各个领域。例如，单击其首页"观点报告"

下的"研究报告"项，可选择得到免费报告《2017 年中国企业内容管理行业研究报告》，如图 6-29 所示，单击可下载全文；有一部分为付费的研究报告。

图 6-29　艾瑞研究报告的《2017 年中国企业内容管理行业研究报告》

专项研究咨询为艾瑞近百名研究及咨询人员，服务于不同客户的针对性需求，包含市场竞争环境、战略规划、投融资机会、大数据管理、数字营销及媒介、产品用户体验、用户满意度、网络渠道建设、广告效果评估、品牌管理等课题。

数据监测产品包括用户行为研究、广告营销监测、网络零售研究、企业数据分析等多条数据产品线，为客户提供互联网多个连续性数据指标，帮助客户动态决策。如用户行为产品有 iMediaMatrix 跨屏用户行为研究、iUserTracker 网络用户行为监测、mUserTracker 移动用户行为监测、iVideoTracker 网络视频市场监测、mGameTracker 移动游戏市场监测等。其中用户行为研究具有代表性的为艾瑞指数（iResearch Index），即艾瑞数据 http://index.iresearch.com.cn，包括艾瑞 APP 指数和艾瑞 PC 指数。可洞察办公管理、便捷生活、电子商务、电子阅读、个人工具、健康医疗、金融理财、旅行预订、美食外卖等 21 类用户行为。

例如，洞察移动用户行为的是艾瑞 APP 指数（http://index.iresearch.com.cn/App），如图 6-30 所示，在其下搜索"电子商务"移动用户 2017 年 2 月的行为指数，得到艾瑞网络购物（电子商务）APP 指数统计结果列表，选择排列在第一的淘宝购物的"详情"，可得到如图 6-31 所示的 2016 年 3 月～2017 年 2 月手机用户淘宝使用的独立设备数、性别、年龄、区域分布等统计结果。

排名	对比	应用	已通过安全监测验证	类别	月度独立设备(万台)	环比增幅(%)		
1	☐	淘	手机淘宝	网络购物	43447 ↑	+ 3.9		详情
2	☐	美团	美团	团购	12881 ↓	-6.5		详情
3	☐	JD.COM	京东商城	网络购物	11452 ↓	-2.7		详情
4	☐	唯品会	唯品会	网络购物	6239 ↑	+ 16.6		详情
5	☐	天猫	天猫	网络购物	3133 ↓	-3.5		详情
6	☐	MI	小米商城	网络购物	2914 ↑	+ 8.9		详情
7	☐	糯米	百度糯米	团购	2305 ↓	-14.4		详情

图 6-30 艾瑞网淘宝购物用户 APP 指数统计结果列表

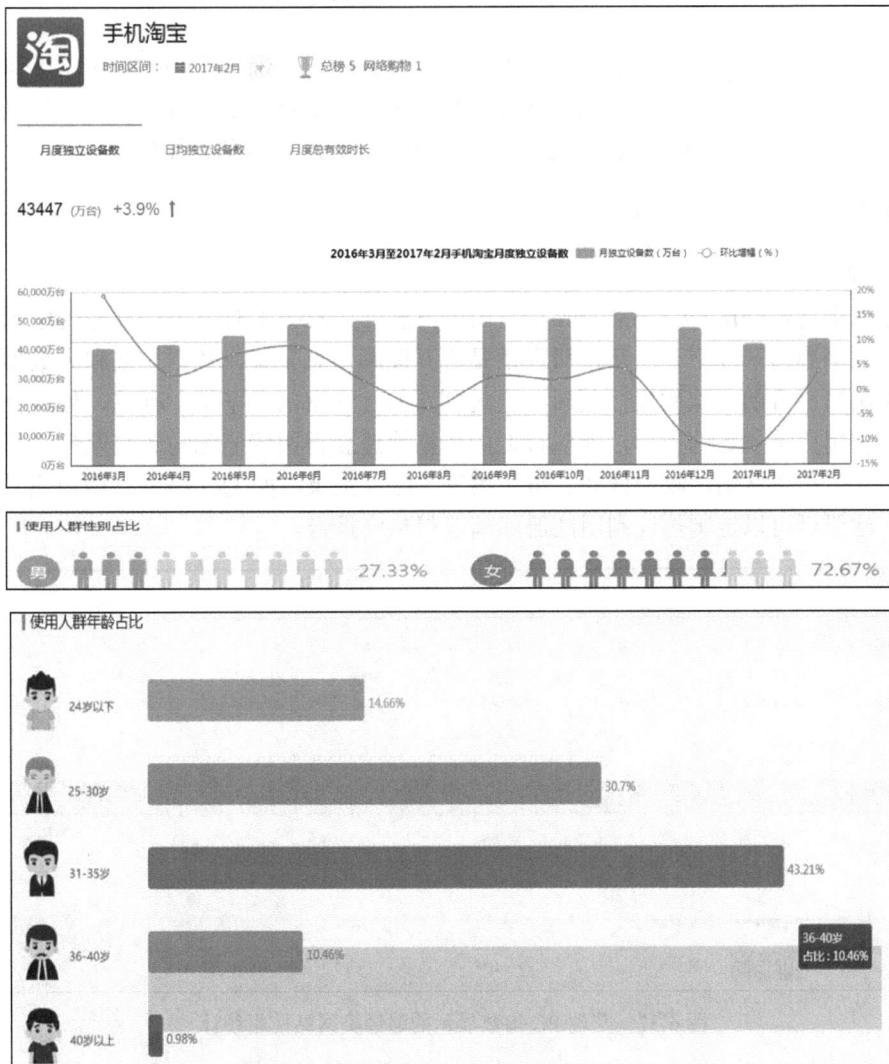

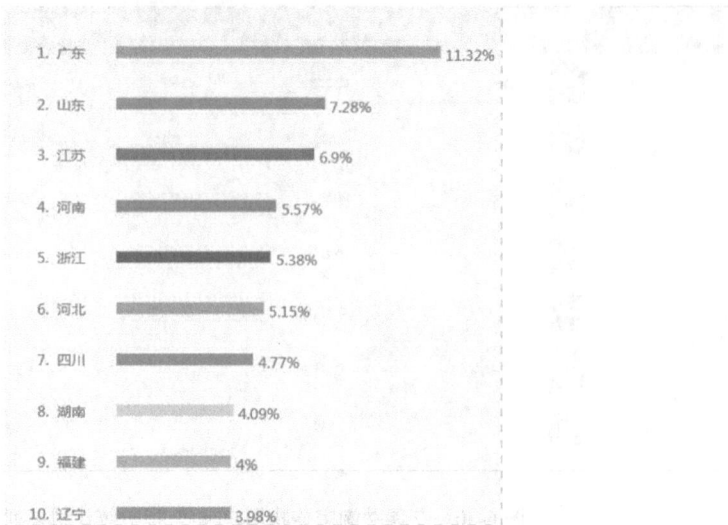

图 6-31　艾瑞网淘宝购物用户 APP 指数结果

洞察网站用户行为的是艾瑞 PC 指数 http://index.iresearch.com.cn/pc，如单击艾瑞 PC 指数可知将可洞察网站分为 32 个类别，包括 B2B 网站、IT 网站等类别，选择财经网站得到图 6-32 所示的东方财富网、南方财富网、同花顺财经、和讯等的使用情况。

6.2.6　舆情分析：新浪微舆情

1. 简介

新浪微舆情，http://wyq.sina.com，是由上海蜜度信息技术有限公司打造的中国第一个真正的互联网舆情开放平台。新浪微舆情是将互联网信息采集、数据挖掘和大数据处理技术应用到舆情服务的一次颠覆性创新，通过创新的互联网信息采集、存储、处理技术，大大降低了使用舆情服务的成本，能以极低的价格快速获得舆情监测与预警服务。新浪微舆情免费注册，免费试用，收费低廉。可用第三方账号登录，如 QQ 账号、微博账号、微信账号等，注册后可以定制热词利用注册邮箱获得热度报告。

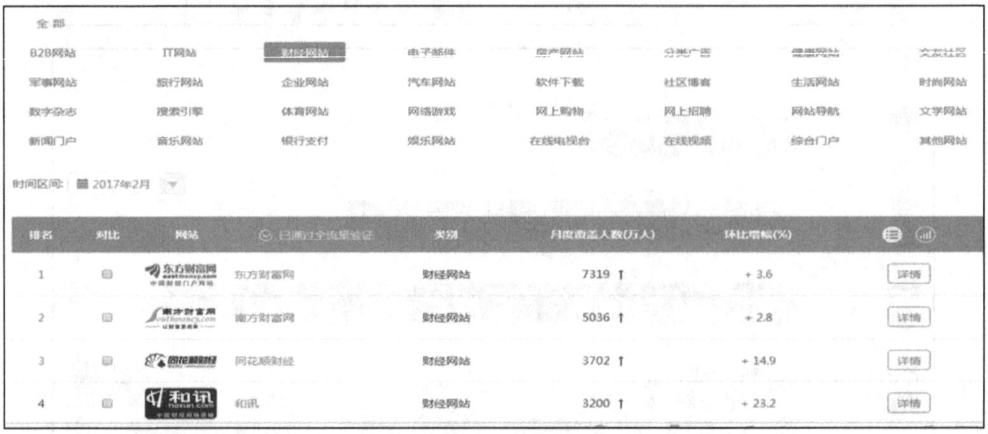

图 6-32　艾瑞 PC 指数显示的财经类网站使用统计

2. 功能及使用

新浪微舆情可以在很短时间内收录到国内外重要网站、论坛、微博、微信公众号、贴吧、博客等互联网开放平台的相关信息，通过中文智能分词、自然语言处理、正负面研判等大数据处理技术对收录到的信息进行处理，发现涉及用户的舆情信息，及时通过手机客户端、电子邮件、私信等方式进行报警。可为政府机构、事业单位、各类企业、互联网用户提供专业的舆情监测和预警服务，并提供方便、快捷的舆情简报制作工具。

例如，输入"访美"可以获得图 6-33 的关于"访美"的热度指数趋势图，从指数变化趋势来看，访美的热度在 4 月 17 日 19 时达到了 41.93 的峰值。其重点信息聚类如图 6-34 所示，同时可以得到关于"访美"的关键词云，如图 6-35 所示的关键词云显示在与访美相关的全部信息中，被提及频次最高的词语分别为任务、局座和访美；能够获得与访美相关的信息主要来源于微博（95.55%）、网站（1.31%）和新闻（0.81%）；从地域分布来看，与访美相关的信息主要来源于江西（2138 条）、广东（1825 条）和浙江（1597 条）；通过对图 6-36 与访美相关的关联词信息进行分析后可得到，与其核心词"访美"关联度最高的词语为完成（94.02%）、任务（93.09%）和局座（92.88%）。

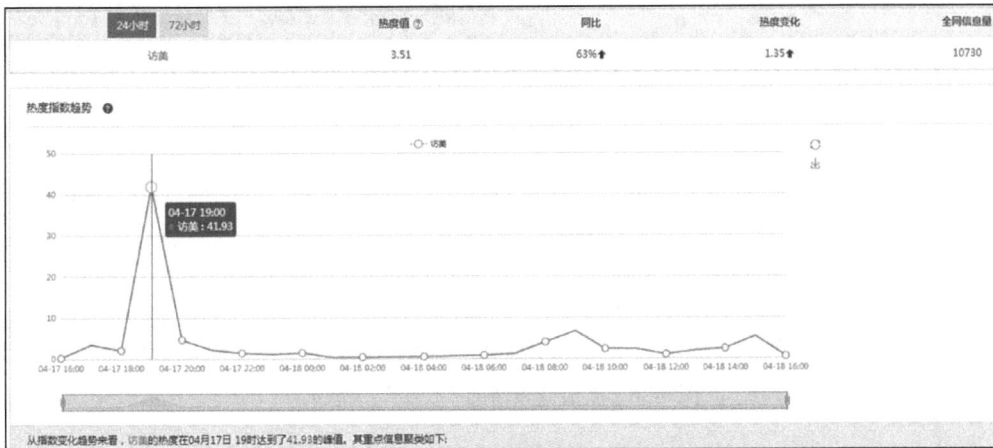

图 6-33 新浪微舆情的"访美"热度指数趋势图

图 6-34 新浪微舆情的"访美"重点信息聚类

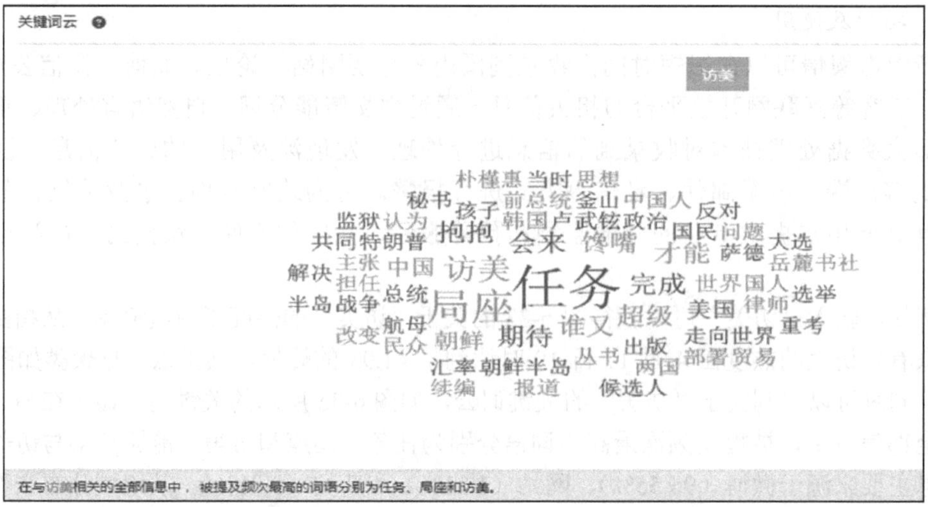

图 6-35　新浪微舆情的"访美"关键词云

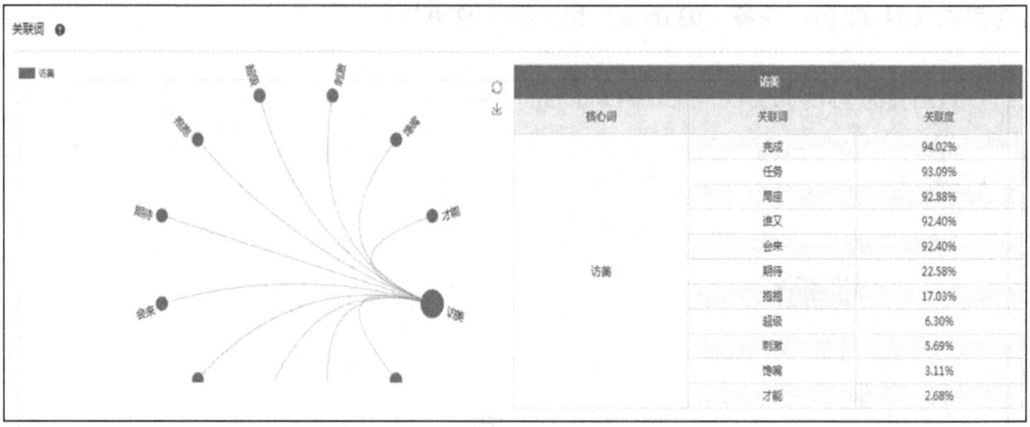

图 6-36　新浪微舆情的"访美"关联词

6.2.7　网站分析：百度统计

1. 简介

百度统计，http://tongji.baidu.com/web/welcome/login，是百度推出的一款免费的专业网站流量分析工具，是提供给广大网站管理员免费使用的网站流量统计系统，能够帮助用户跟踪网站的真实流量，帮助用户改善访客在用户的网站上的使用体验，优化网站的运营决策，不断提升网站的投资回报率。

【拓展资源 6-2】　更多舆情分析和词云分析工具

百度统计的优势有：①提供了几十种图形化报告，全程跟踪访客的行为路径；②百度统计集成百度推广数据，帮助用户及时了解百度推广效果并优化推广方案；③提供丰富的数据指标，系统稳定，功能强大但操作简易。登录系统后按照系统说明完成代码添加，百度统计便可马上收集数据，为用户提高投资回报率提供决策依据。

2. 功能

百度统计提供的功能包括：趋势分析、来源分析、页面分析、访客分析、定制分析等多种统计分析服务等。

百度统计的网站统计是专业的网站流量分析工具，推广分析是百度推广效果一站式评估工具，移动统计是免费移动应用统计分析工具，店铺统计打通全域用户到访轨迹分析工具等。

百度统计的教程：http://yingxiao.baidu.com/support/class/tongji；百度统计介绍动画：http://yingxiao.baidu.com/support/topic/17.html。

【拓展资源 6-3】　更多数据可视化工具

6.3　创 新 信 息

创新（Innovation）这个词来源于拉丁语，原意有三层含义，一是更新，二是创造新的东西，三是改变。创新是指人类为了满足自身的需要，不断拓展对客观世界及其自身认知与行为的过程和结果的活动，是指以现有的思维模式提出有别于常规或常人思路的见解为导向，利用现有的知识和物质，在特定的环境中，本着理想化需要或为满足社会需求而改进或创造新的事物、方法、元素、路径、环境，并能获得一定有益效果的行为。创新是人脑的一种机能和属性，是人类自身的本质属性，是人类特有的认识能力和实践能力，是推动社会发展的不竭动力，无论是国家民族还是组织、群体一刻也不能停止各种创新。

创新信息是一种复杂而高级的思维活动，是根据一定的目的和任务，运用一切已知条件，产生新颖、有价值的精神成果的活动。其首要特征是新颖性，是在原事物的基础上有新的进展、新的突破、新的认识，然而要形成新的突破并非易事，因为在现实实践中，人们常常不自觉地用某种习惯了的思维方式去思考已经变化的问题为习惯思维定势所困，或困顿于对权威的不自觉认同和盲从，或困顿于从众思维，或困顿于书本、自我等思维定势而无法突破，所以，要创新需要首先打破创新的思维障碍，打破思维定势，创新思维是创新信息的基础与核心。

6.3.1　创新思维方法

创新思维就是创造性思维（Creative Thinking）。创新思维是一种具有开创意义的思维活动，即开拓人类认识新领域，开创人类认识新成果的思维活动，它往往表现为发明新技术，形成新观念，提出新方案和决策，创建新理论。创新思维是指以新颖独创的方法解决问题的思维过程，通过这种思维能突破常规思维的界限，以超常规甚至反常规的方法、视角去思考问题，提出与众不同的解决方案，从而产生新颖的、独到的、有社会意义的思维成果，创新思维的本质在于从多角度、多侧面、多方向地看待和处理事物、问题和过程。因此，创新思维具有多样性，即要在逻辑思维的基础上更充分地发挥发散思维、逆向思维、联想思维、形象思维等方法的作用。

1. 发散思维

发散思维又称多向思维、辐射思维或扩散思维，是从一个问题（信息）出发，突破原有的知识圈，充分发挥想象力，经不同途径以不同的视角去探索，重组眼前的和记忆中的信息，产生新信息，使问题得到圆满解决的思维方法。发散思维是指对某一问题或事物的思考过程中，不拘泥于一点或一条线索，而是从仅有的信息中尽可能向多方向扩展，而不受已经确定的方式、方法、规则和范围等的约束，并且从这种扩散的思考中求得常规的和非常规的多种设想的思维。

2. 逆向思维

逆向思维是背逆通常的思考方法，从相反方向思考问题的方法，也称为反向思维。哲学研究表明，任何事物都包括对立的两个方面，这两个方面又相互依存于一个统一体中，日常人们习惯只看其中的一方面，而忽视另一方面，如果逆转一下正常的思路，从反面想问题，便能得出一些创新性的设想，包括可以从事物依存的条件、事物发展的过程、事物的位置、事物的因果关系等方面逆向思考。

3. 联想思维

联想思维是指在人脑内记忆表象系统中由于某种诱因使不同表象发生联系的一种思维活动，是由所感知或所思考的事物、概念或现象的刺激而想到其他的与之有关的事物、概念或现象的思维过程。联想分为接近联想、相似联想、对比联想、因果联想、类比联想等。接近联想是时间和空间上互相接近的事物间形成的联想；相似联想是性质或形式上相似的事物间所形成的联想；对比联想是相反特征的事物或相互对立的事物间所形成的联想；因果联想是从某一事物出现某些现象从而联想到它们的因果关系的思维方法；类比联想是通过对一种事物与另一种（类）事物对比而进行创新的方法。

4. 形象思维

形象思维是指用直观形象和表象解决问题的思维，其特点是具有形象性、完整性和跳跃性，形象思维的基本单位是表象，利用表象进行思维活动、解决问题的方法就是形象思维法。形象思维可采用模仿法，以某种模仿原型为参照，在此基础之上加以变化产生新事物；可采用想象法，在脑中抛开某事物的实际情况，而构成深刻反映该事物本质的简单化、理想化的形象；可采用组合法，即从两种或两种以上事物或产品中抽取合适的要素重新组合，构成新的事物或新的产品的创造技法，常见的组合技法一般有同物组合、异物组合、主体附加组合、重组组合四种；可采用移植法，就是将一个领域中的原理、方法、结构、材料、用途等移植到另一个领域中去，从而产生新事物的方法，主要有原理移植、方法移植、功能移植、结构移植等类型。

除有意识地开展发散思维、逆向思维、联想思维、形象思维训练外，我们还可以借助一些思维工具创新思维，如奥斯本检核表法、心智工具（概念图、思维导图）等。

6.3.2 奥斯本检核表法

1. 奥斯本检核表法简介

奥斯本检核表法是一种产生创意的方法。在众多的创造技法中，这种方法是一种效果比较理想的技法。由于它突出的效果，被誉为创造之母。奥斯本检核表法由亚历克斯·奥斯本于 1941 年出版的世界上第一部创新学专著《创造性想象》中提出，此书的销量 4 亿册已超过《圣经》，他同年出版的《思考的方法》提出了世界上第一个创新发明技法"智力激励法"。亚历克斯·奥斯本被誉为美国创新技法和创新过程之父、头脑风暴法之父。

　　奥斯本检核表法是指以该技法的发明者奥斯本命名、引导主体在创造过程中对照 9 个方面的问题进行思考，以便启迪思路、思维想象的空间，促进人们产生新设想、新方案的方法，奥斯本检核表法的优点是使思考问题的角度具体化了，缺点是它是改进型的创意产生方法，必须先选定一个有待改进的对象，然后在此基础上设法加以改进，但当把一个产品的原理引入另一个领域时，也可能产生原创型的创意。

　　奥斯本检核表法的 9 大检核类别的问题分别是：能否他用、能否借用、能否改变、能否扩大、能否缩小、能否代用、能否调整、能否颠倒、能否组合，如表 6-1 所示。奥斯本检核表法中的九类问题提示、激励人们质疑、提问和思考，引导人们突破不愿提问或不善提问的心理障碍，在进行逐项检核时，强迫人们扩展思维，突破旧的思维框架，开拓了创新的思路，奥斯本检核表法的实质就在于使人们敢于提问、善于提问，启发发散思维，提高发现创新的成功率。

表 6-1　奥斯本检核表法

序号	检核类别	检核内容
1	能否他用	有无新的用途？是否有新的使用方式？可否改变现有的使用方式？
2	能否借用	有无类似的东西？利用类比能否产生新观念？过去有无类似的问题？可否模仿？能否超过？
3	能否改变	可否改变功能、颜色、形状、运动、气味、音响、外形、外观？是否还有其他改变的可能性？
4	能否扩大	可否增加些什么？可否附加些什么？可否增加使用时间？可否增加频率、尺寸、强度？可否提高性能？可否增加新成分？可否加倍？可否扩大若干倍？可否放大？可否夸大？
5	能否缩小	可否减少些什么？可否密集、压缩、浓缩、聚束？可否微型化？可否缩短、变窄、去掉、分割、减轻？可否变成流线型？
6	能否代用	可否代替？用什么代替？有何别的排列、成分、材料、过程、能源、音响、颜色、照明？
7	能否调整	可否变换？有无互换的成分？可否变换模式、布置顺序、操作工序、因果关系、速度或频率、工作规范？
8	能否颠倒	可否颠倒？可否颠倒正负、正反、头尾、上下、位置、作用？
9	能否组合	可否重新组合？可否尝试混合、合成、配合、协调、配套？可否把物体组合、目的组合、特性组合、观念组合？

　　2. 奥斯本检核表法文献信息创新应用

　　根据奥斯本检核表法的特点与文献信息重组创新的需要，本着激励人们对文献敢于提问、善于提问、多进行发散思维的目的，形成如表 6-2 所示的奥斯本检核表法文献信息创新应用表。

　　3. 示例

　　文献视角的"能否他用"和"新应用"包括有无新的用途、是否有新的应用领域或应用方式等，搜索篇名中含有"新应用"的文献可得到：音频功率放大器在笔记本电脑中的新应用、JavaScript 在网页图像动态效果中的新应用、微信公众平台在警务中的新应用等文献；由此可知，"能否他用"或新应用的思考有助于拓展我们的文献选题视角。

表 6-2　奥斯本检核表法文献信息创新应用表

序号	检核类别	检核内容
1	能否他用	有无新的用途？是否有新的应用领域及应用方式？
2	能否借用	有无类似的研究、类似的问题？利用类比能否产生新观念？可否模仿？可否移植？
3	能否改变	可否改变条件、环境、时机、地域、对象、方法？是否还有其他改变的可能性？
4	能否扩大	可否增加些什么，如使用范围、功能、作用、成分、条件等？
5	能否缩小	可否减少些什么，如使用范围、功能、作用、成分、条件等？
6	能否代用	可否代替、中介？用什么方法代替？有何别的成分、材料、过程、条件、环境？
7	能否调整	可否变换？可否变换模式、顺序、工序、因果关系、工作规范、对策、要素？
8	能否颠倒	可否颠倒？可否颠倒正负、正反、头尾、上下、位置、作用、可能不可能、可行与不可行？
9	能否组合	可否重新组合？可否尝试混合、合成、配合、协调、配套？可否目的组合、特性组合、观念组合？

　　文献视角的"借鉴、改变"包括条件、对象、对策的变化，如对于"大学生就业问题及对策"这个主题，从择业、创业角度写作可形成"从自主择业到自主创业——大学生就业问题及其对策研究"的研究文献；从多学科视角有"多学科视角下的大学生就业问题探析"；从生态学角度有"基于生态位视角的大学生就业问题探析"；从经济学角度有"经济学视域下的大学生就业问题"，将研究对象"大学生"稍微作一下改变可形成"女大学生就业问题浅析"等。

　　文献视角的变换处理更能创新文献信息。变换处理是指信息可以由不同的信息载体来载荷，多个信息载体之间可以等价变化，不同载体传递信息的效果不同，通过改变信息载体实现信息的创新和增值，如《红高粱》原创是小说，经改编有电影、电视剧等艺术形式发行，不仅激发了人们对原著的关注度，扩大了原著的影响力，更带来了可观的效益，也实现了对原著的创新创作。又如，音乐作品改编为 MV 等形式，纸质文献数字化等均是对文献信息作变换处理以重组形成创新的信息内涵。

　　文献视角的颠倒包括研究主题的正反、正负、热冷、可能与不可能、可行与不可行等的逆向思考与论证。如反向物流或逆向物流，与传统供应链反向，为价值恢复或处置合理而对原材料、中间库存、最终产品及相关信息从消费地到起始点的有效实际流动所进行的计划、管理和控制过程。而如果搜索篇名中含有"冷思考"或"反向思考"、"负面"、"可能"、"不可能"等，可得到"贷款买房热的冷思考"、"对青年人才跳槽的冷思考"、"内部审计外部化的方向思考"、"试论审判权独立的反向思考"、"体育明星队青少年的负面影响及其对策"、"大学生对负面新闻社会情绪反应的实证研究"、"文学图像论之可能与不可能"等。

　　文献研究主题的组合思维，即从混合、组合、合成、配合、协调、配套、重组等视角对原主题研究进行创新思考，如形成"自然资源混合市场机制及其优化研究"、"并联混合动力汽车模糊控制策略设计"、"区域科技与经济协调发展瓶颈理论与方法研究"、"基于产业融合的旅游与文化产业协调发展对策"、"食品安全领域行政权的监管范围与配套制度"等。

6.3.3　思维导图

1. 思维导图

思维导图（Mind Maps）是英国学者托尼·巴赞（Tony Buzan）于 1970 年前后提的一种记笔记的方法。英国著名心理学家托尼·巴赞以大脑先生闻名，是英国头脑基金会总裁、"心智文化"概念的创作人、"世界记忆冠军协会"创办人等。

思维导图也叫心智图，是一项流行的全脑式学习方法，用来表示词、思路、任务或其他与围绕着一个中央关键词或想法项目的示意图。通过径向、图形和非线性的方式提出意见，思维导图鼓励以头脑风暴的方法来规划和组织任务。

思维导图大多是通过带顺序标号的树状结构来呈现一个思维过程，将放射性思考（Radiant Thinking）具体化。思维导图主要是借助可视化手段促进灵感的产生和创造性思维的形成。思维导图是大脑思维的表达，是人脑思维的图画表现形式。

2. 思维导图的作用

思维导图就像人的神经网络图，更符合人的自然思维模式，其采用关键词构建，图形化描述，充分调动了人的全感官，更积极，更鲜明。思维导图是潜意识和意识的对话和交流，其作用包括：一是利用色彩、线条、关键词、图像等增强记忆；二是使左脑的抽象思维和右脑的形象思维有机结合；三是通过绘制思维导图，手、脑等多种感官结合；四是关键词和图像，促进归纳概括、联想能力；五是思维过程可视化和可操作化，培养创造性思维技巧。总之，思维导图对于学习者而言，能够帮助学习者记忆、做笔记、制定计划、建立演讲大纲、作报告、阅读文献、辅助写作、考试复习知识点、激发思考等，是帮助记忆、发散创造、归纳分享信息的有效工具。

【互动练习 6-1】　课堂绘制思维导图

互动讨论: 分析如图 6-37 所示的电影随想思维导图，交换各自作业点评所绘制的思维导图的作用，相互引导对思维导图绘制的步骤和方法的思考。

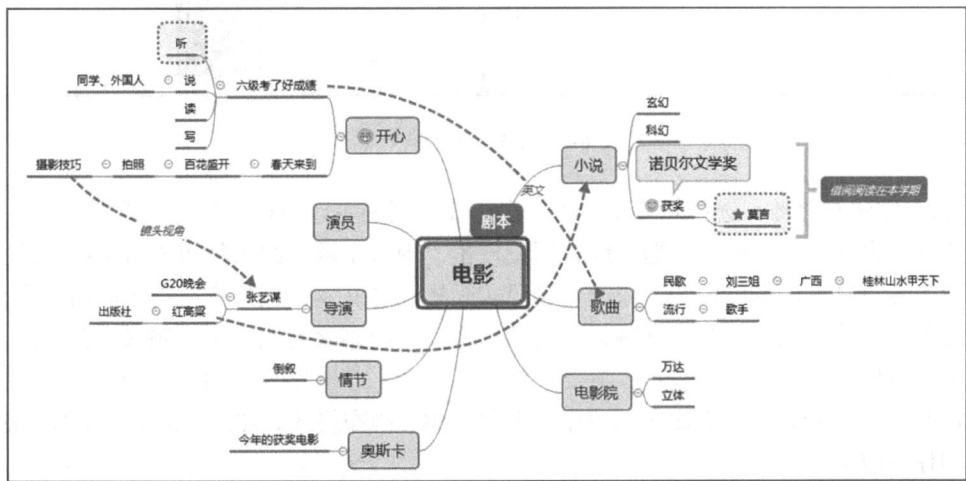

图 6-37　电影随想思维导图

3. 思维导图工具：XMind

1）简介

XMind 思维导图软件是集思维导图与头脑风暴于一体的"可视化思考"工具，可以用来捕捉想法、理清思路、管理复杂信息并促进团队协作。可以到 XMind 思维导图软件官方下载中心（http://www.xmindchina.net/xiazai.html）下载。XMind 有 4 个版本：XMind Free（免费版）、 XMind Plus（增强版）、XMind Pro（专业版）和 XMind Pro Subscription（专业订阅版）。

2）功能及使用

（1）新建文件。第一步打开 XMind 思维导图软件，选择"文件"→"新建"命令，出现"空白图"和"模板"两种创建方式，图 6-38（左）是可以从"空白图"的 16 个结构模板中选择一个，XMind 提供了 8 款 16 种不同的结构供选择使用，它们是思维导图、平衡图（向下、顺时针、逆时针平衡图）、组织结构图（向上和向下结构图）、树状图（向左和向右树状图）、逻辑图（向右和向左逻辑图）、时间轴（水平和垂直时间轴）、鱼骨图（向右和向左鱼骨图）以及矩阵图（行和列矩阵图）。也可以单击"模板"按钮（图 6-38（右）），从已经建立或保存的模板中选择使用已有模板或在已有模板基础上修改使用。

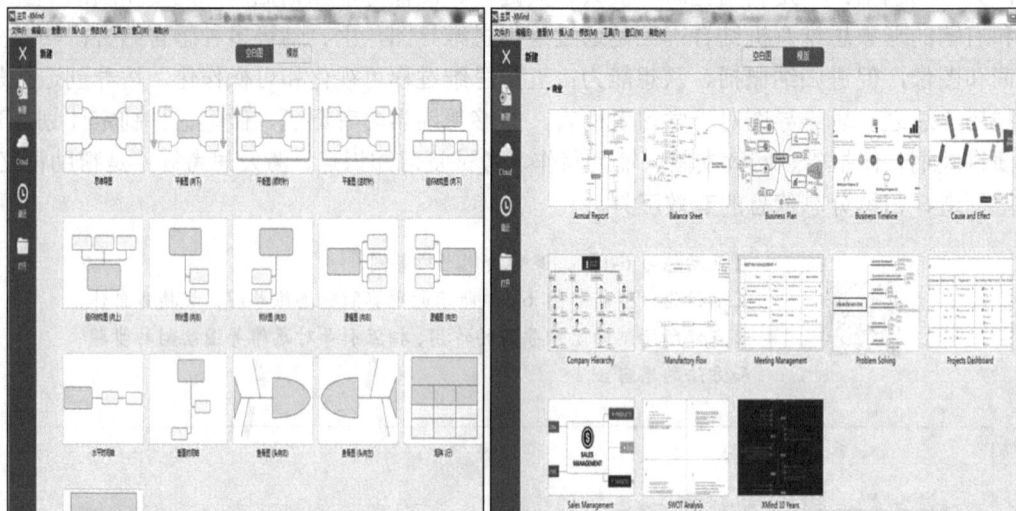

图 6-38　XMind 新建文件

（2）编辑与修改。选择并双击其中一个想要利用的主题模板（如思维导图）后，在空白中心区域自动生成"中心主题"编辑框，双击"中心主题"编辑框可输入中心主题关键词，双击各主题文本也可以修改成符合自己实际情况的文本；根据实际情况右击，在弹出的快捷菜单中选择相应命令进行编辑，包括选择插入或删除主题、子主题或者父主题，添加备注、附件，选择外框、联系、概要、标签、录音、超链接等，添加表情、任务级别等事项，如图 6-39 所示。在右侧工具栏中可编辑大纲、画布格式、图片、图标、风格、备注、批注和任务信息等。

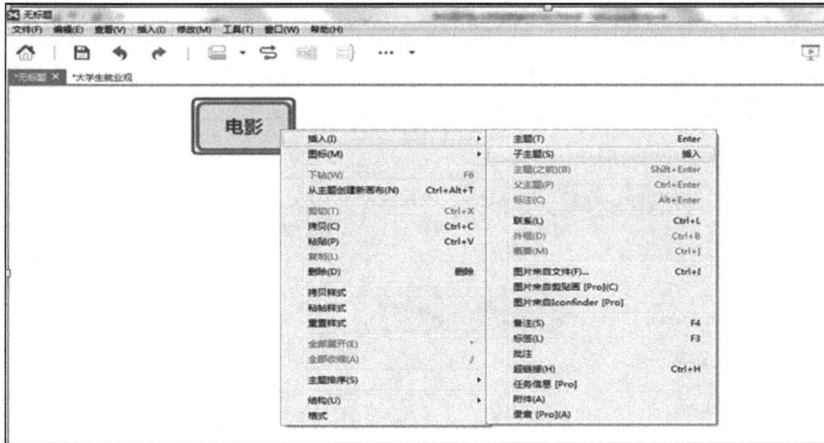

图 6-39　XMind 双击主题利用右键快捷菜单编辑功能

（3）结构变化与多样结构共存。选择结构模板的第一步是选择中心主题，如图 6-40 所示，选中"电影"然后右击，在快捷菜单中选择"结构"命令，在结构列表中选择需要的结构，利用该方法不仅可以改变整个思维导图结构，还可以仅改变其中一个分支，在一张思维导图中可以使用多个结构，例如，图 6-41 所示的"教育的具体对策"是一个逻辑图（向左），"问题的原因透析"分支为鱼骨图，"教育的必然因素、原则和目标"为树状图等。

（4）保存：执行"文件"→"另存为"命令，可保存为"XMind 工作簿"和"模板"。如果保存为模板，需再次执行"文件"→"新建"命令，在"模板"选项中就可以看到已保存为模板的文件，双击即可根据模板制作新的思维导图。

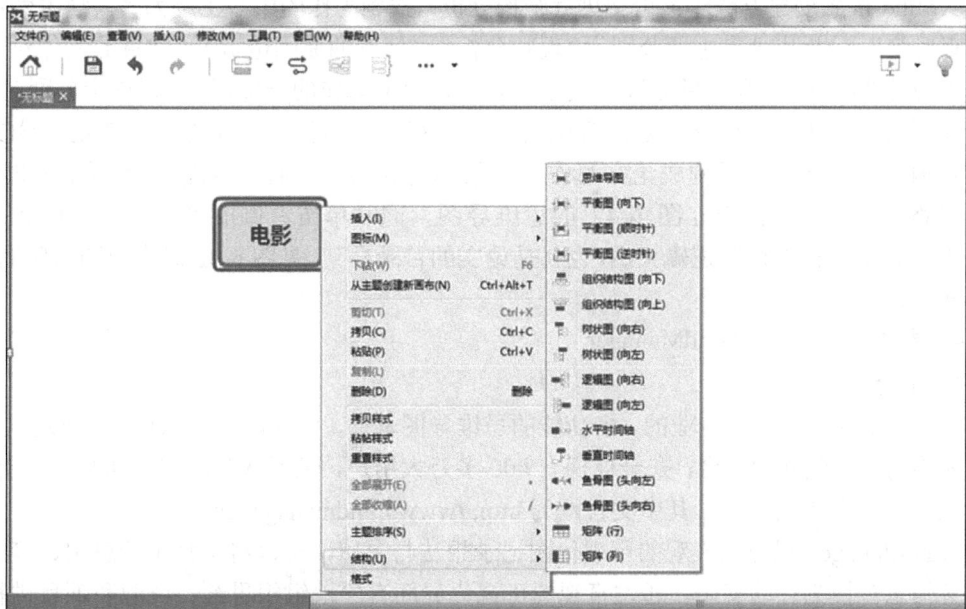

图 6-40　XMind 结构变化的选择使用

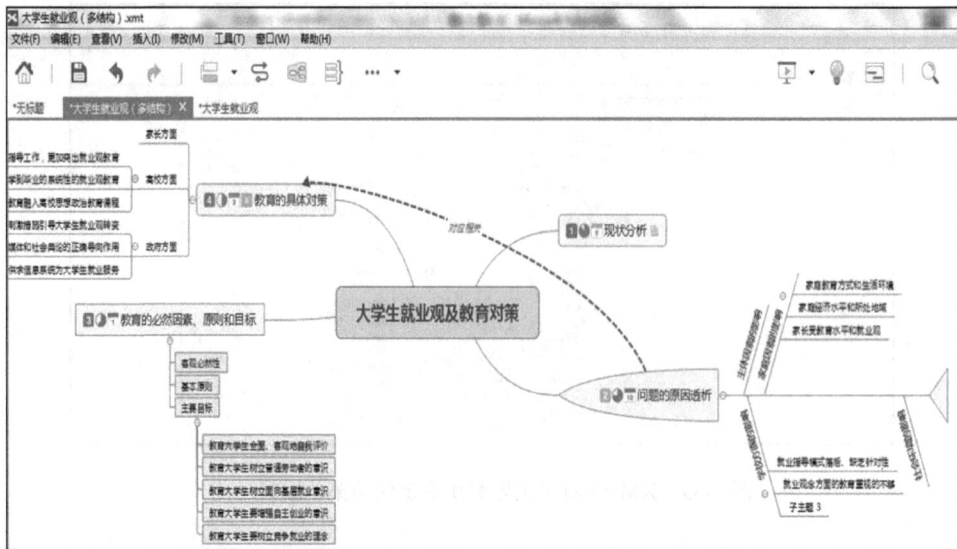

图 6-41　XMind 结构多样并存示例

3）利用 XMind 分析论文与撰写大纲

利用 XMind 分析论文的过程可以帮助我们梳理作者写作的逻辑思路、分析论文的写作框架结构和层级，帮助我们更好地理解写作的重点与目标，是提升论文阅读能力的良好训练方法，同时，利用 XMind 分析阅读论文的过程所积累的经验又可帮助我们提升撰写论文大纲和目录框架的能力。

例如，以"当代大学生就业观问题及教育对策研究，张虎，江南大学，硕士"为例，利用 XMind 按照创建方法对该论文进行结构分析，找到写作的中心主题为"大学生就业观及教育对策"，分析出分支主题分别为"现状分析"、"问题的原因透析"、"教育的具体对策"、"教育的必然因素、原则和目标"，分支主题也就是论文写作的一级标题；再逐步分别对"问题的原因透析"等 4 个分支主题的各阐述要点进行分析后插入子主题，也就是各分支下的要点内容，由此也可以构成论文写作的二级标题和要点，通过逐层分析、梳理作者的写作思路及重点，从而建立图 6-42 的思维导图，同时单击右侧的"大纲"项可展开看到关于该思维导图的内容逻辑大纲，也就是论文的目录框架，见图 6-42 思维导图右侧的"大纲"部分。

4. 思维导图工具：MindManager

1）简介

MindManager 是一款专业的、多功能的思维导图软件，由美国 Mindjet 公司开发，是全球领先推动企业创新的平台，在全球拥有 400 多万大用户，包括 ABB、可口可乐、迪士尼、IBM 及沃尔玛等著名客户。其中文官网为 http://www.mindmanager.cc。

MindManager 以更为直观的可视化图记录想法与灵感，可以将头脑中的思想、策略以及商务信息转换为行动蓝图，通过直观的可视化界面有序地组织思维、资源和项目进程，令团队和组织以一种更加快速、灵活和协调的方式开展工作。MindManager 如同一个虚拟的白板，通过视图组织头脑风暴、捕捉想法、交流规划信息，有其他软件无法媲美的项目管理和商业规划高级功能。

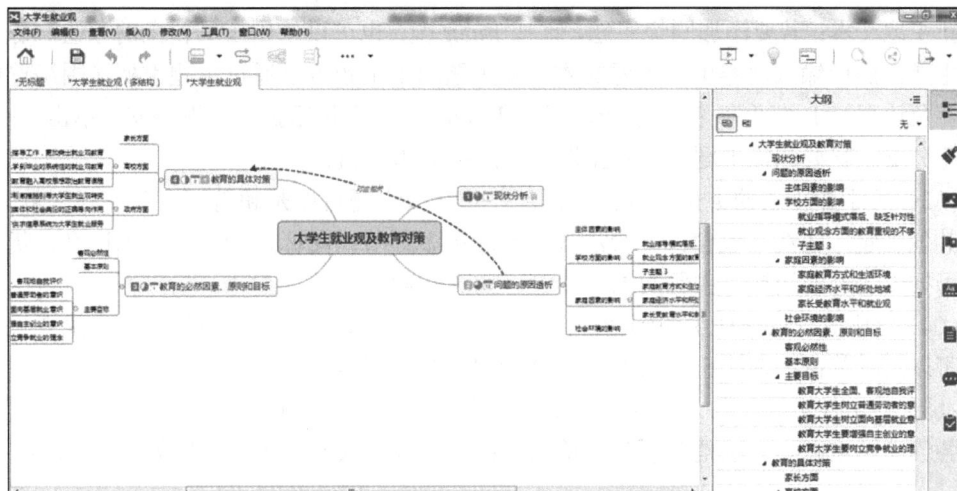

图 6-42　"当代大学生就业观问题及教育对策研究"的思维导图

2）功能特点

随时记录灵感。使用浮动主题快速捕捉记录想法，通过树状图、组织结构图以及思维导图布局格式来组织和架构思维导图，通过快速添加主题工具可以快速添加子主题。

框架主题清晰。通过附件、超链接及备注添加内容细节，将具体想法清晰地连接及归类；优先级标记、标签、图标以及附注主题更加灵活直观地突出项目重要性和相关性。

模板助力使用。使用内置预设思维导图模板引导开发项目、策略、问题解决方案、会议议程等的进一步创建，使用已有模板作为起点，保存自定义模板，并与团队其他成员分享。

高效交流视图。通过交互方式呈现信息，让每个人参与到同一页面。可以展示大图，也可以展开收缩主题深入细节。使用内置浏览器在一张视图上展示所有相关信息，便于回应。

与其他软件程序一同工作。MindManager 可以与其他常用软件进行关联，如 Microsoft Office（PowerPoint、Word、Excel）、苹果应用程序，Outlook 及 Entourage 等，大大拓展了 MindManager 的应用范围和深度。

实现项目规划、决策、头脑风暴和预测。通过任务、资源或进度制定计划，突出依赖关系；充分利用甘特图、项目完成标记突出任务及任务过滤器规划项目；创建意向书、报告和战略计划来推进商务决策，头脑风暴工具帮助团队共享想法；使用自动计算和公式功能，在思维导图中总结成本并查看"假设"分析结果。

3）使用方法及基本步骤

以 MindManager Windows 免费版（http://www.mindmanager.cc/xiazai.html）作为基本功能使用举例。

（1）新建文件。选择"文件"→"新建"选项，查看用于打开新文件的选项，新建空白导图，创建新的导图或者选择众多模板的其中一个模板。

（2）添加/删除主题。导图从中心主题开始，选中中心主题，给出匹配项目或想法的导图名称，接下来添加一些主题，若要添加子主题，选中主题然后按 Insert 键，输入内容以更新主题文本；若要添加同级主题，请按 Enter 键，也可以使用工具栏上的按钮添加主题或子主题，然后输入内容更新主题文本；父主题和子主题可以通过主题手柄（围绕选中主题的蓝色边框）上的"＋"符号添加，可以通过单击"－"按钮折叠主题分支，单击"＋"按钮展开分支。若要删除主题，选中主题，然后按 Delete 键。

（3）可添加主题的类型。导图中添加的想法或主题可以是超链接（链接到网页）、文件或其他主题；备注，包含关于想法或主题的更多细节；图标，形象地表示进度、优先级等。可插入主题的边界、主题间的关联等，如图 6-43 所示。

（4）组织。可以拖动主题到新的父主题来组织信息，还可以同时拖动几个主题进行移动，可以随时单击撤销按钮或按 Ctrl+Z 组合键撤销某项操作。

（5）使用任务。任务（或可交付成果）通过主题或子主题定义，为要添加到计划的每项任务创建了主题。方法是在顶部菜单栏中选择任务选项卡，选择从任务菜单选项中打开

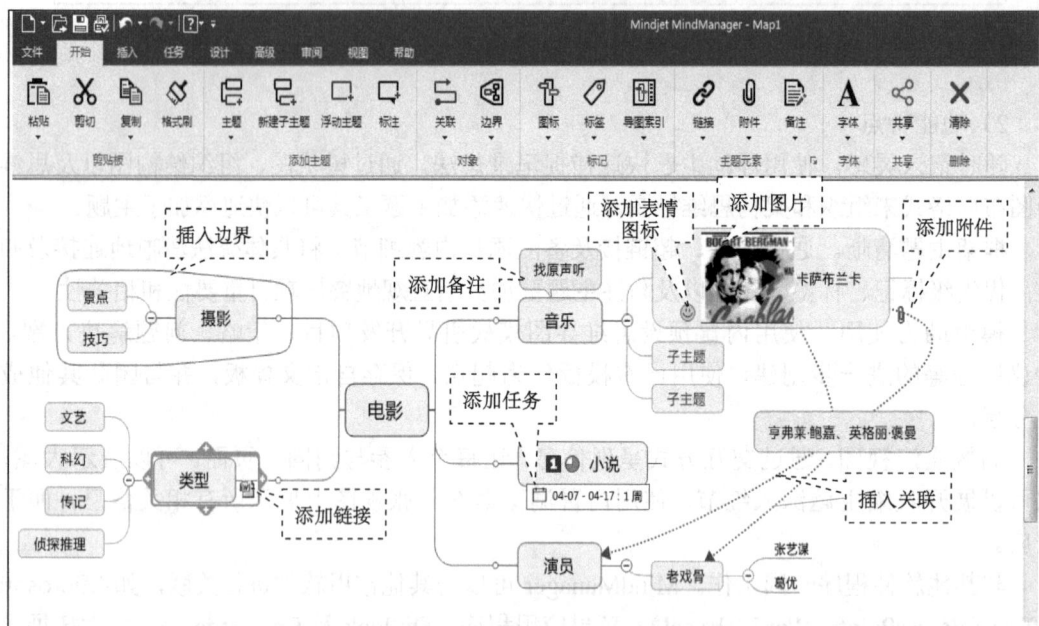

图 6-43　可添加的多样主题类型

任务面板，任务面板将在右侧打开，单击主题或子主题加亮显示，在任务面板中输入信息，可选"为任务选择优先级"也可选"选择进度指示器"显示到目前为止已完成多少工作。输入任务开始日期、输入到期日期（完成日期），在资源行中输入将完成此项任务的人的名字。任务信息包括工作日数量，将显示在导图中。还可在导图内部或返回到任务面板修改任务信息。

（6）保存共享。单击"保存"按钮，可作为附件发送邮件、导出为图片、导出幻灯片到 Microsoft PowerPoint、导出到 Microsoft Word 等。

5. 思维导图工具：百度脑图

1）简介

百度脑图是百度推出的在线思维导图工具，基于 Web 的应用，不用安装软件，免费使

用，包含了思维导图最常用的按钮，操作简单，样式多变，可选不同的形状，可保存多种文件格式，也可读取多种思维导图的软件格式，适合思维导图新手。同时可以即时存取，方便分享与协同，不受终端限制，在任何地方都可以打开。只要拥有一个百度账号，就能将思维导图保存在百度网盘，也可以保存在本地。

2）功能及使用方法

（1）打开 http://naotu.baidu.com，登录百度账号，在百度脑图界面里直接可以开始创建脑图，也可利用百度脑图提供的模板创建，方法就是单击百度脑图网页上方的"百度脑图"这几个字，在弹出的左侧菜单里选择"新建"命令，在新建脑图页面选择想用的模板，百度脑图共提供思维导图、组织结构图、目录组织图、逻辑结构图、鱼骨图等结构模板，此处选择思维导图结构。

（2）双击百度脑图网页中间的"思维导图"四个字，就可以修改文字；或者右击"思维导图"这个主题框，在弹出的快捷菜单里选择"编辑"命令；单击"思维导图"主题框，按 F2 键，可以通过这三种方法进入将"思维导图"这四个字修改为先作的思维导图的中心主题词"英语考试"，如图 6-44 所示。

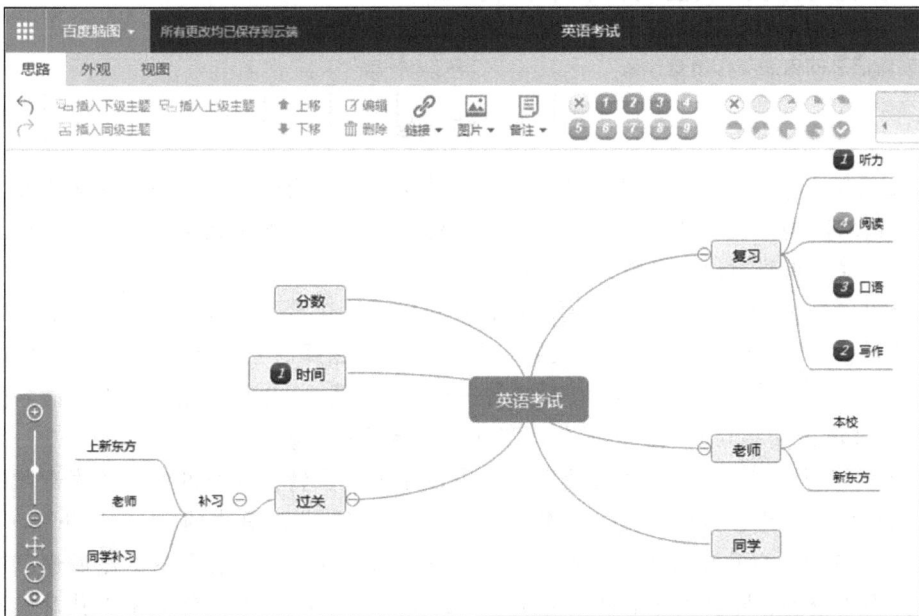

图 6-44　百度脑图制作的英语考试思维导图

（3）添加主题与数字。添加下级主题，方法一：选中"英语考试"所在的主题框并右击，在弹出的快捷菜单里选择"插入下一级主题"命令，输入下一主题的名字，如复习、老师、同学、分数、时间、过关等，如图 6-44 所示；方法二：选中主题框，按 Tab 键或者 Insert 键，也可以插入下一主题。如果要添加同级主题，可选中要添加同级主题的主题框并右击，选择"插入同级主题"命令，或者选中要添加同级主题的主题框，按回车键即可添加。如果在同级主题里插入主题序号，可选择要添加序号的主题框，单击界面上部的工具栏"思路"，这样就可以选择个性的"数字"插入，图 6-44 中"听力"、"阅读"、"口语"、

"写作"等前面按重要程度分别添加了数字 1、4、3、2。

（4）改变主题框位置。选中要移动的主题框，拖动鼠标就可以改变主题框的位置。

（5）调整结构。单击页面工具栏中的"外观"，可选择将已作的思维导图改变外观，可利用的外观格式有：脑图经典、紧凑经典、天空蓝、紧凑蓝、文艺绿、紧凑绿、鱼骨图、经典天盘、紧凑天盘等 18 种外观格式。

（6）保存。既可以保存到百度网盘，也可以保存到本地磁盘。单击界面最左上方的"百度脑图"四个字，在弹出的左侧菜单栏里选择"保存"命令，在保存到页面里选择"导出到本地"选项，选择相应的指定格式即可。如果使用的是 Chrome 浏览器，还可以把脑图保存为 png 格式、svg 格式，这两种格式直接可以插入到 PPT 或者 Word 里使用。

【拓展资源6-4】　更多思维导图/脑图工具

思 考 题

1. 什么是信息分析？信息分析的作用是什么？
2. 文献信息分析方法有哪些？其各自的特点是什么？
3. 什么是数据分析？常用的基于互联网数据的分析工具有哪些？
4. 创新信息的内涵与作用是什么？

互 动 题

1. 上机练习：以您感兴趣的专题为例，或从本书对应精品课程网站的题库资源中选择一题展开网络查询，搜索获得 3 篇论文或学位论文，综合应用文献信息分析的比较法、归纳法对这 3 篇文献进行比较分析与归纳总结。

2. 上机练习：以您感兴趣的专题为例，或从本书对应精品课程网站的题库资源中选择一题展开网络查询，获得 50 篇文献。或利用 1～2 种数据库的分析功能对这 50 篇文献进行关键词共现、引证网络、作者网络的可视化分析，或利用 1～2 种文献管理工具的分析功能对这 50 篇文献的关键词、来源出版物、年代、作者等进行统计分析。

3. 上机练习：以您感兴趣的专题为例，或从本书对应精品课程网站的题库资源中选择一题，利用用户行为、微博、微信、舆情等互联网数据分析工具中的 1～2 种分析。

4. 上机练习：以您感兴趣的专题为例，或从本书对应精品课程网站的题库资源中选择一题展开网络查询，搜索获得 1 篇论文或学位论文，利用 1～2 种思维导图工具对该论文或学位论文进行分析。

参 考 文 献

黄如花. 2010. 信息检索[M]. 2版. 武汉: 武汉大学出版社.

焦玉英. 2003. 信息检索进展[M]. 北京: 科学出版社.

刘则渊, 等. 2008. 科学知识图谱: 方法与应用[M]. 北京: 人民出版社.

萨莉·拉姆奇. 2007. 如何查找文献[M]. 廖晓玲, 译. 北京: 北京大学出版社.

沈固朝. 2009. 信息检索(多媒体)教程[M]. 2版. 北京: 高等教育出版社.

赵静. 2012. 现代信息查询与利用[M]. 3版. 北京: 科学出版社.

庄越挺. 2002. 网上多媒体信息分析与检索[M]. 北京: 清华大学出版社.

Manning C D. 2010. 信息检索导论[M]. 王斌, 译. 北京: 人民邮电出版社.

百度. http://www.baidu.com.cn.

北京大学图书馆. http://www.lib.pku.edu.cn.

超星数字图书馆. http://book.chaoxing.com.

国家科技数字图书馆. http://www.nstl.gov.cn.

科学网. http://www.sciencenet.cn.

清华大学图书馆. http://www.lib.tsinghua.edu.cn.

万方数据知识服务平台. http://www.wanfangdata.com.cn.

维普网. http://www.cqvip.com.

西南科技大学图书馆. http://www.lib.swust.edu.cn.

中国科技大学图书馆. http://www.lib.ustc.edu.cn/lib.

中国科学院成都文献情报中心. http://www.clas.ac.cn.

中国科学院文献情报中心国家科学图书馆. http://www.las.ac.cn.

中国知网. http://www.cnki.net.

Elsevier 科技部中国区网站. http://china.elsevier.com/elsevierdnn/ch/主页/tabid/546/Default.aspx.

Engineering Village. http://www.elsevier.com/online-tools/engineering-village.

Thomson Scientific 中国服务站. http://science.thomsonreuters.com.cn.